秋田県の教員採用試験過去問シリーズ❽

2025年度版

秋田県の音楽科

過去問

協同教育研究会 編

協同出版

本書には，秋田県の教員採用試験の過去問題を収録しています。各問題ごとに，以下のように5段階表記で，難易度，頻出度を示しています。

難 易 度

非常に難しい	☆☆☆☆☆
やや難しい	☆☆☆☆
普通の難易度	☆☆☆
やや易しい	☆☆
非常に易しい	☆

頻 出 度

◎	ほとんど出題されない
◎◎	あまり出題されない
◎◎◎	普通の頻出度
◎◎◎◎	よく出題される
◎◎◎◎◎	非常によく出題される

※本書の過去問題における資料，法令文等の取り扱いについて

本書の過去問題で使用されている資料や法令文の表記や基準は，出題された当時の内容に準拠しているため，解答・解説も当時のものを使用しています。ご了承ください。

はじめに～「過去問」シリーズ利用に際して～

教育を取り巻く環境は変化しつつあり，日本の公教育そのものも，教員免許更新制の廃止やGIGAスクール構想の実現などの改革が進められています。また，現行の学習指導要領では「主体的・対話的で深い学び」を実現するため，指導方法や指導体制の工夫改善により，「個に応じた指導」の充実を図るとともに，コンピュータや情報通信ネットワーク等の情報手段を活用するために必要な環境を整えることが示されています。

一方で，いじめや体罰，不登校，暴力行為など，教育現場の問題もあいかわらず取り沙汰されており，教員に求められるスキルは，今後さらに高いものになっていくことが予想されます。

本書の基本構成としては，出題傾向と対策，過去5年間の出題傾向分析表，過去問題，解答および解説を掲載しています。各自治体や教科によって掲載年数をはじめ，「チェックテスト」や「問題演習」を掲載するなど，内容が異なります。

また原則的には一般受験を対象としております。特別選考等については対応していない場合があります。なお，実際に配布された問題の順番や構成を，編集の都合上，変更している場合があります。あらかじめご了承ください。

最後に，この「過去問」シリーズは，「参考書」シリーズとの併用を前提に編集されております。参考書で要点整理を行い，過去問で実力試しを行う，セットでの活用をおすすめいたします。

みなさまが，この書籍を徹底的に活用し，教員採用試験の合格を勝ち取って，教壇に立っていただければ，それはわたくしたちにとって最上の喜びです。

協同教育研究会

CONTENTS

第１部

秋田県の
音楽科
出題傾向分析

秋田県の音楽科　傾向と対策

秋田県の出題の特徴として，記述問題が多いこと(基本的に記号からの選択問題はない)，指導案作成の問題，作曲問題が毎年出題されていることが挙げられる。単なる正誤問題ではなく実践的な力を問われる問題が多く，難易度は高い。

近年の傾向をみると，楽器名，音楽形式，日本伝統音楽・世界の民族音楽の用語，イタリア語の楽語等，音楽用語の語句説明が非常に多く出題されている。それに加え，与えられたテーマをもとに題材名，題材の目標，評価規準，学習の流れなどを記述する指導案作成の問題や，与えられた条件に従って楽曲を作・編曲する問題の出題も多い。過去3年間では，オーケストラのスコアを，サクソフォーン四重奏やクラリネットアンサンブルなどへ編曲させる問題が出題されている。その他，音楽史の問題や，学習指導要領についての記述問題，譜例による総合問題などもある。

以上の傾向からみて，次のような対策が必要であることが分かる。

まず語句説明対策である。発想用語や楽器の奏法に関する楽語を確実におさえておくこと，日本伝統音楽・民族音楽の用語は必ず地域と結び付けて理解しておくこと，音楽形式は成立した時代背景と国・地域まで答えられるようにしておくこと等が必要である。採点では，用いるべきキーワードが入っているかどうかが採点の基準とされている。様々な文献や音楽辞典等で学習し，共通する用語をおさえておくとよい。オーケストラスコアからの問題も毎年出題されているので，日頃からスコアを見ながら様々な楽曲に親しんでおくことも役に立つだろう。

また指導案作成については，評価基準が定められている。学習指導要領の内容，題材の目標，教材の特徴，主な音楽を形づくっている要素，各時間のねらいの整合性といった，一貫性のある指導案を作成できることが求められる。また，第1時～第3時の連続性などといった，全体を見通して立案することも求められる。練習問題を解く段階から，1時間ごとではなく，3～4時間単位で，題材ごとに大きな流れで学習の流れを組み立てて考えるようにしておくとよい。

作・編曲問題の傾向として，細かく条件が示されており，長さは8小節程度のものが多い。凝ったことをするよりも，条件を確実に満たすことができることに留意されたい。楽器が指定されている場合は，記譜する調や，楽器の音域などにも留意して取り組むことが必要である。近年では，作曲問題ではピアノとリコーダーが，編曲問題では管楽器のアンサンブルの形態が指定されている。これらの形態を中心として練習問題に取り組まれておくとよいだろう。特に弦楽四重奏をサクソフォーン四重奏にする問題は，2020年度から2022年度まで3年連続で問われている。

学習指導要領に関しては，実際の指導に即したものが，記述問題として出題される傾向がある。単なる暗記にとどまらない学習が必要なので，自分ならどのような指導をするか，特に各学年の内容や指導上の配慮事項を理解し，解答できるようにしておかれたい。また，秋田県や東北の民謡・伝統芸能についても出題されることがあるので，取りこぼしのないように意識的に学んでおくとよいだろう。

過去5年間の出題傾向分析

分類	主な出題事項		2020年度	2021年度	2022年度	2023年度	2024年度
A 音楽理論・楽典	音楽の基礎知識		●	●	●	●	●
	調と音階		●		●	●	●
	音楽の構造						●
B 音楽史	作曲家と作品の知識を問う問題		●	●	●	●	●
	音楽様式，音楽形式の知識を問う問題		●		●		
	文化的背景との関わりを問う問題				●		●
	近現代の作曲家や演奏家についての知識			●		●	●
C 総合問題	オーケストラスコアによる問題		●			●	●
	小編成アンサンブルのスコア，大譜表（ピアノ用楽譜）による問題		●		●	●	●
	単旋律による問題						
D 楽器奏法	リコーダー						
	ギター						
	楽器分類						
E 日本伝統音楽	雅楽						
	能・狂言		●				
	文楽						
	歌舞伎				●		
	長唄等						
	楽器（箏，尺八，三味線）					●	●
	民謡・郷土芸能		●				
	総合問題		●				●
F 民族音楽	音楽のジャンルと様式	(1) アジア（朝鮮，インド，トルコ）	●				
		(2) アフリカ　打楽器					
		(3) ヨーロッパ，中南米					
		(4) ポピュラー					
	楽器	(1) 楽器分類（体鳴，気鳴，膜鳴，弦鳴）					
		(2) 地域と楽器	●				

分類	主な出題事項		2020年度	2021年度	2022年度	2023年度	2024年度
G 学習指導要領	(A) 中学校	目標		●	●	●	●
		各学年の目標と内容	●		●	●	●
		指導計画と内容の取扱い	●				●
		指導要領と実践のつながり	●	●			●
	(B) 高校	目標				●	
		各学年の目標と内容				●	●
		指導計画と内容の取扱い					●
H 教科書教材	総合問題					●	●
	旋律を書かせたりする問題						
	学習指導要領と関連させた指導法を問う問題				●		●
I 作曲・編曲	旋律，対旋律を作曲						
	クラスの状況をふまえた編成に編曲		●		●	●	●
	新曲を作曲						
J 学習指導案	完成学習指導案の作成		●	●	●	●	●
	部分の指導案の完成						
	指導についての論述						●

第2部

秋田県の
教員採用試験
実施問題

2024年度　実施問題

【中高共通】

【１】(1)～(4)の(　①　)～(　㉒　)に適する語句を書け。ただし，(　⑫　)，(　⑮　)は読み方をひらがなで答えよ。

(1)　1810年ドイツに生まれた(　①　)は，法律を学ぶためにライプツィヒ大学に進学したが，音楽への思いを断つことができず，ピアニストを目指してフリードリヒ・ヴィークに師事した。ピアニストを目指して訓練したが，指を痛めて断念し，作曲に転向した。その後，1838年にピアノ小品集「(　②　)」(op.15)を作曲し，その第7曲は「トロイメライ」である。

また，歌曲集「(　③　)」(op.25)はフリードリヒ・ヴィークの娘(　④　)との結婚の年に作曲され，その第1曲「献呈」は後にリストによってピアノ独奏用に編曲された。

(2)　1882年ロシアに生まれた(　⑤　)はロシア・バレエ団の創設者(　⑥　)から委嘱を受けて作曲したバレエ音楽等で知られている。最初のバレエ音楽「(　⑦　)」は1910年にパリのオペラ座で初演され，大成功を収めた。この作品は当時ロシアの人々に親しまれていた伝説に基づいて台本が作られ，同様の題材で彼の師であるリムスキー・コルサコフも歌劇を書いている。

また，ファゴット独奏によるメロディーから始まり，弦楽器などによるスタッカートのリズムやこれまでにあまり見られない変拍子が用いられた(　⑤　)のバレエ音楽「(　⑧　)」は1913年の初演で聴衆に強烈な印象を与え，賛否両論が巻き起こった。

(3)　次は雅楽「平調　越天楽－管絃－」で用いる楽器を分類したものである。

分類	楽器名	楽器の特徴・役割
(⑨)物	(⑪)	17本の竹を束ねた楽器で，吹いても吸っても音が出る。和音を演奏することができる。
	(⑫) 篳 篥	ダブルリードを用いる竹製の縦笛。旋律を演奏する。
	(⑬)	竹製の横笛。篳篥より高い音域で装飾的な旋律を演奏する。
(⑩)物	(⑭)鼓	金属製の打楽器。先端に球がついた2本のばちで打つ。
	(⑮) 鞨 鼓	左右両面に張られた革をばちで打つ。速度を決めたり，終わりの合図を出したりして全体をリードする役割をもつ。
	釣(⑯)鼓 (皷)	鹿革を巻いた木製のばちで片面を打つ。音楽の区切りを知らせる役割をもつ。
弾き物	楽(⑰)	リュート属の弦楽器で4本の糸を右手に持ったばちで演奏する。一定の音型を繰り返し，拍を明確にする。
	楽(⑱)	13本の糸を右手の指にはめた爪で演奏する。一定の音型を繰り返し，拍を明確にする。

(4)　アメリカ合衆国では，19世紀末に民間吹奏楽団が発展し，(⑲)は1892年に自らの吹奏楽団を立ち上げ，世界中で公演した。(⑲)は多くの行進曲を作曲しており，後に母国アメリカの公式行進曲に制定された「(⑳)」や，1889年新聞社の作文コンテストの表彰式のために作曲された「ワシントンポスト」がある。(⑲)はマーチングバンドなどでよく用いられる，管を袈裟懸け状にして一方の肩に担ぎ，楽器のベルが前方を向いた金管低音楽器(㉑)を考案した。

また，日本で吹奏楽と音楽教育の分野を中心に活躍している(㉒)は，秋田県出身の作曲・編曲家である。彼が高校在学中に作曲した「即興曲」は1976年度に，「カドリーユ」は1983年度に，全日本吹奏楽コンクール課題曲として採用された。

(☆☆☆☆◎◎◎◎◎)

【中学校】

【1】「中学校学習指導要領(平成29年3月告示)第2章　第5節　音楽」を踏まえ，次の設問に答えよ。

(1)　第2　各学年の目標及び内容〔第1学年〕 1　目標　について，①，②に答えよ。

> (1)　曲想と音楽の構造などとの関わり及び音楽の多様性について理解するとともに，(　ア　)を生かした音楽表現をするために必要な歌唱，器楽，創作の技能を身に付けるようにする。
>
> (2)　音楽表現を(　ア　)することや，音楽を自分なりに評価しながらよさや美しさを味わって聴くことができるようにする。
>
> (3)　主体的・(　イ　)に表現及び鑑賞の学習に取り組み，音楽活動の楽しさを体験することを通して，(　ウ　)に親しむとともに，<u>音楽によって生活を明るく豊かなものにしていく態度を養う</u>。

①　(　ア　)～(　ウ　)に当てはまる語句を書け。

②　下線部<u>音楽によって生活を明るく豊かなものにしていく態度を養う</u>とは，どのような態度を育てることを目指しているのか，「中学校学習指導要領解説音楽編(平成29年7月文部科学省)」に示されていることについて書け。

(2)　第3　指導計画の作成と内容の取扱いについて，①～③に答えよ。

> 2　第2の内容の取扱いについては，次の事項に配慮するものとする。
>
> (2)　各学年の「A表現」の(1)の歌唱の指導に当たっては，次のとおり取り扱うこと。
>
> ア　歌唱教材は，次に示すものを取り扱うこと。
>
> (ア)　我が国及び諸外国の様々な音楽のうち，指導のねらいに照らして適切で，生徒にとって親しみがもてたり(　エ　)が高められたり，生活や社会において音楽が果たしている役割が感じ取れたりできるもの。
>
> (イ)　民謡，(　オ　)などの我が国の伝統的な歌唱のうち，

生徒や学校，地域の実態を考慮して，(　カ　)な声や歌い方の特徴を感じ取れるもの。なお，これらを取り扱う際は，その表現活動を通して，生徒が我が国や郷土の伝統音楽のよさを味わい，Ⓐ<u>愛着をもつことができるよう工夫すること</u>。

(ウ)　我が国で長く歌われ親しまれている歌曲のうち，我が国の自然や四季の美しさを感じ取れるもの又は我が国の文化や日本語のもつ美しさを味わえるもの。なお，各学年において，Ⓑ<u>以下の共通教材</u>の中から1曲以上を含めること。

イ　変声期及び変声前後の声の変化について気付かせ，変声期の生徒を含む全ての生徒の心理的な面についても配慮するとともに，変声期の生徒については適切な(　キ　)と声量によって歌わせるようにすること。

ウ　相対的な音程感覚などを育てるために，適宜，(　ク　)を用いること。

① (　エ　)～(　ク　)に当てはまる語句を書け。

② 下線部「Ⓐ愛着をもつことができるよう工夫すること」について，その工夫をする際，どのような学習活動の展開が考えられるか，「中学校学習指導要領解説音楽編(平成29年7月文部科学省)」に示されていることを書け。

③ 下線部「Ⓑ以下の共通教材」について，「中学校学習指導要領(平成29年3月告示)第2章　第5節　音楽」に示されている歌曲1曲を選び，曲名及び作曲者名を書け。

(☆☆☆◎◎◎◎◎)

【2】「中学校学習指導要領(平成29年3月告示)」第2章　第5節　音楽「第2　各学年の目標及び内容」では，次のように示されている。(一部抜粋)

〔第2学年及び第3学年〕 2内容　A表現
(3) 創作の活動を通して，次の事項を身に付けることができるよう指導する。
ア　創作表現に関わる知識や技能を得たり生かしたりしながら，まとまりのある創作表現を創意工夫すること。
イ　次の(ｱ)及び(ｲ)について，表したいイメージと関わらせて理解すること。
(ｱ) 音階や言葉などの特徴及び音のつながり方の特徴
(ｲ) 音素材の特徴及び音の重なり方や(　Ⓐ　)などの構成上の特徴
ウ　創意工夫を生かした表現で旋律や音楽をつくるために必要な，課題や条件に沿った音の選択や組合せなどの技能を身に付けること。

このことを踏まえ，第3学年における3時間扱いの題材の指導計画を作成し，次の点について書け。

なお，本題材における【題材名】【創作の条件】【題材の目標】【本題材で扱う学習指導要領の内容】【題材の評価規準】は，[別表]のとおりとする。

[別表]

【題材名】
構成を工夫し，イメージに合ったリズムアンサンブルをつくろう
【創作の条件】
・4分の4拍子，8小節のリズムアンサンブルを二人一組で創作する。
・ボディパーカッションによる2声のリズムアンサンブルを創作する。
・音の重なり方や構成を工夫し，表したいイメージに合った曲

をつくる。

【題材の目標】

(1) 音楽が生み出す雰囲気と音楽の構造との関わりについて理解するとともに，創意工夫を生かした表現で音楽をつくるために必要な，課題や条件に沿った音の選択やリズムの組合せなどの技能を身に付ける。

(2) (Ⓑ)を知覚し，それらの働きが生み出す特質や雰囲気を感受しながら，知覚したことと感受したこととの関わりについて考え，どのように音楽をつくるかについて思いや意図をもつ。

(3) 音楽の構造によって生み出される雰囲気や表情などの変化に関心をもち，音楽活動を楽しみながら主体的・協働的に創作活動に取り組むとともに，音楽に対する感性を豊かにする。

【本題材で扱う学習指導要領の内容】

A表現 (3)創作 ア，イ(ｲ)，ウ 〔共通事項〕(1)

【題材の評価規準】

知識・技能	思考・判断・表現	主体的に学習に取り組む態度
知 音の重なり方や(Ⓐ)などの構成上の特徴について理解している。 技 創意工夫を生かした表現で音楽をつくるために必要な，課題や条件に沿った音の選択やリズムの組合せなどの技能を身に付けて，創作で表している。	(Ⓒ)	音楽活動を楽しみながら主体的・協働的に創作の学習活動に取り組もうとしている。

(1) (Ⓐ)に入る創作における構成上の特徴を3点書け。

(2) (Ⓑ)に入る，本題材の学習において考えられる，生徒の思考・判断のよりどころとなる主な音楽を形づくっている要素は何か(複数回答可)。

(3) (Ⓒ)に入る「思考・判断・表現」の評価規準を書け。

(4)　全3時間の中で，音色や音の重なり方及び構成の特徴について，生徒が表したいイメージと関わらせて理解する時間を本時とする。本時の学習指導計画を書け。

本時の学習指導計画

本時の指導（____／３）

○ねらい

○学習過程

主な学習活動	教師の支援

(5)　本時で音楽的な見方・考え方を働かせながら活動している生徒の発言例を書け。

(☆☆☆☆☆◎◎◎◎◎)

【3】次のスコアは，ある楽曲の第2楽章の一部分である。この曲について，以下の設問に答えよ。

(1)　この曲の作曲者名を書け。

(2)　上記(1)の出身国を書け。

(3)　この曲の曲名を書け。

(4) この曲(第2楽章)の冒頭部分の調性を書け。

(5) スコア中の①～⑦の意味を書け。

(6) スコア中14小節目ⓐと17小節目ⓑの音程を書け。(例　長3度)

(7) スコア中のⒶ及びⒷに入る楽器名を書け。

(☆☆☆☆◎◎◎◎◎)

【4】次のスコアは，ある楽曲の一部分である。この曲について，以下の設問に答えよ。

8
16
pp
pp
pizz
arco
arco
pizz

(1)　この曲の作曲者名を書け。

(2)　上記(1)の出身国を書け。

(3)　曲中にある arco の意味を書け。

(4)　この曲の3小節目から10小節目までの8小節間について，クラリネット・アンサンブルで演奏できるように編曲せよ。

なお，全休符の小節への記入は不要とする。

また，楽器編成は，E♭小クラリネット1，B♭クラリネット2，アルト・クラリネット1，バス・クラリネット1，コントラバス・クラリネット1とし，編曲後は原曲と同一調(原調)とする。

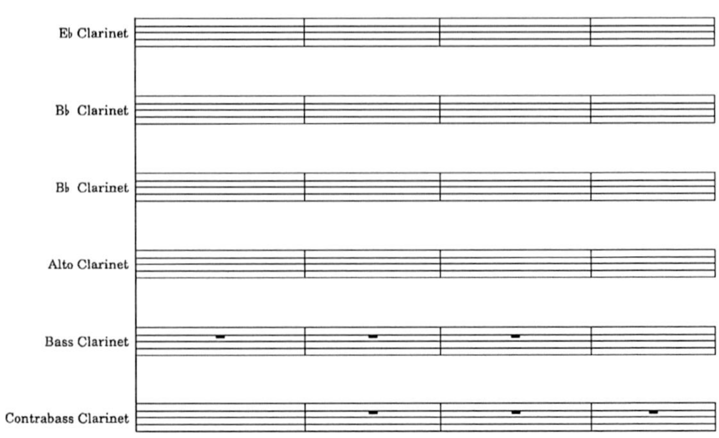

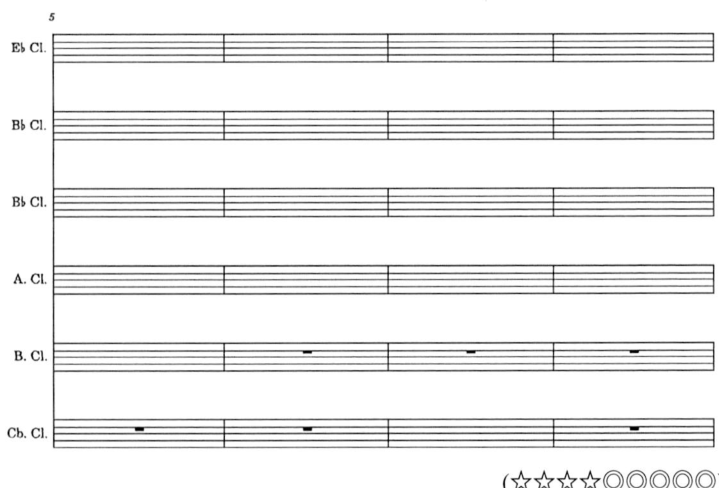

(☆☆☆☆◎◎◎◎◎)

【高等学校】

【１】「高等学校学習指導要領(平成30年3月告示)第2章　第7節　芸術」第2款　第1「音楽Ⅰ」を踏まえ，次の設問に答えよ。

(1)　2内容　A表現　(2)器楽の指導内容が次のように示されている。

これらについて「高等学校学習指導要領解説芸術編(平成30年7月文部科学省)」の内容を踏まえ，以下の問いに答えよ。

> (2) 器楽
> 器楽に関する次の事項を身に付けることができるよう指導する。
> ア 器楽表現に関わる知識や技能を得たり生かしたりしながら，(a)をもって器楽表現を創意工夫すること。
> イ 次の(ア)から(ウ)までについて理解すること。
> (ア) 曲想と音楽の構造や文化的・歴史的背景との関わり
> (イ) 曲想と楽器の音色や(b)との関わり
> (ウ) Ⓐ<u>様々な表現形態による器楽表現の特徴</u>
> ウ Ⓑ<u>創意工夫を生かした楽器表現</u>をするために必要な，次の(ア)から(ウ)までの技能を身に付けること。
> (ア) 曲にふさわしい(b)，身体の使い方などの技能
> (イ) 他者との(c)を意識して演奏する技能
> (ウ) 表現形態の特徴を生かして演奏する技能

① (a)～(c)に当てはまる語句を書け。

② 下線部Ⓐ<u>様々な表現形態による器楽表現の特徴</u>に関して，「高等学校学習指導要領解説芸術編(平成30年7月文部科学省)」に示されている，指導に当たって大切なことについて，(d)～(f)に当てはまる語句を答えよ。

> 指導に当たっては，生徒の(d)や興味・関心，学校や(e)の実態等を考慮して扱う楽器や教材を選択し，独奏，小アンサンブル，合奏などの音楽活動を通して，(f)を伴って理解できるようにすることが大切である。

③ 下線部Ⓑ<u>創意工夫を生かした器楽表現</u>にするために必要な技能について，「高等学校学習指導要領解説芸術編(平成30年7月文部科学省)」に示されている，指導する際の留意点を書け。

(2)　「高等学校学習指導要領解説芸術編(平成30年7月文部科学省)」において，鑑賞に関する資質・能力が次のように示されている。これらについて，以下の問いに答えよ。

> (1)　鑑賞
> 　鑑賞に関する次の事項を身に付けることができるよう指導する。
> ア　鑑賞に関わる(　g　)を得たり生かしたりしながら，次の(ｱ)から(ｳ)までについて考え，音楽のよさや美しさを自ら味わって聴くこと。
> (ｱ)　Ⓐ<u>曲や演奏に対する評価</u>とその根拠
> (ｲ)　自分や(　h　)にとっての音楽の意味や価値
> (ｳ)　音楽表現の共通性や固有性
> イ　次の(ｱ)から(ｳ)までについて理解すること。
> (ｱ)　曲想や表現上の効果と音楽の構造との関わり
> (ｲ)　音楽の特徴と文化的・歴史的背景，他の(　i　)との関わり
> (ｳ)　Ⓑ<u>我が国や郷土の伝統音楽の種類</u>とそれぞれの特徴

①　(　g　)～(　i　)に当てはまる語句を書け。

②　下線部Ⓐ<u>曲や演奏に対する評価</u>とは，どのようなことか。「高等学校学習指導要領解説芸術編(平成30年7月文部科学省)」に示されていることについて書け。

③　下線部Ⓑ<u>我が国や郷土の伝統音楽の種類</u>について，「高等学校学習指導要領解説芸術編(平成30年7月文部科学省)」に示されている中から，一つ書け。

(☆☆☆◎◎◎◎◎)

【2】「高等学校学習指導要領(平成30年3月告示)」第2章　第7節　芸術　第2款　第1「音楽Ⅰ」の「内容」では，次のように示されている。

2　内容　A　表現
(3)　創作に関する次の事項を身に付けることができるよう指導する。
ア　創作表現に関わる知識や技能を得たり生かしたりしながら，自己のイメージをもって創作表現を創意工夫すること。
イ　音素材，音を連ねたり重ねたりしたときの響き，音階や音型などの特徴及び構成上の特徴について，表したいイメージと関わらせて理解すること。
ウ　創意工夫を生かした創作表現をするために必要な，次の(ア)から(ウ)までの技能を身に付けること。
(ア)　(　Ⓐ　)などの手法を活用して音楽をつくる技能
(イ)　旋律をつくったり，つくった旋律に副次的な旋律や和音などを付けた音楽をつくったりする技能
(ウ)　音楽を形づくっている要素の働きを変化させ，変奏や編曲をする技能

このことを踏まえ，第1学年における4時間扱いの題材の指導計画を構成し，次の点について書け。

なお，本題材における【題材名】【創作の条件】【題材の目標】【本題材で扱う学習指導要領の内容】【題材の評価規準】は，[別表]のとおりとする。

[別表]

【題材名】
音楽の構造を工夫し，イメージに合ったボディパーカッションアンサンブルをつくろう
【創作の条件】
・ボディパーカッションによる4声のリズムアンサンブルを創作する。
・8小節を四人一組で創作する。

・音色，リズム，テクスチュア，構成を工夫し，表したいイメージに合った曲をつくる。

【題材の目標】

(1)　音楽の構造と曲想との関わりについて理解するとともに，創意工夫を生かした創作表現をするために必要な，音楽を形づくっている要素の働きを生かして創作する技能を身に付ける。

(2)　音色，リズム，テクスチュア，構成を知覚し，その働きを感受しながら，知覚したことと感受したこととの関わりについて考え，どのように音楽をつくるかについて表現意図をもつ。

(3)　音楽の構造と曲想との関わりに関心をもち，主体的・協働的に創作活動に取り組むとともに，音楽に対する感性を豊かにし，音楽を愛好する心情を養う。

【本題材で扱う学習指導要領の内容】

A表現　(3)創作　ア，イ，ウ(ｱ)

〔共通事項〕(1)

(本題材の学習において，生徒の思考・判断のよりどころとなる主な音楽を形づくっている要素：音色，リズム，テクスチュア，構成)

【題材の評価規準】

知識・技能	思考・判断・表現	主体的に学習に取り組む態度
知 音楽の構造と曲想との関わりについて，表したいイメージと関わらせて理解している。 技 創意工夫を生かした創作表現をするために必要な，（ Ⓐ ）などの手法を活用して音楽をつくる技能を身に付け，創作で表している。	（ Ⓑ ）	音色，リズム，テクスチュア，構成の変化と雰囲気の変化との関わりに関心をもち，主体的・協働的に創作の学習活動に取り組もうとしている。

(1) (Ⓐ)に入る，構成上の特徴を3点書け。

(2) (Ⓑ)に入る「思考・判断・表現」の評価規準を書け。

(3) 本題材(全4時間)の指導計画において，第1時から第3時までのそれぞれの時間のねらいを書け。

第１時	
第２時	
第３時	
第４時	作品を聴き合い，よさや面白さを味わうとともに，創作活動を通しての発見や自己の成長を振り返る。

(4) 全4時間の中で，音色，リズム，テクスチュア及び構成の特徴について，表したいイメージと関わらせて理解する時間を本時とする。本時の学習指導計画を書け。

本時の学習指導計画

本時の指導（＿＿／４）

○ねらい

○学習過程

主な学習活動	教師の支援

(5)　本時で音楽的な見方・考え方を働かせながら活動している生徒の発言例を書け。

(☆☆☆☆◎◎◎◎◎)

【3】次のスコアは，ある楽曲の第2楽章の一部分である。この曲について，以下の設問に答えよ。

(1)　この曲の作曲者名を書け。

(2)　上記(1)の出身国を書け。

(3)　この曲の曲名を書け。

(4) この曲(第2楽章)の冒頭部分の調性を書け。

(5) スコア中の①，②，④，⑥の意味を書け。

(6) スコア中の③，⑤，⑦を省略しない文字で書け。

(7) スコア中14小節目ⓐと17小節目ⓑの音程を書け。(例　長3度)

(8) スコア中のⒶ及びⒷに入る楽器名を書け。

(☆☆☆☆◎◎◎◎◎)

【4】次のスコアは，ある楽曲の一部分である。この曲について，以下の設問に答えよ。

8

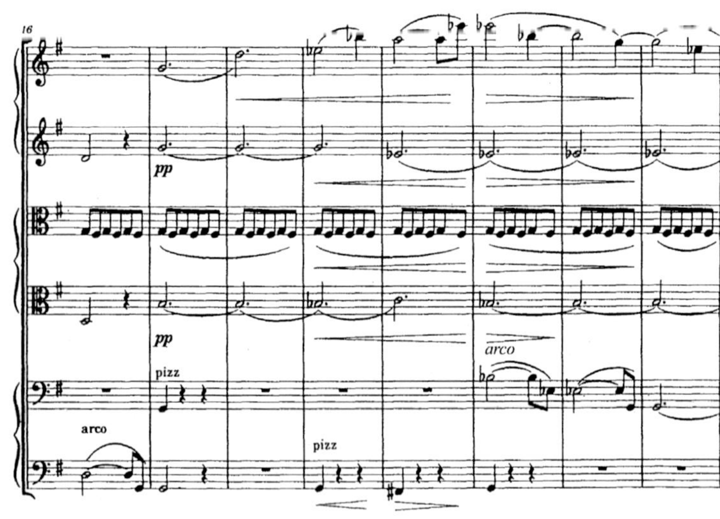
16
pp
pp
arco
pizz
arco
pizz

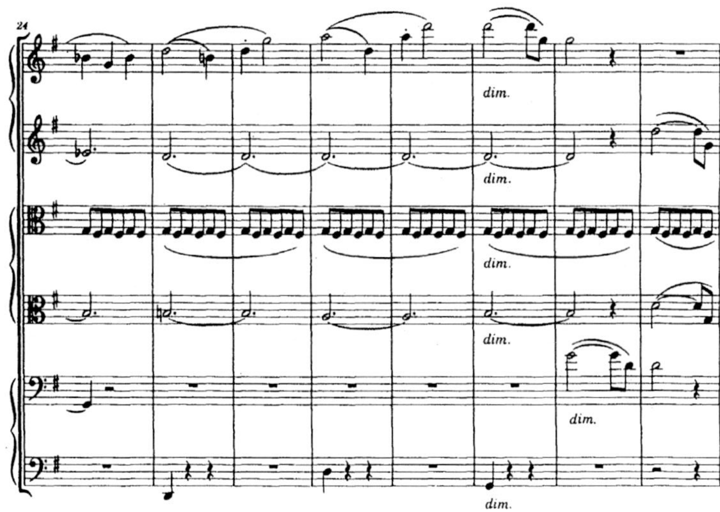

(1) この曲の作曲者名を書け。

(2) 上記(1)の出身国を書け。

(3) 曲中にある arco の意味を書け。

(4) 曲中にある　mezza voce　の意味を書け。

(5) この曲の3小節目から10小節目までの8小節間について，クラリネット・アンサンブルで演奏できるように編曲せよ。

なお，全休符の小節への記入は不要とする。

また，楽器編成は，E♭小クラリネット1，B♭クラリネット2，アルト・クラリネット1，バス・クラリネット1，コントラバス・クラリネット1とし，編曲後は原曲と同一調(原調)とする。

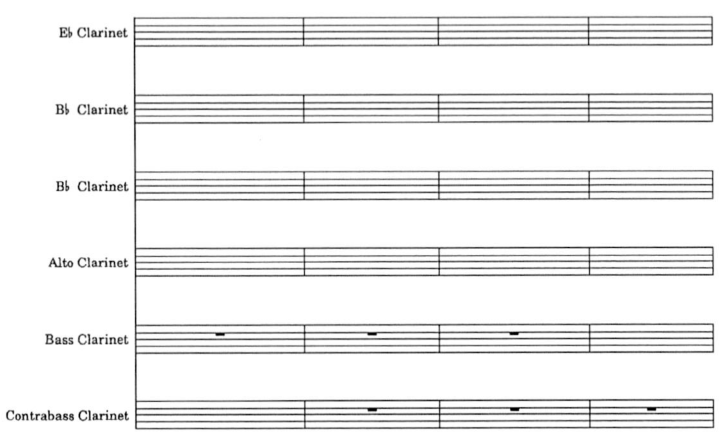

E♭ Clarinet
B♭ Clarinet
B♭ Clarinet
Alto Clarinet
Bass Clarinet
Contrabass Clarinet

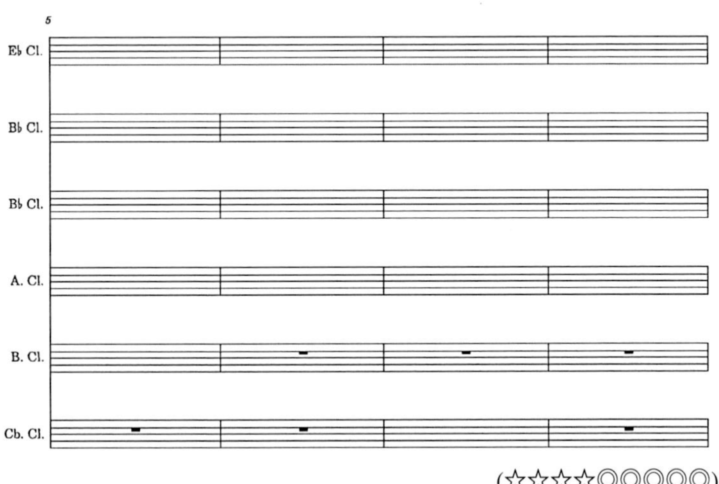

5
E♭ Cl.
B♭ Cl.
B♭ Cl.
A. Cl.
B. Cl.
Cb. Cl.

(☆☆☆☆◎◎◎◎◎)

解答・解説

【中高共通】

【1】(1) ① ローベルト・シューマン(シューマン) ② こどもの情景(子供の情景，子どもの情景) ③ ミルテの花 ④ クラーラ(クララ) (2) ⑤ イーゴル・ストラヴィンスキー(ストラヴィンスキー) ⑥ ディアギレフ ⑦ 火の鳥 ⑧ 春の祭典
(3) ⑨ 吹き(吹) ⑩ 打ち(打) ⑪ 笙 ⑫ ひちりき
⑬ 竜笛 ⑭ 鉦 ⑮ かっこ ⑯ 太 ⑰ 琵琶 ⑱ 箏
(4) ⑲ ジョン・フィリップ・スーザ(スーザ) ⑳ 星条旗よ永遠なれ ㉑ スーザフォーン ㉒ 後藤 洋

〈解説〉音楽史と音楽の基礎知識に関する，語句の穴埋め記述式の問題である。音楽史は古い時代から近現代まで問われる。いずれも基本的な知識を問われているが，選択式ではなく記述式なので難易度が高くなっている。毎年この形式で出題されるので，過去問で傾向を把握し，この形式を意識して学習に取り組むと良い。また，この大問で必ず秋田県の音楽や作曲家についての問いが入っているので，秋田県の音楽文化については調べて理解しておきたい。

【中学校】

【1】(1) ① ア 創意工夫 イ 協働的 ウ 音楽文化 ② (解答例) 音楽を生活の中に取り入れ，明るく豊かな生活を送ることを目指す態度 (2) ① エ 意欲 オ 長唄 カ 伝統的
キ 声域 ク 移動ド唱法 ② (解答例) ・視聴覚機器などを有効に活用する ・地域の指導者や演奏家とのティーム・ティーチングを行う ③ 曲名…赤とんぼ 作曲者名…山田耕筰

〈解説〉(1) ① 目標は，教科の目標と各学年の目標について違いを理解して文言は必ず覚えること。 ② 中学校学習指導要領解説に「音楽によって生活を明るく豊かなものにしていく態度とは，音楽を生活の中に取り入れ，明るく豊かな生活を送ることを目指す態度のことである。

これは，学校教育法第21条の第九号『生活を明るく豊かにする音楽，美術，文芸その他の芸術について基礎的な理解と技能を養うこと』を踏まえたものであり，中学校において，全ての生徒が必修教科として音楽を学ぶ意味に関わるものである。」と示されている。　(2)　①　内容の取扱いについての配慮事項は全部で10項目あげられており，いずれも具体的で重要な内容なので，文言を覚えるだけでなく理解を深めておくこと。　②　中学校学習指導要領解説には「視聴覚機器などを有効に活用したり，地域の指導者や演奏家とのティーム・ティーチングを行ったりすることも考えられる。こうした学習活動を展開することにより，生徒は，自分たちの生活に根ざした民謡のよさに気付いたり，長唄などの我が国の伝統的な声や歌い方のよさを感じ取ったりすることができる。そのことが，我が国や郷土の伝統音楽のよさを味わい，愛着をもち，我が国の音楽文化に対する理解を深めることにつながっていく。」と示されている。　③　歌唱共通教材に関する問題である。全部で7曲あり，解答例以外に「荒城の月」土井晩翠作詞・滝廉太郎作曲，「早春賦」吉丸一昌作詞・中田章作曲，「夏の思い出」江間章子作詞・中田喜直作曲，「花」武島羽衣作詞・滝廉太郎作曲，「花の街」江間章子作詞・團伊玖磨作曲，「浜辺の歌」林古溪作詞・成田為三作曲も正答である。

【2】(1)　反復，変化，対照　　(2)　(解答例)　リズム，速度，強弱，形式，構成　　(3)　(解答例)　音や音楽に対する自分のイメージを膨らませたり他者のイメージに共感したりして，音楽を形づくっている要素の働かせ方などを試行錯誤しながら，音楽としてのまとまりについて工夫し，表したい創作表現について思いや意図をもつことができる。
(4)　(解答例)

本時の指導　2／3

○ねらい

音や音楽に対する自己のイメージを膨らませたり他者のイメージに共感したりして，音楽を形づくっている要素の働かせ方などを試行錯誤しながら，表現意図をもって創作する。

○学習過程

主な学習活動	教師の支援
・前時に作成したリズムパターンをもとに，表したいイメージやストーリーに合うように，ペアの生徒と相談したり試行錯誤したりしながら，8小節の作品をつくる。	・反復，変化，対照などの手法を活用できるように声をかける。 ・後から音色を検討する中で多少リズムが変わってもいいことを伝え，全体がスムーズに次の活動に移行できるようにする。
・身体のどの部位を鳴らすとどのような音が出て，どのような印象を抱くのか，ワークシートにまとめる。	・手拍子や足踏み以外にも，多様なボディパーカッションがあることを伝える。 ・なぜその音色がイメージと結び付くのか考えるよう声かけをする。
・自身が表したいイメージを考え，つくったリズムパターンを様々な音色で演奏する。その際に，強弱なども工夫する。 ・ペアの生徒とイメージを共有しながら，どのように演奏するかを検討する。	・パートごとのリズムの特徴を捉え，目立たせて演奏するリズムと，そうでないリズムを検討し，作品が立体的になるように支援する。

(5)　(解答例)　長いリズムと短いリズムを組み合わせて2人で一緒に演奏することで，印象の違った新しいリズムを感じることができるね。

〈解説〉(1)　第1学年でも，この項目では，「音素材の特徴及び音の重なり方や反復，変化，対照などの構成上の特徴」としている。内容は学年によって異なるので違いを理解しておきたい。　(2)　共通事項で示されている「音楽を形づくっている要素」は音色，リズム，速度，旋律，テクスチュア，強弱，形式，構成である。ねらいに応じて選択すること。　(3)「思考力，判断力，表現力等」に関する項目は，設問で示されているアの項目である。　(4)　指導案作成においては，学習指導要領の内容，題材の目標，指導するべき音楽を形づくっている要素などに整合性があるよう留意して記述すること。また，題材の目標とねらい，評価規準についても整合性がなくてはならない。さまざまな題材で指導案を作成する練習を重ね，時間をかけずに解答できるように準備しておきたい。　(5)　中学校学習指導要領解説には「音楽的な見方・考え方とは，『音楽に対する感性を働かせ，音や音楽を，音楽を形づくっている要素とその働きの視点で捉え，自己のイメージや感情，生活や社会，伝統や文化などと関連付けること』であると考えられる。」と示されている。

【3】(1)　セルゲイ・ラフマニノフ(ラフマニノフ)　(2)　ロシア
(3)　ピアノ協奏曲第2番op.18(ピアノ協奏曲第2番)　(4)　ハ短調
(5)　①　ゆるやかに　②　弱音器を使用して(弱音器)　③　表情を豊かに　④　常に　⑤　分かれて演奏する　⑥　もとの速さで　⑦　指で弦をはじく　(6)　ⓐ　完全5度　ⓑ　短6度
(7)　Ⓐ　フルート　Ⓑ　クラリネット
〈解説〉(1)～(3)　オーケストラスコアから作曲者と出身国，曲名を答える問題は例年出題されている。難易度は高めで，前年度はドビュッシーの「牧神の午後への前奏曲」より出題された。本年度も，第2楽章が提示されているので，第1楽章の冒頭のよく知られた部分のスコアではない分，難易度は高い。幅広く，スコアもあわせて楽曲を聴いておきたい。　(4)　第2楽章の序奏は，ハ短調の主和音から4小節でホ長調へ転調しピアノ独奏へとつながる。　(5)　音楽用語は，スコアから楽器演奏に関わるものも出題されるので，学習しておくこと。日頃からスコアを読み慣れておくことが大切である。　(6)　ⓐはミとシで完全5度，ⓑはドとラで短6度である。ピアノパートで実音なので難易度は低い。　(7)　オーケストラスコアの楽器の順は，木管楽器，金管楽器，打楽器，ソロ楽器，弦楽器の順で，それぞれ高い音域の楽器から記譜される。ⒶはinCで記譜されていること，Ⓑは調号が♯1つで長2度高く記譜されているのでinB♭の楽器であると判断できる。

【4】(1)　ヨハネス・ブラームス(ブラームス)　(2)　ドイツ　(3)　弓

を用いる通常の奏法に戻すこと

(4)

〈解説〉(1)(2)　この曲は，ブラームスの「弦楽六重奏曲第2番第1楽章」の冒頭である。例年編曲の出題では，楽曲の作曲者名と出身国が問われている。前年度はグリーグの「二つの悲しき旋律」より出題された。曲の難易度は高いと言える。　(3)　arcoに対してpizzicato(pizz.)は，弓

ではなく指で弦をはじく奏法である。3小節目のmezza voceのmezzaは半分の，voceは声という意味で，声楽パートでよく使用される音楽用語である。　(4)　もとの楽譜はいずれも実音表記なので，移調楽器の書き替えに注意して記譜すること。原曲は♯1つのト長調である。小クラリネットE♭管は，実音が短3度高いので短3度下げて，調号♯3つのホ長調で記譜する。アルト・クラリネットも同じくE♭管で，実音が長6度低いので，長6度上げてホ長調で記譜する。B♭クラリネットは，実音が長2度低いので，長2度上げて，調号♯3つのイ長調で記譜する。バス・クラリネットはB♭管で，実音が1オクターブと長2度低いので，1オクターブと長2度上げて，コントラバス・クラリネットもB♭管で，実音が2オクターブと長2度低いので2オクターブと長2度上げて，イ長調で記譜する。

【高等学校】

【1】(1)　①　a　自己のイメージ　b　奏法　c　調和　②　d　特性　e　地域　f　実感　③　(解答例)　生徒が表現意図との関わりを捉えられるようにしながら行うことが大切であり，技能に関する指導を単独で行うことに終始することのないよう留意する必要がある。　(2)　①　g　知識　h　社会　i　芸術　②　(解答例)　よさや美しさといった曲や演奏の価値を判断すること。　③　能楽

〈解説〉(1)　内容については，学年ごとの違いを理解して文言を覚えること。　②　楽器の組合せによる表現の違いやそれぞれのよさや持ち味を十分に感じ取りながら，様々な表現形態による器楽表現の特徴を理解させ，器楽表現の特徴を表現形態の視点から捉えることが本項目で求められている。　③　高等学校学習指導要領解説には「創意工夫を生かした器楽表現をするために必要な技能としているのは，技能が，生徒にとって表現意図を表すために必要なものとなるよう指導することを求めているからである。したがって，(ア)から(ウ)までの指導に当たっては，生徒が表現意図との関わりを捉えられるようにしながら行うことが大切であり，技能に関する指導を単独で行うことに終始する

ことのないよう留意する必要がある。」と示されている。 (2) ① 学年ごとの違いを整理して文言を覚えること。 ② 高等学校学習指導要領解説には「曲や演奏に対する評価とは，よさや美しさといった曲や演奏の価値を判断することである。価値を判断するためには，自己の価値観をもつことが必要になる。自己の価値観は，イに示す知識を活用し，曲や演奏のよさや美しさについて考えたり，考えたことを言葉で表したり伝え合ったりする活動を通して，形成されたり再構築されたりする。また，曲や演奏を評価する学習を積み重ねることによって，広がったり深まったりする。」と示されている。 ③ 我が国や郷土の伝統音楽の種類には，雅楽，声明，能楽，琵琶楽，歌舞伎音楽，箏曲，三味線音楽，尺八音楽などや，我が国の各地域に伝承されている民謡や民俗芸能における音楽などがある。いずれも正答である。

【2】(1) 反復，変化，対照 (2) (解答例) 音や音楽に対する自分のイメージを膨らませたり他者のイメージに共感したりして，音楽を形づくっている要素の働かせ方などを試行錯誤しながら，表したい創作表現について考え，どのように創作表現するかについて思いや意図をもつことができる。 (3) (解答例) 第1時…音楽の構成要素を変化させた短いリズムパターンを複数つくる。 第2時…リズムパターンを組み合わせて，構成を考える。イメージについて自分や他の作品を聴き合い，評価しあう。 第3時…音楽を形づくっている要素の働かせ方などを試行錯誤しながら，表現意図をもって曲を完成させる。
(4) (解答例)

本時の指導　3／4

○ねらい

音楽を形づくっている要素の働かせ方などを試行錯誤しながら，表現意図をもって曲を完成させる。

○学習過程

主な学習活動	教師の支援
・前時に作成したリズムパターンをもとに，表したいイメージやストーリーに合うように，ペアの生徒と相談したり試行錯誤したりしながら，パートの重ね方や構成を工夫して作品をつくる。	・反復，変化，対照などの手法を活用できるように声をかける。 ・後から音色を検討する中で多少リズムが変わってもいいことを伝え，全体がスムーズに次の活動に移行できるようにする。
・様々な音を出し，どの音がどのようなイメージを想起させるかを探索する。 ・自身が表したいイメージを考え，つくったリズムパターンを様々な音で演奏する。	・様々な音をつかって演奏できるように配慮する。 ・同じ音であっても，音高の違い，速さによってイメージが異なることを伝える。 ・なぜその音色がイメージと結び付くのか考えるよう声かけをする。
・グループの中で，イメージを共有しながら，どの音で演奏するかを検討する。 ・合わせた際の強弱を検討し，作品として仕上げる。	・パートごとのリズムの特徴を捉え，目立たせて演奏するリズムと，そうでないリズムを検討し，作品が立体的になるように支援する。

(5)　(解答例)　リズムの種類と音の種類の組み合わせを変えると，曲の印象が変わるね。活発なイメージにしたいときにはリズムを細かくするといいみたいだ。

〈解説〉(1)　本項目は音楽Ⅱでも同じ表現である。内容については，各項目について，違いを理解しておくこと。　(2)　高等学校学習指導要領解説には「指導に当たっては，音を機械的に並べたり組み合わせたりしていく活動に終わることなく，創意工夫する過程を大切にして，生徒の思考の流れを把握しながら，適切な手立てを講じ，自己のイメージを創作表現につなげられるよう留意する必要がある。」としている。　(3)　題材と目標，評価の観点との整合性と，第4時のねらいに即した第1～3時の系統性を考慮して解答すること。　(4)　指導案作成においては，学習指導要領の内容，題材の目標，指導するべき音楽を形づくっている要素などに整合性があるよう留意して記述すること。また，題材の目標とねらい，評価規準についても整合性がなくてはならない。さまざまな題材で指導案を作成する練習を重ね，時間をかけずに解答できるように準備しておきたい。 (5) 高等学校学習指導要領解説に「音楽的な見方・考え方とは，感性を働かせ，音や音楽を，音楽を形づくっている要素とその働きの視点で捉え，自己のイメージや感情，音楽の文化的・歴史的背景などと関連付けることであると考えられる。」と示されている。

【3】(1) セルゲイ・ラフマニノフ(ラフマニノフ) (2) ロシア
(3) ピアノ協奏曲第2番op.18(ピアノ協奏曲第2番) (4) ハ短調
(5) ① ゆるやかに ② 弱音器を使用して(弱音器) ④ 常に
⑥ もとの速さで (6) ③ espressivo ⑤ divisi ⑦ pizzicato
(7) ⓐ 完全5度 ⓑ 短6度 (8) Ⓐ フルート Ⓑ クラリネット

〈解説〉(1)～(3) オーケストラスコアから作曲者と出身国，曲名を答える問題は例年出題されている。難易度は高めで，前年度はドビュッシーの「牧神の午後への前奏曲」より出題された。本年度も，第2楽章が提示されているので，第1楽章の冒頭のよく知られた部分のスコアではない分，難易度は高い。幅広く，スコアもあわせて楽曲を聴いておきたい。 (4) 第2楽章の序奏は，ハ短調の主和音から4小節でホ長調へ転調しピアノ独奏へとつながる。 (5) 音楽用語は，スコアから楽器演奏に関わるものも出題されるので，学習しておくこと。日頃からスコアを読み慣れておくことが大切である。 (6) 音楽用語は，意味だけでなくスペルを書けるように学習しておくこと。 (7) ⓐはミとシで完全5度，ⓑはドとラで短6度である。ピアノパートで実音なので難易度は低い。 (8) オーケストラスコアの楽器の順は，木管楽器，金管楽器，打楽器，ソロ楽器，弦楽器の順で，それぞれ高い音域の楽器から記譜される。Ⓐはin Cで記譜されていること，Ⓑは調号が♯1つで長2度高く記譜されているのでinB♭の楽器であると判断できる。

【4】(1)　ヨハネス・ブラームス(ブラームス)　(2)　ドイツ　(3)　弓を用いる通常の奏法に戻すこと　(4)　半分の声で(半分の音量で)
(5)

〈解説〉(1)(2)　曲は，ブラームスの「弦楽六重奏曲第2番第1楽章」の冒

頭である。例年編曲の出題では，楽曲の作曲者名と出身国が問われている。前年度はグリーグの「二つの悲しき旋律」より出題された。曲の難易度は高いと言える。　(3)　arcoに対してpizzicato(pizz.)は，弓ではなく指で弦をはじく奏法である。 (4)　mezza voceのmezzaは半分の，voceは声という意味で，声楽パートでよく使用される音楽用語である。 (5)　もとの楽譜はいずれも実音表記なので，移調楽器の書き替えに注意して記譜すること。原曲は♯1つのト長調である。小クラリネットE♭管は，実音が短3度高いので短3度下げて，調号♯3つのホ長調で記譜する。アルト・クラリネットも同じくE♭管で，実音が長6度低いので，長6度上げてホ長調で記譜する。B♭クラリネットは，実音が長2度低いので，長2度上げて，調号♯3つのイ長調で記譜する。バス・クラリネットはB♭管で，実音が1オクターブと長2度低いので，1オクターブと長2度上げて，コントラバス・クラリネットもB♭管で，実音が2オクターブと長2度低いので2オクターブと長2度上げて，イ長調で記譜する。

2023年度　実施問題

【中高共通】

【１】(1)～(5)の①～㉑に適する語句を書け。

(1)　1797年オーストリアに生まれた作曲家(　①　)は，31歳で亡くなるまでに，管弦楽曲や室内楽曲，ピアノ曲，歌曲，宗教音楽など数多くの作品を残している。特に歌曲は，600曲を超える作品があり，今日においても親しまれている作品が数多くある。1814年には兵役を逃れるため(　②　)の職に就き，その仕事の合間に作曲をしていた。

その頃の作品には，ゲーテの詩に作曲された，父が子を抱いて馬を走らせる場面から始まる曲，「(　③　)」(op. 1，D.328)がある。このほかにも有名な歌曲集として，第1曲「さすらい」から始まる全20曲で構成された歌曲集「(　④　)」や，第5曲「菩提樹」や第11曲「春の夢」など，全24曲で構成された歌曲集「(　⑤　)」がある。

(2)　1912年アメリカに生まれた作曲家(　⑥　)は，「季節はずれのヴァレンタイン」を作曲した。この曲は，グランドピアノの弦にゴム，金属，木などを挟んだり乗せたりして音色を打楽器的な響きに変えた(　⑦　)という楽器を用いて演奏される。

この他に，哲学的意味合いが濃く，彼の不確定性の思想を端的に表した作品として，1952年にニューヨーク州ウッドストックで初演された「(　⑧　)」がある。この曲は3楽章で構成されており，いずれの楽章にも「休止(TACET)」とのみ記されている。初演の際は，ピアニストが曲の始まりにピアノの蓋を閉じ，演奏の終わりに蓋を開けることによって演奏された。

(3)　元来は「小さなオペラ」という意味であり，「喜歌劇」や「軽歌劇」とも訳され，歌や踊りを伴った19世紀の喜劇的な音楽劇を(　⑨　)という。フランスのオペラ・コミックから発展し，オッフェンバック作曲の「天国と地獄」などの作品が成功を収めた。

20世紀に入ると「メリー・ウィドウ」や「ほほえみの国」などを作曲したハンガリー生まれの作曲家(⑩)やカールマーンらにより，情感豊かな作品が数多く誕生し，(⑨)の隆盛を迎えた。

その後，アメリカに波及した(⑨)は，(⑪)として発展し，「ウェスト・サイド物語」や「サウンド・オブ・ミュージック」などの作品誕生につながった。

(4) 日本の音楽には，箏曲といわれる箏の音楽，地歌といわれる(⑫)音楽，尺八などの音楽があり，箏・(⑫)・尺八が一緒に行う演奏を(⑬)と呼ぶ。(⑫)は棹の種類によって大きく(⑭)種類に分類され，演目や用途に応じて使い分けられる。

(⑫)は，琉球の弦楽器である(⑮)が本土に渡って改良されたものといわれている。

(⑮)は，弦を押さえる勘所を文字で表した(⑯)という伝統的な楽譜が用いられる。

(5) 2022年6月に開館した「(⑰)」(愛称ミルハス)には，あらゆる音楽や舞台に対応可能な高い音響性能とステージ機能を持つ約(⑱)席の大ホールと，幅広い演目に対応する舞台設備を備えた800席の(⑲)がある。これ以外にも，二つの小ホールなどがあり，秋田県の芸術文化の発信拠点となることが期待されている。

その前身の施設であった秋田県民会館敷地内には，生涯燕尾服で歌い続けた秋田県出身の歌手(⑳)の胸像が設置されていた。(⑳)は，「長崎の鐘」や「オリンピック・マーチ」など数多くの楽曲を作曲した福島県出身の作曲家(㉑)の曲の録音も行っている。

(☆☆☆◎◎◎◎◎)

【2】次のスコアは，ある楽曲の冒頭部分である。この曲について，以下の設問に答えよ。

1
1.Solo
(solo)
1.
3.
Hp. II.
Vl.I
Vl.II
div. (sur la touche)
(sur la touche)
A.
Vc.
Cb.
5
6

(1)　この曲の作曲者名を書け。

(2)　上記(1)はどこの国の作曲家か書け。

(3)　この曲の曲名を書け。

(4)　この曲は，ある詩にインスピレーションを受けて作曲されたが，その詩の作者を書け。

(5)　この曲の作曲者が作曲した，この曲以外の管弦楽作品名(曲名)を書け。

(6)　スコア中の①～⑧の意味を書け。

(7)　スコア中1小節目ⓐとⓑとの音程を書け。(例　長3度)

(8) スコア中のⒶ及びⒷに入る楽器名を書け。

(☆☆☆☆◎◎◎◎◎)

【3】次のスコアは，ある楽曲の一部分である。この曲について，以下の設問に答えよ。

(1)　この曲の作曲者名を書け。

(2)　上記(1)はどこの国の作曲家か書け。

(3)　この曲の1小節目から6小節目までの6小節間について，クラリネット・アンサンブルで演奏できるように編曲せよ。

なお，楽器の編成は，E♭小クラリネット1，B♭クラリネット3，アルト・クラリネット1，バス・クラリネット1，コントラバス・クラリネット1とし，編曲後は原曲と同一調(原調)とする。

また，本楽曲でコントラバスの譜面(演奏)が51小節目まで全休符であることから，編曲譜においてもコントラバス・クラリネットはコントラバスと同様に51小節目まで休止とする。

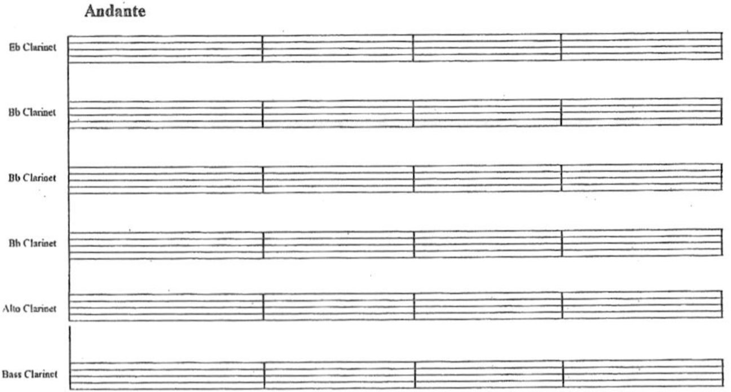

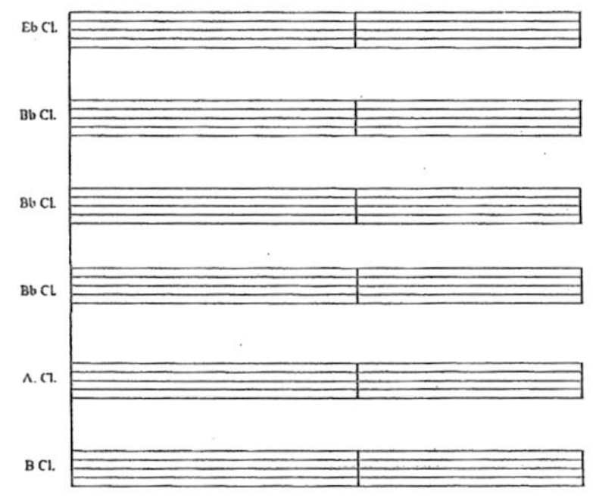

(☆☆☆☆◎◎◎◎◎)

【中学校】

【1】「中学校学習指導要領(平成29年3月告示)第2章　第5節　音楽」を踏まえ，次の設問に答えよ。

(1)　第1　目標について，①，②に答えよ。

> 表現及び鑑賞の幅広い活動を通して，音楽的な見方・考え方を働かせ，生活や社会の中の音や音楽，音楽文化と豊かに関わる資質・能力を次のとおり育成することを目指す。
>
> (1)　曲想と音楽の(　ア　)や背景などとの関わり及び音楽の多様性について理解するとともに，創意工夫を生かした音楽表現をするために必要な(　イ　)を身に付けるようにする。
>
> (2)　音楽表現を創意工夫することや，音楽のよさや美しさを味わって聴くことができるようにする。
>
> (3)　音楽活動の楽しさを体験することを通して，音楽を愛好する心情を育むとともに，音楽に対する(　ウ　)を豊かにし，音楽に親しんでいく態度を養い，豊かな(　エ　)を培う。

①　(　ア　)～(　エ　)に当てはまる語句を書け。

②　下線部「音楽的な見方・考え方」に関して，「中学校学習指導要領解説音楽編(平成29年7月文部科学省)」に示されていることに

ついて，(　オ　)~(　キ　)に当てはまる語句を書け。

> 音楽的な見方・考え方とは，「音楽に対する(　ウ　)を働かせ，音や音楽を，(　オ　)とその働きの視点で捉え，(　カ　)や感情，生活や社会，(　キ　)などと関連付けること」であると考えられる。

(2) 〔共通事項〕(1)アの内容について，「中学校学習指導要領」に示されていることを書け。

(3) 「中学校学習指導要領」には，第2学年及び第3学年　A表現(3)創作における「技能」に関する資質・能力について，次のように示されている。(　Ⓐ　)に当てはまる内容を書け。

> 創意工夫を生かした表現で旋律や音楽をつくるために必要な，(　Ⓐ　)などの技能を身に付けること。

(4) 第2学年及び第3学年　A表現(1)歌唱における「思考力，判断力，表現力等」に関する資質・能力について，「中学校学習指導要領」に示されていることを書け。

(☆☆☆☆◎◎◎◎◎)

【2】「中学校学習指導要領(平成29年3月告示)」第2章　第5節　音楽「第2　各学年の目標及び内容」では，次のように示されている。

> 〔第2学年及び第3学年〕2　内容　B　鑑賞
> (1) 鑑賞の活動を通して，次の事項を身に付けることができるよう指導する。
> ア　鑑賞に関わる知識を得たり生かしたりしながら，次の(ア)から(ウ)までについて考え，音楽のよさや美しさを味わって聴くこと。
> (ア) 曲や演奏に対する評価とその根拠
> (イ) 生活や社会における音楽の意味や役割

(ウ)　音楽表現の共通性や固有性
イ　次の(ア)から(ウ)までについて理解すること。
(ア)　曲想と音楽の構造との関わり
(イ)　音楽の特徴とその背景となる文化や歴史，他の芸術との関わり
(ウ)　我が国や郷土の伝統音楽及び諸外国の様々な音楽の特徴と，その特徴から生まれる音楽の多様性

第3学年における「ブルタバ(モルダウ)」(スメタナ作曲)を主な教材とした3時間扱いの題材について，次の設問に答えよ。

なお，本題材における【題材名】【題材の目標】【本題材で扱う学習指導要領の内容】【題材の評価規準】は，[別表]のとおりとする。

(1)　【題材の目標】及び【本題材で扱う学習指導要領の内容】の Ⓐ に共通する，「本題材の学習において，生徒の思考・判断のよりどころとなる主な音楽を形づくっている要素」を書け(複数解答可)。

(2)　【題材の評価規準】について， Ⓑ に入る「思考・判断・表現」の評価規準を書け。

(3)　本題材(全3時間)の指導計画において，それぞれの時間のねらいを書け。

(4)　全3時間の中で，自分とは異なる他者の考えにも耳を傾けるなどして，他者との関わりの中から自分の価値意識を再確認し，自分としての考えを一層深めていく場面を含む時間を本時とし，本時の学習指導計画を書け。

(5)　譜例に示した旋律が表れる部分について，知覚したことと感受したこととの関わりについて考えている生徒の発言例を書け。

【譜例】

[別表]

【題材名】

音楽を聴き味わいながら，作曲者の思いを感じ取ろう。

【題材の目標】

(1) 「ブルタバ」の曲想と音楽の構造との関わりについて理解する。

(2) 「ブルタバ」の［Ⓐ］を知覚し，それらの働きが生み出す特質や雰囲気を感受しながら知覚したことと感受したこととの関わりについて考えるとともに，生活や社会における音楽の意味や役割について考え，音楽のよさや美しさを味わって聴く。

(3) 「ブルタバ」の音楽の雰囲気の移り変わりに関心をもち，音楽活動を楽しみながら主体的・協働的に鑑賞の学習活動に取り組むとともに，オーケストラの音楽に親しむ。

【本題材で扱う学習指導要領の内容】

B鑑賞　ア(イ)　イ(ア)

〔共通事項〕(1)　ア　イ

(本題材の学習において，生徒の思考・判断のよりどころとなる主な音楽を形づくっている要素：［Ⓐ］)

【題材の評価規準】

知識・技能	思考・判断・表現	主体的に学習に取り組む態度
知　「ブルタバ」の曲想と音楽の構造との関わりについて理解している。	思 Ⓑ	態　「ブルタバ」の音楽の雰囲気の移り変わりに関心をもち、音楽活動を楽しみながら主体的・協働的に鑑賞の学習活動に取り組もうとしている。

(☆☆☆☆☆◎◎◎◎◎)

【高等学校】

【1】「高等学校学習指導要領(平成30年3月告示)」第2章　第7節　芸術 第2款　第1　「音楽Ⅰ」を踏まえ，次の設問に答えよ。

(1)　1　目標について，①～③に答えよ。

> 音楽の幅広い活動を通して，Ⓐ音楽的な見方・考え方を働かせ，生活や社会の中の音や音楽，音楽文化と幅広く関わる資質・能力を次のとおり育成することを目指す。
>
> (1)　曲想と音楽の(　ア　)や文化的・歴史的背景などとの関わり及び音楽の多様性について理解するとともに，創意工夫を生かした音楽表現をするために必要な(　イ　)を身に付けるようにする。
>
> (2)　(　ウ　)をもって音楽表現を創意工夫することや，音楽を評価しながらよさや美しさを自ら味わって聴くことができるようにする。
>
> (3)　主体的・協働的に音楽の幅広い活動に取り組み，Ⓑ生涯にわたり音楽を愛好する心情を育むとともに，感性を高め，音楽文化に親しみ，音楽によって生活や社会を明るく豊かなものにしていく態度を養う。

①　(　ア　)～(　ウ　)に当てはまる語句を書け。

②　下線部Ⓐ音楽的な見方・考え方に関して，「高等学校学習指導要領解説芸術編(平成30年7月文部科学省)」に示されていることについて書け。

③　「Ⓑ生涯にわたり音楽を愛好する心情」とあるが，「高等学校学習指導要領解説芸術編」には，「生涯にわたり音楽を愛好する心情を育む」ためには，どんなことが大切であると示しているか。(　エ　)及び(　オ　)に当てはまる語句を書け。

> 音楽活動を通して，音や音楽のよさや美しさなどを感じ取るとともに，(　エ　)をもって音楽で表したり，味わって聴いたりする力を育成する必要がある。このことによって，音楽を，(　オ　)と思い，生涯にわたって生活や社会に生かしていこうとする気持ちや態度を育むことが大切である。

(2)　〔共通事項〕(1)アの内容について「高等学校学習指導要領」に示されていることを書け。

(3)　音楽Ⅰ　A表現(1)歌唱における「思考力，判断力，表現力等」に関する資質・能力について，「高等学校学習指導要領」に示されていることを書け。

(☆☆☆☆◎◎◎◎◎)

【2】「高等学校学習指導要領(平成30年3月告示)」第2章　第7節　芸術　第2款　第1「音楽Ⅰ」では次のように示されている。

> 第1　音楽Ⅰ　2　内容　B　鑑賞　(1)鑑賞
> (1)　鑑賞に関する次の事項を身に付けることができるよう指導する。
> 　ア　鑑賞に関わる知識を得たり生かしたりしながら，次の(ア)から(ウ)までについて考え，音楽のよさや美しさを自ら味わって聴くこと。
> 　　(ア)　曲や演奏に対する評価とその根拠
> 　　(イ)　自分や社会にとっての音楽の意味や価値
> 　　(ウ)　音楽表現の共通性や固有性
> 　イ　次の(ア)から(ウ)までについて理解すること。
> 　　(ア)　曲想や表現上の効果と音楽の構造との関わり
> 　　(イ)　音楽の特徴とその文化的・歴史的背景，他の芸術との関わり
> 　　(ウ)　我が国や郷土の伝統音楽の種類とそれぞれの特徴

このことを踏まえ，第1学年における「ボレロ」(ラヴェル作曲)を主な教材とした2時間扱いの題材を構成し，次の3点について書け。なお，指導する事項は，ア(ア)イ(ア)とする。

・題材の目標
・本題材の学習において，生徒の思考・判断のよりどころとなる主な音楽を形づくっている要素
・1時間ごとのねらい，学習活動，評価規準

本題材（全２時間）の指導計画

<table>
<tr><td colspan="2">題材の目標
（１）
（２）
（３）</td></tr>
<tr><td colspan="2">本題材の学習において、生徒の思考・判断のよりどころとなる主な音楽を形づくっている要素</td></tr>
<tr><td rowspan="3">第
1
時</td><td>ねらい</td></tr>
<tr><td>学習活動</td></tr>
<tr><td>評価規準</td></tr>
<tr><td rowspan="3">第
2
時</td><td>ねらい</td></tr>
<tr><td>学習活動</td></tr>
<tr><td>評価規準</td></tr>
</table>

(☆☆☆☆☆◎◎◎◎◎)

解答・解説

【中高共通】

【1】(1) ① フランツ・シューベルト(シューベルト) ② 教員 ③ 魔王 ④ 美しき水車屋の娘(美しい水車小屋の娘) ⑤ 冬の旅 (2) ⑥ ジョン・ケージ(ケージ) ⑦ プリペアード・ピアノ ⑧ 4分33秒 (3) ⑨ オペレッタ ⑩ フランツ・レハール(レハール) ⑪ ミュージカル (4) ⑫ 三味線 ⑬ 三曲合奏 ⑭ 3 ⑮ 三線 ⑯ 工工四(クンクンシー)
(5) ⑰ あきた芸術劇場 ⑱ 2000 ⑲ 中ホール ⑳ 東海林太郎 ㉑ 古関裕而

〈解説〉秋田県では，音楽史や作曲家，音楽のジャンルについて，このような形で毎年出題される。過去問で傾向をみて，記述で解答することを考えて学習しておくこと。古典から現代まで幅広く出題されていることと，日本の音楽と，秋田県についての問題も含まれているのが特徴である。的がしぼりにくいので広範囲をまんべんなく学習することと，曲名や人物名，名称など詳細な問いもあるので深掘りして理解しておくこと。

【2】(1) クロード・ドビュッシー(ドビュッシー) (2) フランス
(3) 牧神の午後への前奏曲 (4) ステファヌ・マラルメ(マラルメ)
(5) 海−3つの交響的スケッチ(夜想曲，交響組曲「春」)
(6) ① きわめて中庸に ② 和らかく，そして表情豊かに
③ 二音間をすべるように急速に音階を奏する ④ 弱音器を付けて(弱音器) ⑤ 分奏で ⑥ 指板上で ⑦ 同音 ⑧ 次第に弱く，そして抑えて (7) 増4度 (8) Ⓐ フルート
Ⓑ オーボエ

〈解説〉(1)〜(4) ドビュッシーは，フランスの印象派を代表する作曲家である。この曲は，マラルメの「牧神の午後」という詩からインスピ

レーションを受けて作曲された。牧神を表す主題として，フルートが効果的に用いられていることが特徴である。 (5) ドビュッシーはピアノ作品を多く残している。「ベルガマスク組曲」「喜びの島」「映像」「子供の領分」「前奏曲集」などスコアもあわせて音源を確認しておきたい。 (6) ドビュッシーの作品なのでフランス語の楽語である。楽語については，イタリア語のものだけでなく，フランス語，ドイツ語のものも学習しておきたい。 (7) ド♯とソ♮なので増4度である。
(8) オーケストラスコアは上から木管楽器，金管楽器，打楽器，ピアノやハープ，弦楽器，その中で音域の高いものから表記される。問われている楽器のスコアはいずれもin Cで記譜されていることも判断材料となる。

【3】(1) エドヴァルト・グリーグ(グリーグ) (2) ノルウェー
(3)

〈解説〉(1)　グリーグの「二つの悲しき旋律」より第2曲の「過ぎにし春」である。　(2)　グリーグは，ノルウェーの国民楽派の作曲家である。ノルウェーの民族音楽を取り入れた曲を多く作曲している。　(3)　移調楽器の管の種類を正確に覚えていないと解答できない。E♭小クラリネットは実音が短3度高いので，原曲のG derを短3度下げて，調号♯4つのE durで記譜する。B♭クラリネットは実音が長2度低いので，長2度あげて調号♯3つのA durで記譜する。アルトクラリネットはE♭管で，実音が長6度低いので，長6度上げたE dur，バスクラリネットはB♭管で，実音が1オクターブと長2度低いので，1オクターブと長2度上げたA durで記譜する。コントラバスクラリネットはB♭管で，実音は2オクターブと長2度低い。

【中学校】

【1】(1)　①　ア　構造　　イ　技能　　ウ　感性　　エ　情操
②　オ　音楽を形づくっている要素　　カ　自己のイメージ
キ　伝統や文化　　(2)　音楽を形づくっている要素や要素同士の関連を知覚し，それらの働きが生み出す特質や雰囲気を感受しながら，知覚したことと感受したこととの関わりについて考えること。(を観点として，相対的に評価する。)　　(3)　課題や条件に沿った音の選択や組

合せ(を観点として，相対的に評価する。)　(4) 歌唱表現に関わる知識や技能を得たり生かしたりしながら，曲にふさわしい歌唱表現を創意工夫すること。(を観点として，相対的に評価する。)

〈解説〉(1) 目標について，教科も目標，各学年の目標，それぞれの違いを整理して，文言は必ず覚えること。また語句について，中学校学習指導要領解説に詳細に説明されているので理解を深めておくこと。

(2) 〔共通事項〕はA表現，B鑑賞に共通して示されているので文言は覚えること。今回はアについて問われたが，イは「音楽を形づくっている要素及びそれらに関わる用語や記号などについて，音楽における働きと関わらせて理解すること。」と示されている。アは「思考力，判断力，表現力等」に関する資質・能力，イは「知識」に関する資質・能力である。　(3) 第2学年及び第3学年のA表現の内容からの出題である。技能に関する資質・能力なので，ウの項目についての記述である。他の項目，また第1学年についても確認しておくこと。

(4) A表現の歌唱の内容から，「思考力，判断力，表現力等」に関する資質・能力なので，アの項目である。第2学年及び第3学年では，第1学年とは異なり，「曲にふさわしい」という文言が追記されている。学年ごとの違いを整理して覚えること。

【2】(解答例) (1) 音色・旋律・リズム・強弱　(2) 「ブルタバ」の音楽を形づくっている要素により感受できる場面を想像し，その働きが生み出す特質や雰囲気との関わりを考察しながら，音楽のよさや美しさを味わって聴いている。　(3) 第1時ねらい…曲が生まれた背景について理解する。　第2時ねらい…音楽を形づくっている要素と，曲想や情景の関わりを感じとって鑑賞する。　第3時ねらい…情景がどのように音楽で表現されているのかについて，根拠をもって考え，互いに批評する。

(4)
本時の指導(3/3)
(1)ねらい

情景がどのように音楽で表現されているのかについて，根拠をもって考え，互いに批評する

(2)学習過程

主な学習活動	教師の支援
・前時の学習を振り返る。	
・情景を一つ選択し，選択した情景について，自分が知覚した音楽を形づくっている要素を書き出す。それらの要素が，どのような効果を生み出しているのかについて，言葉で記述する。	・言葉で記述することが難しい生徒には，形容詞を複数提示して，最も当てはまるものを選んでもらうなどの支援をする。
・同じ情景を選択した人同士でグループをつくり，音楽を形づくっている要素を根拠としながら，作曲者の思いや曲が生まれた背景について考え，互いに批評する。	・生徒の考えだけで完結するのではなく，音楽を形づくっている要素が根拠となっているかどうか，適宜声をかける。
・グループごとに，作曲者の思いや曲が生まれた背景について，根拠となる音楽を形づくっている要素をと併せて考えたことを発表する。	・グループ内で異なる意見が出た場合は，無理にまとめようとせず，それぞれの感じ方や考え方を尊重する。
・全曲の標題を川の流れに沿って確認し，楽曲全体を味わって聴く。	・生徒が鑑賞に集中できるよう，音楽が流れている間は，声かけを控える。

(5)　軽やかな2拍子のリズムから，楽しそうな感じがする。

〈解説〉(1)　ブルタバで指導すべき音楽の要素を的確に選ぶこと。この曲だけでなく，さまざまな教材について，考慮しておくことが必要である。音楽を形づくっている要素は，音色，リズム，速度，旋律，テクスチュア，強弱，形式，構成である。　(2)　思考・判断・表現の評価規準なので，目標の(2)についての評価である。ねらいからずれないように記述すること。　(3)～(5)　指導案の作成については，指導する事項，題材の目標，知覚させたい音楽を形づくっている要素に整合性があるよう留意して記述すること。また，各時間のねらいや学習活動や評価規準についても整合性がなくてはならない。題材の目標を達成させるため，第1時から第3時までの順序や系統性についてもよく考えて構成すること。さまざまな教材について指導案を作成し，時間をかけずに解答できるように準備しておきたい。

【高等学校】

【1】(1) ① ア 構造 イ 技能 ウ 自己のイメージ ② 感性を働かせ，音や音楽を，音楽を形づくっている要素とその働きの視点で捉え，自己のイメージや感情，音楽の文化的・歴史的背景などと関連付けることである。(を観点として，相対的に評価する。)

③ エ 表現意図 オ 自分にとってなくてはならないもの

(2) 音楽を形づくっている要素や要素同士の関連を知覚し，それらの働きを感受しながら，知覚したことと感受したこととの関わりについて考えること。(を観点として，相対的に評価する。) (3) 歌唱表現に関わる知識や技能を得たり生かしたりしながら，自己のイメージをもって歌唱表現を創意工夫すること。(を観点として，相対的に評価する。)

〈解説〉(1) 音楽Ⅰの目標からの出題である。目標については，学年ごとの違いを整理して文言は必ず覚えること。また語句について，高等学校学習指導要領解説に詳細に説明されているので理解を深めておくこと。 (2) 〔共通事項〕はA表現とB鑑賞に共通して示された項目である。「思考力，判断力，表現力等」に関する資質・能力として「ア 音楽を形づくっている要素や要素同士の関連を知覚し，それらの働きを感受しながら，知覚したことと感受したこととの関わりについて考えること」，「知識」に関する資質・能力として「イ 音楽を形づくっている要素及び音楽に関する用語や記号などについて，音楽における働きと関わらせて理解すること」と示されている。 (3) 「思考力，判断力，表現力等」に関する資質・能力なのでアの項目である。

【2】

<table>
<tr><td colspan="2">題材の目標
(1)　リズムの反復と2つの旋律を捉え，楽曲の構成を理解して鑑賞することができる
(2)　楽器を重ねたときの音色や強弱の表現効果の違いに気づき，オーケストラの表現の豊かさを味わって鑑賞することができる。
(3)　曲の構成やオーケストラの表現の豊かさについて，よさや美しさを自分の言葉で説明することができる。</td></tr>
<tr><td colspan="2">本題材の学習において，生徒の思考・判断のよりどころとなる主な音楽を形づくっている要素
音色，リズム，旋律，構成</td></tr>
<tr><td rowspan="3">第1時</td><td>ねらい
楽曲の構成を理解して鑑賞することができる</td></tr>
<tr><td>学習活動
・スコアの見方を確認する。
・グループごとに，2つのパターンの旋律の色分けをする。
・色分けをして気づいたことを全体に発表する。
・小太鼓のリズムを提示し，スコアを見て，全体を通して演奏されていることを理解する。
・スコアを見ながら鑑賞する。</td></tr>
<tr><td>評価規準
・2つの旋律やリズムの現れ方などといった，楽曲の構成を理解して鑑賞することができる。</td></tr>
<tr><td rowspan="3">第2時</td><td>ねらい
オーケストレーションの豊かさを味わい，よさや美しさを説明することができる</td></tr>
<tr><td>学習活動
・前時の復習をする。
・同じ旋律（同じ色で塗られた箇所）であっても，楽器が異なると感じ方が異なることに気づく。
・どの楽器のときにどのような感じ方になるか，クラスのみんなに対して『ボレロ』紹介文を書く。
・互いに発表する。
・発表したことを踏まえ，再度鑑賞する。</td></tr>
<tr><td>評価規準
・オーケストラに用いられる楽器の音色に関心を持ち，主体的に鑑賞に取り組んでいる。
・楽器ごとの音色の違いや，複数の楽器の重なりなどといったオーケストレーションを理解し，それらが生み出す効果について紹介文に表すことができる。</td></tr>
</table>

〈解説〉指導案の作成については，指導する事項，題材の目標，知覚させたい音楽を形づくっている要素に整合性があるよう留意して記述すること。また，各時間のねらいや学習活動，評価規準についても整合性がなくてはならない。題材の目標を達成させるための，第1時から第2時までの順序や系統性についてもよく考えて構成すること。さまざまな教材で指導案を作成し，時間をかけずに解答できるように準備しておきたい。

2022年度　実施問題

【中学校】

【１】(1)～(5)の①～㉑に適する語句を書け。

(1)　1874年にイギリスで生まれた(　①　)は，ヴォーン・ウィリアムズと親交が深かった。管弦楽団でトロンボーン奏者を務めたが，その後音楽教師となり，教鞭を執る傍ら多くの作品を生み出した。中でも7曲から成る組曲「(　②　)」は彼の代表作である。また，彼は吹奏楽曲も数曲残しており，「組曲第1番」「組曲第2番」は，吹奏楽の名曲として今日でも親しまれている。「組曲第1番」は第1楽章「(　③　)」，第2楽章「インテルメッツォ」，第3楽章「マーチ」から成る。第1楽章の冒頭の3音は全楽章に現れ，統一性を成している。「組曲第2番」はイングランドの民謡や舞曲をモチーフとしており，第4楽章にはイングランド民謡「(　④　)」が対旋律として用いられている。

(2)　リムスキー＝コルサコフに作曲や管弦楽法を学んだ(　⑤　)は，1913年にサンタ・チェチリア音楽院の教授となり，ローマに移住した。ローマの風物に強く惹かれた彼は，ローマ三部作と呼ばれる三つの(　⑥　)を作曲した。(　⑥　)とは管弦楽による作品で標題音楽の一種である。(　⑤　)はローマ三部作の一つ(　⑥　)「(　⑦　)」において古代ローマに目を向け，第2部ではグレゴリオ聖歌を取り入れている。また第3部では録音した夜鶯の鳴き声を再生するなど，新しい取組にも挑戦した。彼はイタリアの古い音楽にも大きな関心を示しており，「(　⑧　)のための古風な舞曲とアリア」など，17世紀前後の器楽作品を管弦楽や弦楽合奏に編曲している。

(3)　19世紀にスラヴ民族の間で民族主義に根ざした音楽が起こり，次第に東欧，北欧など，各国に広がっていった。それらの音楽をつくりあげた作曲家の系列を(　⑨　)という。スカンジナビア諸国では，ノルウェーのグリーグ，フィンランドの(　⑩　)などが，民族的要素を取り入れ，祖国愛に貫かれた音楽を作った。(　⑩　)による管弦組曲「(　⑪　)」は，フィンランドの歴史を七つの場面で描く野外劇用の作品を再編纂したものである。また，ロシアの圧政に対する愛国独立運動の高まりの中で作曲された交響詩「(　⑫　)」は，愛国心を沸き起こすとして当時のロシア政府によって演奏禁止となったが，後に詩がはめ込まれ，今日でもフィンランドの準国歌のように愛唱されている。

(4)　歌舞伎十八番の一つである「(　⑬　)」は，三世並木五瓶作詞，四世杵屋六三郎作曲の松羽目物の代表作であり，源義経と弁慶が強力と山伏に姿を変えて京を落ちる際の物語である。弁慶が空文の巻物を即興で堂々と読み上げる場面や，関守である富樫からの質問に次々と答える(　⑭　)の場面では，主君を守るための弁慶の機転や機知が描かれている。また，石投げの(　⑮　)を切る場面や，幕切で弁慶が花道を通って引っ込む際の演出である(　⑯　)など，歌舞伎ならではの見所が多い。歌舞伎の舞台には廻り舞台，切穴などの装置があり，国の重要文化財である秋田県の(　⑰　)でも見ることができる。(　⑰　)は明治43年に落成された芝居小屋であり，現在でも大歌舞伎などが上演される。

(5)　今年が生誕100年となるアルゼンチン出身の(　⑱　)は，(　⑲　)奏者であり，作曲家でもある。(　⑲　)は，方形の長い蛇腹の両端にボタン式の鍵盤を備えた楽器で，アルゼンチンにおける(　⑳　)の主役楽器の一つとして用いられる。(　⑱　)は演奏活動とともに(　⑳　)のジャンルにおける前衛的な作品を数多く作曲した。長く母国アルゼンチンで活躍したが，病気療養後，イタリアへ渡った。そこで制作したアルバムのタイトル名でもある楽曲「(　㉑　)」は，チェロ奏者のヨーヨー・マによる演奏がテレビコマーシャルに用いられるなど，日本でもよく知られている。

(☆☆☆◎◎◎◎◎)

【2】「中学校学習指導要領(平成29年告示)」第2章　第5節　音楽　を踏まえ，次の設問に答えよ。

(1)　音楽科の目標(1)に，「創意工夫を生かした音楽表現をするために必要な技能を身に付けるようにする」とあるが，「技能」の習得に関する指導に当たって求められていることについて「中学校学習指導要領(平成29年告示)解説音楽編」に示されていることを書け。

(2)　第2学年及び第3学年の目標(2)に，「曲にふさわしい音楽表現を創意工夫すること」とあるが，「中学校学習指導要領(平成29年告示)解説音楽編」では，生徒が「曲にふさわしい音楽表現」をどのように創意工夫することが求められているか，「共通」「固有」という言葉を用いて書け。

(3)　音楽科の目標(3)に，「音楽に対する感性を豊かにし，音楽に親しんでいく態度を養い，豊かな情操を培う」とあるが，「音楽に親しんでいく態度」について「中学校学習指導要領(平成29年告示)解説音楽編」に示されていることを書け。

(4)　鑑賞領域の学習において，第2学年及び第3学年では，「批評したりする活動を取り入れること」が配慮事項として示されているが，「音楽科における批評」について「中学校学習指導要領(平成29年告示)解説音楽編」に示されていることを書け。

(☆☆☆◎◎◎◎◎)

【3】「中学校学習指導要領(平成29年告示)」第2章　第5節　音楽「第2　各学年の目標及び内容」では，次のように示されている。第3学年における「花」(武島羽衣　作詞／滝廉太郎　作曲)を主な教材とした3時間扱いの題材について，以下の設問に答えよ。

なお，本題材における【題材名】【題材の目標】【本題材で扱う学習指導要領の内容】【題材の評価規準】は，[別表]のとおりとする。

〔第2学年及び第3学年〕　2内容　A表現

(1)　歌唱の活動を通して，次の事項を身に付けることができるよう指導する。

ア　歌唱表現に関わる知識や技能を得たり生かしたりしながら，曲にふさわしい歌唱表現を創意工夫すること。 イ　次の(ア)及び(イ)について理解すること。 (ア)　曲想と音楽の構造や歌詞の内容及び曲の背景との関わり (イ)　声の音色や響き及び言葉の特性と曲種に応じた発声との関わり ウ　次の(ア)及び(イ)の技能を身に付けること。 (ア)　創意工夫を生かした表現で歌うために必要な発声，言葉の発音，身体の使い方などの技能 (イ)　創意工夫を生かし，全体の響きや各声部の声などを聴きながら他者と合わせて歌う技能

(1)　【題材の目標】及び【本題材で扱う学習指導要領の内容】のⒶに共通する，本題材において思考・判断のよりどころとなる主な音楽を形づくっている要素を書け(複数解答可)。

(2)　【題材の評価規準】について，Ⓑに入る「思考・判断・表現」の評価規準を書け。

(3)　本題材(全3時間)の指導計画において，それぞれの時間のねらいを書け。

時	ねらい
1	
2	
3	

(4)　全3時間の中で歌唱表現を創意工夫する時間を本時とし，本時の学習指導計画を書け。

本時の指導（＿＿＿／３）
(1)　ねらい

※(3) の指導計画において設定した、歌唱表現を創意工夫する時間のねらいとする。

(2)　学習過程

主な学習活動	教師の支援

(5)　(4)における本時において，音楽を形づくっている要素をよりどころに思考・判断している生徒の発言例を書け。

[別表]

【題材名】

歌詞が表す情景や心情を思い浮かべ，曲想を味わいながら表現を工夫して歌おう

【題材の目標】

(1) 「花」の曲想と音楽の構造や歌詞の内容との関わりについて理解するとともに，創意工夫を生かした表現で「花」を

歌うために必要な発声，言葉の発音，身体の使い方などの技能を身に付ける。

(2) 「花」の[　Ⓐ　]を知覚し，それらの働きが生み出す特質や雰囲気を感受しながら知覚したことと感受したこととの関わりについて考え，「花」にふさわしい歌唱表現を創意工夫する。

(3) 「花」の歌詞が表す情景や心情及び曲の表情や味わいに関心をもち，音楽活動を楽しみながら主体的・協働的に歌唱の学習活動に取り組むとともに，我が国で長く歌われている歌曲に親しむ。

【本題材で扱う学習指導要領の内容】

A表現(1)歌唱　ア　イ(ア)　ウ(ア)

〔共通事項〕(1)　ア　イ

(本題材の学習において，生徒の思考・判断のよりどころとなる主な音楽を形づくっている要素：[　Ⓐ　])

【題材の評価規準】

知識・技能	思考･判断･表現	主体的に学習に取り組む態度
知　「花」の曲想と音楽の構造や歌詞の内容との関わりを理解している。 技　創意工夫を生かした表現で「花」を歌うために必要な発声，言葉の発音，身体の使い方などの技能を身に付け，歌唱で表している。	思 Ⓑ	態　「花」の歌詞が表す情景や心情及び曲の表情や味わいに関心をもち，音楽活動を楽しみながら主体的・協働的に歌唱の学習活動に取り組もうとしている。

花

（二部合唱）

春のうららの隅田川
のぼりくだりの船人が
櫂のしずくも花と散る
眺めを何にたとうべき

見ずやあけぼの露浴びて
われにもの言う桜木を
見ずや夕ぐれ手をのべて
われさしまねく青柳を

錦おりなす長堤に
くるればのぼるおぼろ月
げに一刻も千金の
眺めを何にたとうべき

か い の し ず く も は な と ち る
な がめ を な ー に ー に た と ー う べ ー き
(ソ)
み ず や あ け ー は ー の つ ー ゆ ー あ び て
(ホ)

わ れに も の一いう一 (X) さ くら ぎ を
み ずや ゆう ぐれ て を のべ て
わ れさ し ま一ね一く (Y) ち お一や ぎ を

にしきおりーなーす　ちょうーーていに
くるればのーほーる　おぼろーづーき
げにいーっこくもせんきんの　ながめを
なーにーに　たーとうーべーき
rit.
a tempo

(☆☆☆◎◎◎◎◎)

【4】次のスコアは，ある楽曲の冒頭部分である。この曲について，以下の設問に答えよ。

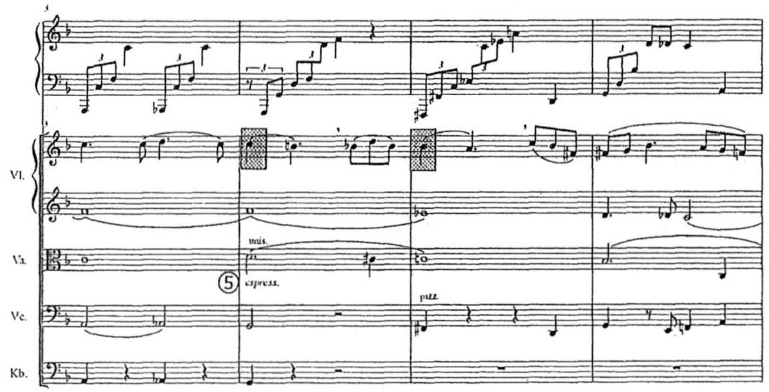

Nicht schleppen
(etwas flüssiger als zu Anfang)
Vl.
Va.
Vc.
Kb.
pp
p espress.
seelenvoll
geteilt

rit.
Vl.
Va.
Vc.
Kb.
breiter Strich
6
morendo
unisono
p espress.
espress.
geteilt
arco
Wieder äusserst langsam
pp mit Empfindung
sempre pp
7
unis.
pizz.
I arco
II pizz.

etwas drängend
⑨ fliessend
⑧ poco a poco cresc.
ff
Vl.
Va.
Vc.
Kb.
pp poco a poco cresc.
ff viel Bogen wechseln
molto
geteilt
geteilt arco
zurückhaltend
f dim.
p
dim.
pp
Griffbrett
p espress.

mit Wärme
⑩ G-Saite
grosser Ton
Vl.
Va.
Vc.
Kb.
pp
Fliessender
Ⓑ
espress.
nicht geteilt
arco
ⓐ
ⓑ

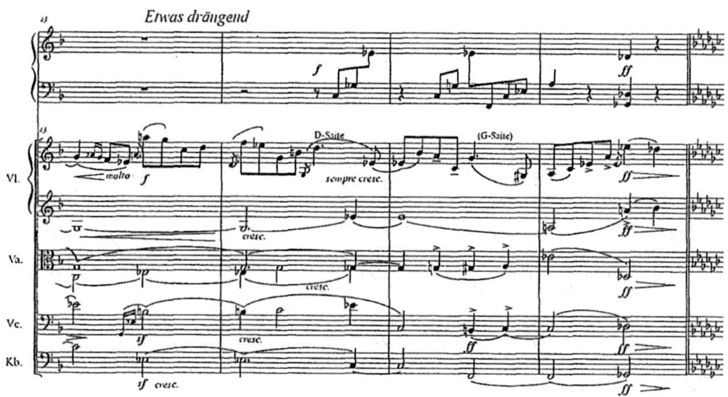

(1)　この曲の作曲者名を書け。

(2)　上記(1)の作曲者と同じ頃に活躍したフランスの作曲家一人を書け。

(3)　この曲の曲名を書け。楽章に分かれている楽曲の場合，第何楽章かも書け。

(4)　この曲のⒶ及びⒷの部分の調名を書け。

(5)　スコア中の①～⑩の意味を書け。

(6)　この曲には，　のように，非和声音のうちのあるものが多用されているが，その一般的な名称と，これを用いることで得られる音楽的な効果について書け。

(7)　スコア中40小節目Vc.のⓐとⓑとの音程を書け。(例　長3度)

(8)　スコア中のⒸに入る楽器名を書け。

(9)　この作曲家が，楽器編成や和声の点において最も影響を受けた作曲家を書け。

(☆☆☆☆◎◎◎)

【5】次のスコアは，ある楽曲の一部分である。この曲について，以下の設問に答えよ。

(1)　この曲の作曲者名を書け。

(2)　この曲はどのような楽式(音楽形式)で構成されているか書け。

(3)　この曲の曲名を書け。

(4)　スコア中68小節目のⓐ部分におけるVa.とVc.との音程を書け。

(例　長3度)

(5)　この曲のⒶ(64小節目)からⒷ(70小節目)までの7小節間について，サクソフォーン四重奏で演奏できるように編曲せよ。

楽器の編成は，ソプラノ・サクソフォーン1，アルト・サクソフォーン1，テナー・サクソフォーン1，バリトン・サクソフォーン1とし，編曲後の調は原曲と同一(原調)とする。

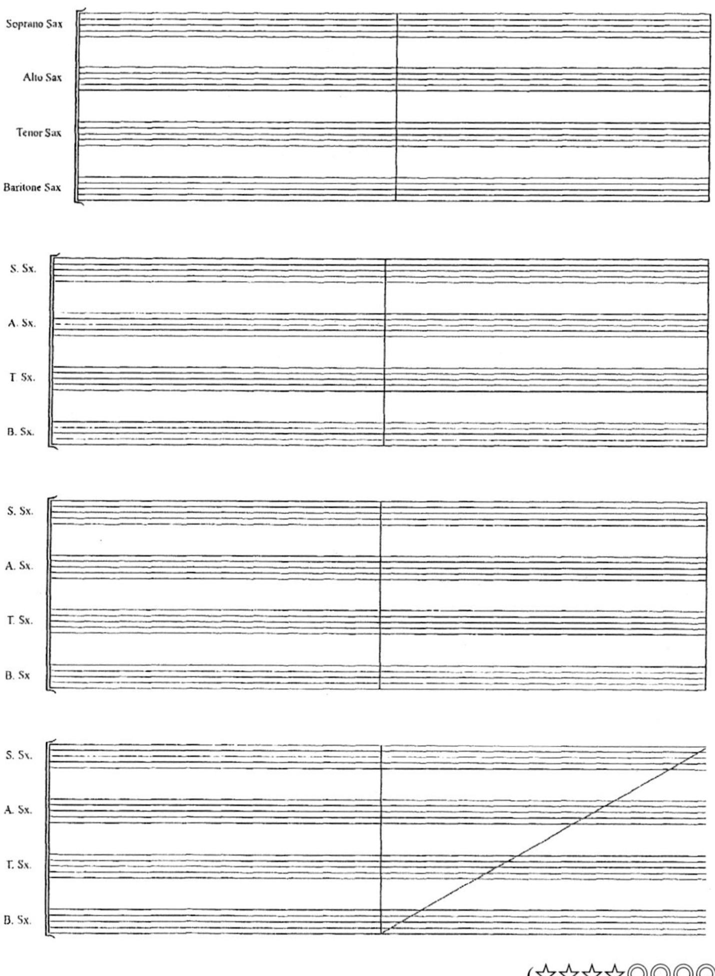

(☆☆☆☆◎◎◎◎)

解答・解説

【中学校】

【1】(1) ①　グスターヴ・ホルスト(ホルスト)　②　惑星　③　シャコンヌ　④　グリーンスリーブス　(2) ⑤　オットリーノ・レスピーギ(レスピーギ)　⑥　交響詩　⑦　ローマの松　⑧　リュート　(3) ⑨　国民楽派　⑩　ジャン・シベリウス(シベリウス)　⑪　カレリア　⑫　フィンランディア　(4) ⑬　勧進帳　⑭　山伏問答　⑮　見得　⑯　飛び六方(飛び六法)　⑰　康楽館　(5) ⑱　アストル・ピアソラ(ピアソラ)　⑲　バンドネオン　⑳　タンゴ(アルゼンチン・タンゴ)　㉑　リベルタンゴ

〈解説〉秋田県では，毎年このような形式で音楽史や音楽のジャンルについて出題されている。過去問で傾向をみて十分な対策をしておきたい。オペラ，ミュージカル，日本の芸能，国民楽派の音楽，秋田県の民謡，日本の音楽史などについて出題されている。問われている用語や曲名の難易度が高いわけではないが，記述しなければならないので，それを踏まえて学習しておくこと。

【2】解答略

〈解説〉(1)　中学校学習指導要領解説には次のように説明されている，「創意工夫を生かした音楽表現をするために必要な技能とは，創意工夫の過程でもった音楽表現に対する思いや意図に応じて，その思いや意図を音楽で表現する際に自ら活用できる技能のことである。ここでは，思いや意図をもった後に，創意工夫を生かした音楽表現をするために必要な技能を身に付けるといった一方向的なものではなく，創意工夫の過程で，様々に音楽表現を試しながら思いや意図を明確にしつつ，また技能も習得されていくというような指導が必要となる。」と説明されている。なお，評価基準として，「創意工夫の過程で様々に音楽表現を試しながら思いや意図を明確にしつつ，また技能も習得されていくというような指導が必要であることと，変化する状況や課題などに応じて主体的に活用できる技能として身に付けることができるようにすること」を観点とすることがあげられている。 (2) 同資料には第1学年と第2及び第3学年の違いについて解説されているので確認しておくこと。この文言については「思考力，判断力，表現力等の育成に関する目標において，表現領域に関することには，第2学年及び第3学年に『曲にふさわしい』を加えて示している。第1学年では，音楽を形づくっている要素を知覚・感受し，知覚と感受との関わりを考えながら，自分なりに創意工夫することを求めている。一方，第2学年及び第3学年では，多くの人が共通に感じ取れるような，その曲固有のよさや特徴などを捉え，他者と共有，共感しながら，音楽表現を創意工夫することを求めている。」と説明されている。なお，評価基準として，「多くの人が共通に感じ取れるような，曲固有のよさや特徴を捉え，他者と共有，共感しながら，音楽表現を創意工夫すること」を観点とすることがあげられている。 (3) 同資料には，この文言について「音楽科の学習が基盤となって生涯にわたって音楽に親しみ，そのことが人間的成長の一側面となるような態度のことである。そのためには，生徒が進んで音楽に親しみ，音楽活動を楽しむとともに，生涯にわたって音や音楽への興味・関心をもち続け，それを更に高めていくための素地を育てていくことが求められる。」と説明されている。なお，評価基準として，「音楽科の学習が基盤となって生涯にわたって音楽に親しみ，そのことが人間的成長の一側面となるような態度のこと」を観点とすることがあげられている。 (4) 鑑賞の領域では重要な箇所である。配慮事項，鑑賞の内容の配慮事項にあげられているので理解しておくこと。同資料に「生徒の発達の段階に応じて第1学年は『言葉で説明』する，第2学年及び第3学年は『批評する』としているが，この活動の位置付けの趣旨は同様である。第2学年及び第3学年においては，第1学年での他者に言葉で説明する活動を通した学習を踏まえ，生徒の実態等に応じて，他者と共に論じ合う，批評する活動を取り入れて，音楽を聴き味わうことが一層深まっていくように配慮する。このような活動を積み重ねることにより，音楽に対する感性が一層豊かになり，自分にとっての音楽の価値を見いだしていくことにつながっていく。」と説明されている。なお，評価基準として，「音楽のよさや美しさなどについて，言葉で表現し他者と伝え合い，論じ合うこと」を観点とすることがあげられている。

【3】(1) (解答例) リズム，テクスチュア，強弱

(2) (解答例) 「花」のリズム，テクスチュア，強弱を知覚し，それらの働きが生み出す特質や雰囲気を感受する。また，知覚したことと感受したこととの関わりについて考え，曲にふさわしい音楽表現について思いや意図をもっている。　(3) (解答例) 第1時…「花」の曲想と歌詞が表す情景や心情，曲の背景との関わりに関心をもち，リズム，テクスチュア，強弱等といった曲の特徴を捉えながら，曲想と音楽の構造や歌詞の内容との関わりを理解する。　第2時…「花」にふさわしい歌唱表現について，思いや意図をもつとともに，創意工夫をする。　第3時…他のパートの響きを聴き，パートごとの重なりを感じながら，二部合唱で歌唱する。

(4) (解答例)

本時の指導(2/3)

(1)ねらい

「花」にふさわしい歌唱表現について，思いや意図をもつとともに，創意工夫をする。

(2)学習過程

主な学習活動	教師の支援
・グループごとにわかれ，「花」のリズム，テクスチュア，強弱について考える。 ・どのように歌うかについて，ワークシートに書き込む。その際，歌詞から考えられる情景等の理由も併せて書き込む。 ・グループごとに実際に歌いながら，どのように歌うかといった思いや意図をすり合わせる。変更があった場合は，ワークシートに新たに書き込む。 ・第３時のグループ発表に向けて練習をする。	・１番，２番，３番の中で，異なる譜割りになっているところに注目して考えさせる。 ・歌詞で歌われている情景について言及し，それらと楽譜の指示等との関わりを考えさせる。 ・ワークシートへの記述は具体的に書かせる。 ・生徒の思いや意図と，作品との関係性を確認しながら進めさせる。

(5) (解答例) 3番の歌詞の「げに」は，1番や2番とは異なって八分音符になっているね。これは「本当に」という言葉を強調していることにつながるので，はっきり歌いたいな。

〈解説〉(1) 中学校学習指導要領解説には歌唱共通教材について，それぞれ指導のポイントが示されているので覚えること。「花」については，「『荒城の月』とともに滝廉太郎の名曲として広く歌われている，春の隅田川の情景を優美に表した曲である。例えば，拍子や速度が生み出す雰囲気，歌詞の内容と旋律やリズム，強弱との関わりなどを感じ取り，各声部の役割を生かして表現を工夫することなどを指導することが考えられる。」と示されている。音楽を形づくる要素とは，音色，リズム，速度，旋律，テクスチュア，強弱，形式，構成などである。これは指導案の問題で頻出事項なので理解を深めておきたい。

(2) 問題に示されている項目のうち，(1)アが思考・判断・表現をねらいとするものである。中学校学習指導要領解説には「第1学年は『歌唱表現を創意工夫すること』としているが，第2学年及び第3学年は『曲にふさわしい歌唱表現を創意工夫すること』としている。曲にふさわしいとは，多くの人が共通に感じ取れるような，曲固有のよさや特徴の捉え方を意味している。したがって，本事項は，多くの人が共通に感じ取れるような，曲固有のよさや特徴を捉えた上で，その曲について解釈し，第1学年よりも更に自らの価値判断を伴ったより豊かな音楽表現の創意工夫ができることを目指している。指導に当たっては，創意工夫する過程を大切にして，生徒の思考の流れを把握しながら，適切な手立てを講じ，その曲にふさわしい歌唱表現に対する思いや意図の質を高められるよう留意する必要がある。」としているので，評価規準がこれから外れないようにすること。 (3) 第3学年の授業であることを踏まえ，題材の目標を達成させるため，第1時から第3時までの順序や系統性についてもよく考えてねらいを設定すること。

(4) 学習指導計画作成においては，指導する事項，題材の目標，知覚させたい音楽を形づくっている要素に整合性があるよう留意して記述すること。また，各時間のねらいや学習活動や評価規準についても整合性がなくてはならない。歌唱共通教材については，学習指導計画を書く練習を重ねておきたい。　(5)　具体的に評価の規準まで考えて学習指導計画を作成すること。生徒にどのように理解させるのか，生徒はどのようなことを困難に感じるのか，それに対する手立てについても準備しておくこと。

【4】(1)　グスタフ・マーラー(マーラー)　(2)　ドビュッシー，サティ，ラヴェル　(3)　交響曲第5番(嬰ハ短調)第4楽章　(4)　Ⓐ　へ長調　Ⓑ　ハ短調　(5)　①　とてもゆっくりと　②　とても徐々に遅く　③　もとの速度で　④　すぐに　⑤　表情を豊かに　⑥　消えるように　⑦　常に　⑧　少しずつ　⑨　流れるように　⑩　G線で弾く　(6)　名称…倚音　音楽的効果…一瞬ためらいを帯びた，甘えるような雰囲気を醸し出す　(7)　減7度　(8)　ハープ　(9)　リヒャルト・ワーグナー(ワーグナー)

〈解説〉(1)　マーラーはウィーン，ドイツなどで活躍した指揮者，作曲家である。代表作は交響曲と歌曲である。　(2)　マーラーは，1860年生まれ1911年没である。親交のあった作曲家についても確認しておくこと。　(3)　マーラーの絶頂期である1901年から1902年にかけて作曲された，全5楽章からなる楽曲である。第4楽章は特に有名なので音源を確認しておきたい。　(4)　Ⓐは，和音の構成音がファ・ラ・ドでヘ長調である。Ⓑは，ド・ミ♭・ソでハ短調である。　(5)　マーラーやブルックナーはドイツ語の音楽用語を多用している。イタリア語のものだけでなく，ドイツ語，フランス語の楽語もある程度覚えておくこと。　(6)　非和声音は，他にも刺繍音，経過音，逸音，掛留音，先取音などがある。それぞれの進行を覚え，楽譜をみて種類がわかるようにしておくこと。　(7)　シ♮とラ♭で，減7度である。　(8)　第4楽章はハープと弦楽器のみで演奏される。「愛の楽章」とも呼ばれている。(9)　マーラーが影響を受けた人物として，他にブルックナーがあげられる。

【5】(1) ウォルフガング・アマデウス・モーツァルト(モーツァルト)
(2) ソナタ形式 (3) セレナード ト長調 K.525(アイネ・クライネ・ナハトムジーク) (4) 増2度
(5)

〈解説〉(1)　モーツァルトは古典派を代表する，オーストリアの作曲家である。交響曲，協奏曲，ピアノソナタ，ヴァイオリンソナタ，オペラ，弦楽合奏など，様々なジャンルでよく聴かれる楽曲があるので，スコアをあわせて音源を確認しておきたい。　(2)　ソナタ形式は，大きく提示部・展開部・再現部から構成されている。提示部の前に序奏がついたり，再現部の後にコーダがついたりする場合がある。また，提示部の中には，第1主題と第2主題があり，再現部でもそれらが展開されて現れる。ソナタ形式についての問題は頻出なので，構成をよく理解しておくこと。また，ロンド形式，フーガ，二部形式，三部形式，複合三部形式などについても同様に学習しておきたい。　(3)　モーツァルトの作品の中で最も有名な曲の一つである。　(4)　ヴィオラはファ♯，チェロはミ♭なので，増2度となる。ヴィオラの譜表はハ音記号で第3線上が一点ハである。音の高さに気をつけたい。　(5)　弦楽四重奏のスコアを，サクソフォーン四重奏へ書き換える問題である。サクソフォーンは，ソプラノはB♭管，アルトはE♭管，テナーはB♭管，バリトンはE♭管であることを知っていないと解答できない。原曲がG durなので，B♭管なら長2度上げてA dur，E♭管なら長6度上げてE durに移調する。各楽器の管の種類と音域を理解した上で記譜すること。ソプラノ・サックスは長2度上げて，アルト・サックスは長6度上げて，テナー・サックスは1オクターブと長2度上げて，バリトン・サックスは1オクターブと長6度上げて記譜する。拍子記号や強弱記号，アーティキュレーションが合っているかどうかも採点基準に含まれるため，間違えないように正しく書くこと。特に，トリルの上の臨時記号に気をつける。

2021年度　実施問題

【中学校】

【1】(1)～(10)の音楽に関する用語について簡潔に説明せよ。ただし，(1)～(5)は読み方も書け。

(1)	serioso	(2)	delizioso
(3)	alla breve	(4)	leicht
(5)	stringendo	(6)	黒御簾
(7)	(三味線音楽における)手事	(8)	コル・レーニョ
(9)	具体音楽	(10)	循環形式

(☆☆☆☆◎◎◎◎◎)

【2】(1)～(4)の①～⑮に適する語句を書け。

(1)　ゾルターン・コダーイは，ハンガリーを代表する作曲家の一人であり，ブダペスト市50年祭記念に依頼された教会音楽「(　①　)」や歌劇「ハーリ・ヤーノシュ」等を作曲した。音楽教育にも影響を与えた彼の全4巻180曲から成る2声歌曲「(　②　)」は，その音楽教育観を最もよく表している代表作である。「どの民族も自分の国の音楽的伝承の上に音楽教育の基礎をすえるべきだ」というコダーイの理念は，ハンガリーの音楽教育に強い影響を与えた。その理念は，日本において「コダーイ・システム」として紹介され，(　③　)を歌うことから始まる音楽教育を盛んにした。

(2)　(　④　)は，オスマン帝国の精鋭軍団イェニチェリが常に伴った軍楽隊である。野外の鼓笛隊であるこの軍楽隊は，ズルナ，(　⑤　)といった管楽器，ナッカレやキョス，ダウル，ダイレといった太鼓類，(　⑥　)やチャガーナなどの金属製の体鳴楽器から成る。18世紀初めのヨーロッパで，この軍楽隊の演奏と楽器編成を各国の軍隊が導入したことにより流行が始まったトルコ風軍楽のことを(　⑦　)という。この耳新しい独特の響きをグルック，ハイドン，モーツァルト，ベートーヴェンらがその作品の中で使うに至った。ハイドンはティンパニ，トライアングル，シンバル，大太鼓を使った「(　⑧　)」と呼ばれる交響曲第100番ト長調を作曲した。

(3)　箏曲の段物は，他の古典的箏曲と違い(　⑨　)を伴わない純器楽曲であり，(　⑩　)ともいわれている。また，各段の長さは原則として52拍子に統一されており，(　⑪　)の変化にも一定の決まりがある。八橋検校が作曲したといわれている段物には，「六段の調べ」の他，各段の拍子数が統一されておらず流派によって段の分け方が異なる「(　⑫　)」がある。

(4)　秋田市制90周年を記念して昭和55年に初演された，吹奏楽と合唱のための「交声曲『(　⑬　)』」を作曲した(　⑭　)は，昭和6年秋田市に生まれた作曲家である。NHKの「銀河テレビ小説」「名曲アルバム」の作編曲や秋田県吹奏楽連盟30周年記念作品「秋田民謡による序曲」の作曲なども手掛けている。父は，歌曲「いいかあちゃん」の作曲者で，秋田県の音楽教育者として知られている(　⑮　)である。

(☆☆☆☆☆◎◎◎◎◎)

【3】「中学校学習指導要領(平成29年告示)」第2章　第5節　音楽　及び「中学校学習指導要領(平成29年告示)解説音楽編」を踏まえ，次の設問に答えよ。

＜音楽科の目標＞

表現及び鑑賞の幅広い活動を通して，音楽的な見方・考え方を働かせ，生活や社会の中の音や音楽，音楽文化と豊かに関わる資質・能力を次のとおり育成することを目指す。

(1)　曲想と音楽の構造や背景などとの関わり及び音楽の多様性について理解するとともに，創意工夫を生かした音楽表現をするために必要な技能を身に付けるようにする。

(2)　音楽表現を創意工夫することや，音楽のよさや美しさを味わって聴くことができるようにする。

(3) 音楽活動の楽しさを体験することを通して，音楽を愛好する心情を育むとともに，音楽に対する感性を豊かにし，音楽に親しんでいく態度を養い，豊かな情操を培う。

(1) 「音楽的な見方・考え方」とは，どのようなことか。「中学校学習指導要領(平成29年告示)解説音楽編」に示されていることを説明せよ。
(2) 音楽科の目標(1)の「音楽の多様性について理解する」ことについて説明せよ。
(3) 音楽科の目標(2)の「音楽表現を創意工夫する」ことについて，「A表現 (1)歌唱」の学習において，創意工夫の過程で思いや意図がさらに深まったり新たになったりする具体的な生徒の姿を書け。
(4) 音楽科の目標(3)の「音楽活動の楽しさを体験する」ことについて，音楽科の学習において大切にすることを書け。

(☆☆☆◎◎◎◎◎)

【4】「中学校学習指導要領(平成29年告示)」第2章 第5節 音楽「第2 各学年の目標及び内容」では，次のように示されている。

〔第1学年〕 2内容 A表現
(3) 創作の活動を通して，次の事項を身に付けることができるよう指導する。
ア 創作表現に関わる知識や技能を得たり生かしたりしながら，創作表現を創意工夫すること。
イ 次の(ア)及び(イ)について，表したいイメージと関わらせて理解すること。
(ア) 音のつながり方の特徴
(イ) 音素材の特徴及び音の重なり方や反復，変化，対照などの構成上の特徴
ウ 創意工夫を生かした表現で旋律や音楽をつくるために必要な，課題や条件に沿った音の選択や組合せなどの技能を身に付けること。

このことを踏まえ，第1学年において，3時間扱いの題材の指導計画を作成し，次の4点について書け。

・題材の目標(育成を目指す「資質・能力」ごとに設定)
　(1)　知識及び技能に関する目標
　(2)　思考力，判断力，表現力等に関する目標
　(3)　学びに向かう力，人間性等に関する目標
・ねらい
・学習内容
・題材の評価規準〈知識・技能〉の「技能」について，評価方法及び「おおむね満足できる」状況(B)と判断するポイント

ただし，本題材で扱う学習指導要領の内容は，第1学年　A表現　(3)創作　ア，イ(イ)，ウ，〔共通事項〕(1)(本題材の学習において，生徒の思考・判断のよりどころとなる主な音楽を形づくっている要素：「音色」，「テクスチュア」)とし，生徒が創作する作品は「2声によるリズムアンサンブルの音楽(4分の4拍子，4～8小節)」とする。

題材の目標

(1) 知識及び技能に関する目標

(2) 思考力，判断力，表現力等に関する目標

(3) 学びに向かう力，人間性等に関する目標

第1時	ねらい
	学習内容
第2時	ねらい
	学習内容
第3時	ねらい
	学習内容

題材の評価規準〈知識・技能〉の「技能」について
評価方法
「おおむね満足できる」状況（B）と判断するポイント

(☆☆☆☆☆◎◎◎◎◎)

【5】次のスコアは，ある楽曲の冒頭部分である。この曲について，あとの設問に答えよ。

Ob.
Cor. in B
Cor. in G
Vn. I
Vn. II
Va.
Vc.
Bs.
dim.
pp
f
a 2
②

Ob.
Cor. in B
Cor. in G
Vn. I
Vn. II
Va.
Vc.
Bs.
a 2
p
f

(1)　この曲の作曲者名を書け。

(2)　上記(1)はどこの国の作曲家か書け。

(3)　この曲の曲名を書け。

(4)　上記(1)の楽曲に一般的に用いられている作品番号の，記号とその読み方を書け。

(5)　スコア中の①，②の意味を書け。

(6)　この曲の冒頭部分の調名を書け。

(7)　スコア中のⓐとⓑとの音程を書け。(例　長3度)

(8)　この曲では，この時代の楽曲としては珍しくホルンを4パート使用しているが，響きを豊かにすることに加えて考えられる理由を書け。

(☆☆☆◎◎◎◎◎)

【6】次のスコアは，ある楽曲の第2楽章の一部分である。この曲について，下の設問に答えよ。

(1)　この曲の作曲者名を書け。

(2)　上記(1)はどこの国の作曲家か書け。

(3) 上記(1)の楽曲に一般的に用いられている作品番号の，記号とその読み方を書け。

(4) この曲の演奏形態の一般的な名称を書け。

(5) スコア中のⓐの部分におけるVla.とVc.との音程を書け。(例　長3度)

(6) この曲のⒶ(1小節目)からⒷ(8小節目)までの8小節間について，サクソフォーン四重奏で演奏できるように編曲せよ。

楽器の編成は，ソプラノ・サクソフォーン1，アルト・サクソフォーン1，テナー・サクソフォーン1，バリトン・サクソフォーン1とし，編曲後の調は原曲と同一(原調)とする。

また，ⓑについては，編成全体で四声となるようにどちらかの音を選ぶこととする。

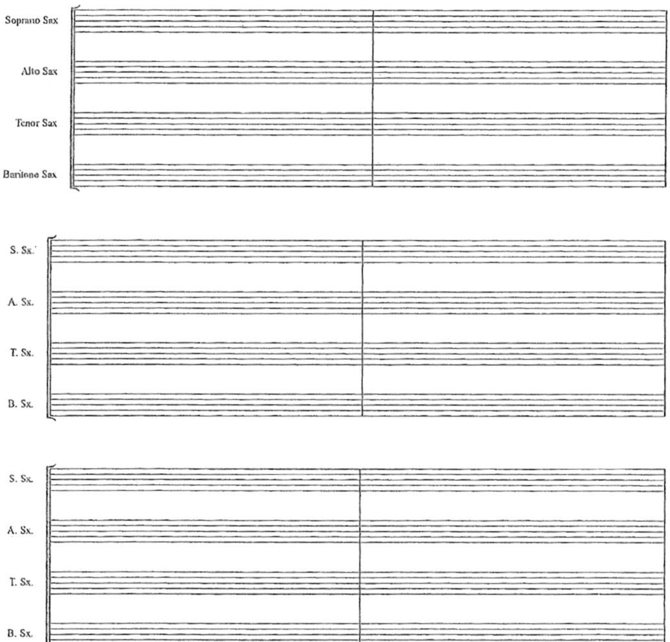

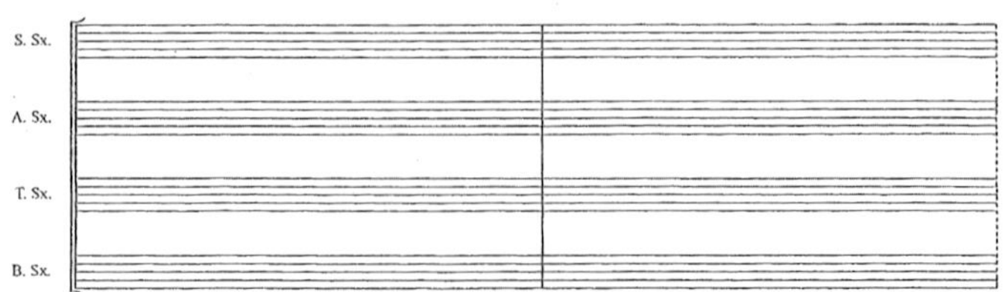

(☆☆☆◎◎◎◎◎)

解答・解説

【中学校】

【1】((1)～(5)は，読み方／意味の順)　(1)　セリオーソ／厳粛な，荘重な　(2)　デリツィオーソ／甘美に　(3)　アッラ・ブレーヴェ，アラ・ブレーヴェ／2分の2拍子　(4)　ライヒト／軽やかに，快活に　(5)　ストリンジェンド／だんだんせきこんで，だんだん速く　(6)　歌舞伎で囃子や効果音(下座音楽)を演奏する，観客から見えない場所　(7)　歌の間にはさまれた楽器だけで演奏される間奏部分　(8)　弓の木部で弦をたたく奏法　(9)　外界の音(楽器の音，人の声，自然界の音など)を録音し，加工して仕上げた音楽作品　(10)　同じ主題を複数の楽章に用いている形式

〈解説〉音楽用語については毎年出題されている。発想用語や専門用語など幅広く問われている。音楽様式，形式など難易度の高い問題もあるので，過去問で傾向を見て，出題されそうな重要な語句は説明，記述できるようにしておこう。

【2】(1)　①　ハンガリー詩篇(ハンガリー詩編)　②　ハンガリーのビチニウム(ビチニア・フンガリカ)　③　わらべうた　(2)　④　メヘテルハーネ　⑤　ボル　⑥　ズィル(ジル)　⑦　ヤニチャー

レンムジーク　⑧　軍隊　(3)　⑨　歌　⑩　調物　⑪　速度
⑫　乱(乱輪舌)　(4)　⑬　明日の風　⑭　小野崎孝輔
⑮　小野崎晋三

〈解説〉音楽史や様々なジャンルについての問題である。辞典にのっているような基本的な事柄だけでなく，踏み込んだ知識が必要とされている。また選択式でなく記述しなければならないので，綿密に学習していないと解答が難しい。過去問で傾向を見て，出題されそうなキーワードに対して，200字程度で説明できるようにしておくとよい。また，秋田県に関わる作曲家や郷土芸能について1題必ず出題されているので対策しておきたい。

【3】解答略

〈解説〉学習指導要領解説には，「音楽に対する感性」「音や音楽を，音楽を形づくっている要素とその働きの視点で捉え」「自己のイメージや感情，生活や社会，伝統や文化など」「音楽の多様性について理解する」「音楽表現を創意工夫する」「音楽活動の楽しさ」について詳細に説明されているので確認し，授業で取り入れるには具体的にどうするか指導案を作成するなどして理解を深めておこう。　(1)　評価基準として，「『音楽に対する感性を働かせ，音や音楽を，音楽を形づくっている要素とその働きの視点で捉え，自己のイメージや感情，生活や社会，伝統や文化などと関連付けること』を視点として，相対的に評価する。」があげられている。　(2)　評価規準として，「『単に多くの音楽があることを知るだけではなく，人々の暮らしとともに音楽文化があり，そのことによって様々な特徴をもつ音楽が存在していることを理解すること』を視点として，相対的に評価する。」があげられている。　(3)　評価規準として，「『曲に対する自己のイメージを膨らませたり他者のイメージに共感したりして，音楽を形づくっている要素の働かせ方などを試行錯誤しながら，表したい歌唱表現について考え，どのように歌唱表現するかについて思いや意図をもち，また，創意工夫の過程において，歌唱表現に関する知識や技能を得たり生かしたりしながら，さらに深めたり新たな思いや意図としたりしていること』を観点として，具体例を相対的に評価する。」があげられている。　(4)　評価規準として，「『生徒が音楽表現に対する思いや意図をもって音楽で表したり，曲想と音楽の構造や背景などと関わらせて味わって聴いたりすることによって，より深まった音楽活動の楽しさを体験できるようにすること』を観点として，相対的に評価する。」があげられている。

【4】(解答例)

題材の目標

(1)　知識及び技能に関する目標

・リズムの記譜について理解することができる。

・「音色」や「テクスチャ」による特徴及び音の重なり方や反復，変化，対照などの構成上の特徴を表したいイメージと関わらせて理解することができる。

(2)　思考力，判断力，表現力等に関する目標

・言葉に即した表現を創意工夫することができる。

(3)　学びに向かう力，人間性等に関する目標

・グループで作品を創作する過程で，主体的・協働的に学習に取り組むことができる。

第1時	ねらい ・言葉とリズムとの関係を知り，正しく記譜することができるようになる。
	学習内容 ・身の回りにある言葉を音符にするとどのようになるかグループで考える。 ・リズムカードを用いて，拍に合わせてリズムを叩けるようになる。
第2時	ねらい ・言葉のリズムが生み出す特徴を生かすために，「音色」や「テクスチャ」を工夫し，表現を工夫することができるようになる。
	学習内容 ・グループで「2声によるリズムアンサンブルの音楽(4分の4拍子，4～8小節)」を創作する。

第3時	ねらい ・他の班が創作した作品を鑑賞し，どの要素が曲想に影響を与えているのかを考えることができる。
	学習内容 ・グループごとに創作したリズムアンサンブルの作品を発表し，「音色」や「テクスチャ」を観点とした相互評価をする。

<table>
<tr><td>題材の評価規準〈知識・技能〉の「技能」について
・正しく記譜することができる。
・言葉とリズムとの関係を生かして，意図を持った創作ができる。</td></tr>
<tr><td>評価方法…作品，発表，相互評価のワークシート
- - - - - - - - - - - - - - - - - - - -
「おおむね満足できる」状況(B)と判断するポイント
・リズムを理解しており，正しく記譜することができる。
・発表において，おおむね正しいリズムで演奏することができる。
・根拠を伴った相互評価ができる。</td></tr>
</table>

〈解説〉生徒が創作する作品が「2声によるリズムアンサンブルの音楽(4分の4拍子，4～8小節)」という指定があるため，その範囲で授業の構成を考える必要がある。学習指導要領では，全ての教科等の目標及び内容を「知識及び技能」，「思考力，判断力，表現力等」，「学びに向かう力，人間性等」の三つの柱で整理している。問題に示されているア～ウの事項はそれぞれ次のねらいがある。アは，創作分野における「思考力，判断力，表現力等」に関する資質・能力である，創作表現を創意工夫することができるようにすること。イは，創作分野における「知識」に関する資質・能力である，音のつながり方の特徴及び，音素材の特徴及び音の重なり方や反復，変化，対照などの構成上の特徴を表したいイメージと関わらせて理解できるようにすること。ウは，創作分野における「技能」に関する資質・能力である，創意工夫を生かした表現で旋律や音楽をつくるために必要な，課題や条件に沿った音の選択や組合せなどの技能を身に付けて，旋律や音楽をつくることができるようにすること。これらを意識して授業を構成する。指導案作成においては，指導する事項，題材の目標，知覚させたい音楽を形づくっている要素に整合性があるよう留意して記述すること。また，各時間のねらいや学習活動や評価基準についても整合性がなくてはならない。題材の目標を達成させるための，第1時から第3時までの順序や系統性についてもよく考えて構成すること。なお，評価基準として，

以下の内容があげられている。・題材の目標と本題材で扱う学習指導要領の内容の整合性　・ねらいと学習内容の整合性　・題材の目標を達成させるための，第1時～第3時の系統性　などを主な観点として，相対的に評価する。　・「評価の判断のポイントと整合している評価方法か」を観点として，相対的に評価する。　・「『創意工夫を生かした表現で音楽をつくるために必要な，課題や条件に沿った音の選択や組合せなどの技能を身に付け，創作で表しているか』を判断するポイントとしているかどうか」を観点として，相対的に評価する。

【5】(1)　ヴォルフガング・アマデウス・モーツァルト(モーツァルト)　(2)　オーストリア　(3)　交響曲第25番ト短調K.183(交響曲第25番)　(4)　記号…K.(K，Kv)　読み…ケッヘル(ケッヘル番号)　(5)　①　快活に，生き生きと　②　二つで(ユニゾンで)　(6)　ト短調

(7)　減7度　(8)　(解答例)　当時のホルンは出せる音が限られている自然管しかなく，主調の2本にそれ以外の調の2本を加えることで補い，メロディーやハーモニーの処理に柔軟性を持たせることができたため。

〈解説〉(1)～(3)　モーツァルトの楽曲からスコアについての出題は頻出なので主要な曲はスコアをあわせて聴いておこう。　(4)　一般的に使われるOp.以外の作品番号が使われる作曲家は覚えておこう。　(5)　スコアからの楽語の出題は頻出である。オーケストラスコアならではの楽語は確認しておくこと。　(6)　モーツァルトが作曲した交響曲のうち，短調で書かれているのはこの曲と第40番のみである。　(7)　短7度から臨時記号でさらに狭くなり，減7度である。　(8)　時代と楽器変遷の関係は理解しておきたい。

【6】(1)　フランツ・ペーター・シューベルト(シューベルト)　(2)　オーストリア　(3)　記号…D.(D)　読み…ドイチュ(ドイチュ番号)　(4)　弦楽四重奏　(5)　①　短6度

(6)

点線の枠内は，二声のいずれかの音が書かれていれば良いものとする。

〈解説〉(1)　シューベルトは歌曲でも有名であるが，室内楽の分野でも素晴らしい曲を多く残している。　(2)　シューベルトの出身はオーストリアである。他にオーストリア出身の人物として，モーツァルトやハイドン等が挙げられる。　(3)　シューベルトの作品は，音楽学者オットー・エーリヒ・ドイチュが作った作品目録であるドイチュ番号によって整理されている。 (4) この楽曲は弦楽四重奏第13番「ロザムンデ」である。弦楽四重奏は，主に2本のヴァイオリン，1本のヴィオラ，1本のチェロによって構成される。 (5) ヴィオラはラ，チェロはド♯なので，短6度となる。 (6) in Cで書かれている弦楽四重奏のスコアを，サクソフォーン四重奏へ書き換える問題である。サクソフォーンは，ソプラノin B♭，アルトin E♭，テナーin B♭，バリトンin E♭である。サックス四重奏への編曲の問題は頻出なので，これを覚えておくのは必須である。原曲がC durなので，ソプラノとテノールは，長2度あげてD dur(♯2つ)，アルトとバリトンは長6度上げてA dur(♯3つ)で記譜する。なお，評価基準として，「・原曲の各パートを正確に読み取り，各楽器の調性や音域を守りながら正しく移調されている。・拍子記号や強弱記号，アーティキュレーションが合っている。」があげられている。

2020年度　実施問題

【中学校】

【1】(1)～(10)の音楽に関する用語について簡潔に説明せよ。ただし，(1)～(5)は読み方も書け。

(1) fastoso
(2) pochissimo
(3) spianato
(4) m. v.
(5) all'8
(6) スキャット
(7) (歌舞伎における)世話物
(8) 残楽
(9) スコラダトゥーラ
(10) ロンド形式

(☆☆☆◎◎◎◎)

【2】(1)～(4)の①～⑮に適する語句を書け。

(1) 19世紀後半のイタリアでは，ヴェルディが「アイーダ」，「オテロ」，「ファルスタッフ」といったオペラの傑作を生み出し，イタリア・オペラの伝統を最高度に完成させた。また，ロマン主義の誇大妄想に反発した文学運動である(　①　)が興り，その影響を受けた(　②　)が「カヴァレリア・ルスティカーナ」を，レオンカヴァッロが「道化師」を作曲した。その流れは(　③　)へとつながり，「マノン・レスコー」や「トスカ」などの作品が生み出された。

(2) インドネシアの代表的な音楽であるガムランは(　④　)の演奏形態をとるが，単独で演奏されるだけでなく，中部ジャワにおいては，インドの二大叙事詩「(　⑤　)」「ラーマーヤナ」と民族文化が結び付き生まれた影絵芝居である(　⑥　)や舞踊の伴奏音楽としての役割も果たしている。使用される楽器には，鍵盤楽器のグンデルなど「青銅製」のものと，縦笛の(　⑦　)など「竹製」のものがある。

(3) 能は，演技・舞・謡を担当する「立方」，斉唱による謡のみを担当する「(　⑧　)」，楽器を担当する「(　⑨　)」で構成される。世阿弥は能の形式を体系的に理論付けた著作を多数残しており，「秘すれば花」の名句で名高い「(⑩)」が代表作である。その中で脚本構造や音楽的変化などを，本来雅楽の楽章構成を表す用語である(⑪)という考え方で論理付けている。その思想は伝統的なあらゆる芸能分野に影響を与えている。

(4) 民謡は人間の労働・祈り・娯楽といった行為や生活行動と直接結び付き，生活習慣のように歌い継がれてきたものである。民謡を音楽的側面から分類すると八木節様式と追分様式の二つに分けることができる。八木節様式は(⑫)，追分様式は(⑬)といった特徴がある。秋田県の民謡は群を抜く曲数と種類，変化に富む曲趣など，民俗文化財として豊富さと多様性が際立っており，「秋田音頭」「秋田おばこ」「生保内節」「(⑭)」「(⑮)」等の民謡がある。

(☆☆☆☆◎◎◎◎◎)

【3】「中学校学習指導要領(平成29年3月告示)」第2章　第5節　音楽「第3　指導計画の作成と内容の取り扱い」について，次の設問に答えよ。

(1) 「2(1)ア　音楽活動を通して，それぞれの教材等に応じ，音や音楽が生活に果たす役割を考えさせるなどして，生徒が音や音楽と生活や社会との関わりを実感できるよう指導を工夫すること。なお，<u>適宜，自然音や環境音などについても取り扱い，音環境への関心を高めることができるよう指導を工夫すること</u>。」について，下線部の具体例を書け。

(2) 「2(1)イ音楽によって喚起された自己のイメージや感情，音楽表現に対する思いや意図，音楽に対する評価などを伝え合い共感するなど，音や音楽及び言葉によるコミュニケーションを図り，音楽科の特質に応じた言語活動を適切に位置付けられるよう指導を工夫すること。」について，指導上の留意点を書け。

(3) 「2(1)カ　自己や他者の著作物及びそれらの著作者の創造性を尊重する態度の形成を図るとともに，必要に応じて，音楽に関する知的財産権について触れるようにすること。また，こうした態度の形成が，音楽文化の継承，発展，創造を支えていることへの理解につながるよう配慮すること。」について，著作権法第35条(学校その他の教育機関における複製等)第1項に示されている内容について書け。

(☆☆☆◎◎◎◎)

【4】「中学校学習指導要領(平成29年3月告示)第2章　第5節　音楽「第2 各学年の目標及び内容」では，次のように示されている。

〔第1学年〕　2内容　B鑑賞

(1)　鑑賞の活動を通して，次の事項を身に付けることができるよう指導する。

ア　鑑賞に関わる知識を得たり生かしたりしながら，次の(ア)から(ウ)までについて自分なりに考え，音楽のよさや美しさを味わって聴くこと。

(ア)　曲や演奏に対する評価とその根拠

(イ)　生活や社会における音楽の意味や役割

(ウ)　音楽表現の共通性や固有性

イ　次の(ア)から(ウ)までについて理解すること。

(ア)　曲想と音楽の構造との関わり

(イ)　音楽の特徴とその背景となる文化や歴史，他の芸術との関わり

(ウ)　我が国や郷土の伝統音楽及びアジア地域の諸民族の音楽の特徴と，その特徴から生まれる音楽の多様性

このことを踏まえ，第1学年において「和声と創意の試み」第1集「四季」から「春」第1楽章(ヴィヴァルディ作曲)を主な教材とする3時間扱いの題材を構成し，次の五点について書け。

・題材の目標

・B鑑賞(1)ア(ア)，(イ)，(ウ)，イ(ア)，(イ)，(ウ)のうち指導する事項

・〔共通事項〕(1)アの音楽を形づくっている要素のうち，特に知覚させたい要素

・1時間ごとのねらい，学習活動，評価規準
・〔共通事項〕(1)アを踏まえ，音楽のよさや美しさについて自分なりに考えたことを言葉で表している生徒の発言例

春　第1楽章

「和声と創意の試み」第1集「四季」から

ヴィヴァルディ 作曲

「春」に記されたソネット

A　春が陽気にやってきた
B　鳥たちが楽しい歌で挨拶をする
C　春の到来を告げる風が泉に吹きかかると，どの泉も優しくささやき流れだす
D　黒い雲が空を覆い，春を告げるために選ばれた稲妻と雷鳴がやってくる
E　その後，静まると，小鳥たちは魅力的な鳴き声とともに戻ってくる

<table>
<tr><td colspan="3">題材の目標</td></tr>
<tr><td colspan="2">指導する事項</td><td>知覚させたい要素</td></tr>
<tr><td rowspan="3">第1時</td><td colspan="2">ねらい</td></tr>
<tr><td colspan="2">学習活動</td></tr>
<tr><td colspan="2">評価規準</td></tr>
<tr><td rowspan="3">第2時</td><td colspan="2">ねらい</td></tr>
<tr><td colspan="2">学習活動</td></tr>
<tr><td colspan="2">評価規準</td></tr>
<tr><td rowspan="3">第3時</td><td colspan="2">ねらい</td></tr>
<tr><td colspan="2">学習活動</td></tr>
<tr><td colspan="2">評価規準</td></tr>
</table>

・〔共通事項〕(1)アを踏まえ，音楽のよさや美しさについて自分なりに考え言葉で表している生徒の発言例

(☆☆☆◎◎◎◎◎)

【5】次のスコアは，ある楽曲のある楽章の一部分である。この曲について，あとの設問に答えよ。

a2
a2
a2
sf

sf

a2
a2
a2

(1)　この曲の作曲者名を書け。

(2)　この曲の曲名を書け。

(3)　スコア中の①～⑮の楽器名(パート名)を書け。

(4)　上記(2)で，全楽章それぞれの冒頭部分の調名を書け。

(5)　上記(2)で，全楽章それぞれの冒頭部分の拍子を書け。

(☆☆☆◎◎◎◎)

【6】次のスコアは，ある弦楽四重奏曲の第2楽章冒頭部である。この曲について，あとの設問に答えよ。

(1)　この曲の作曲者名を書け。

(2)　上記(1)はどこの国の作曲家か書け。

(3)　スコア中の㋐～㋒の意味を書け。

(4)　スコア中のⓐの部分におけるVln.1とVla.との音程を書け。(例 長3度)

(5)　この曲のⒶ(該当小節の3拍目)の部分からⒷ(該当小節の2拍目)の部分までについて，サクソフォーン四重奏で演奏できるように編曲せよ。

なお，楽器の編成は，ソプラノ・サクソフォーン1，アルト・サクソフォーン1，テナー・サクソフォーン1，バリトン・サクソフォーン1とし，編曲後の調は原曲と同一(原調)とする。

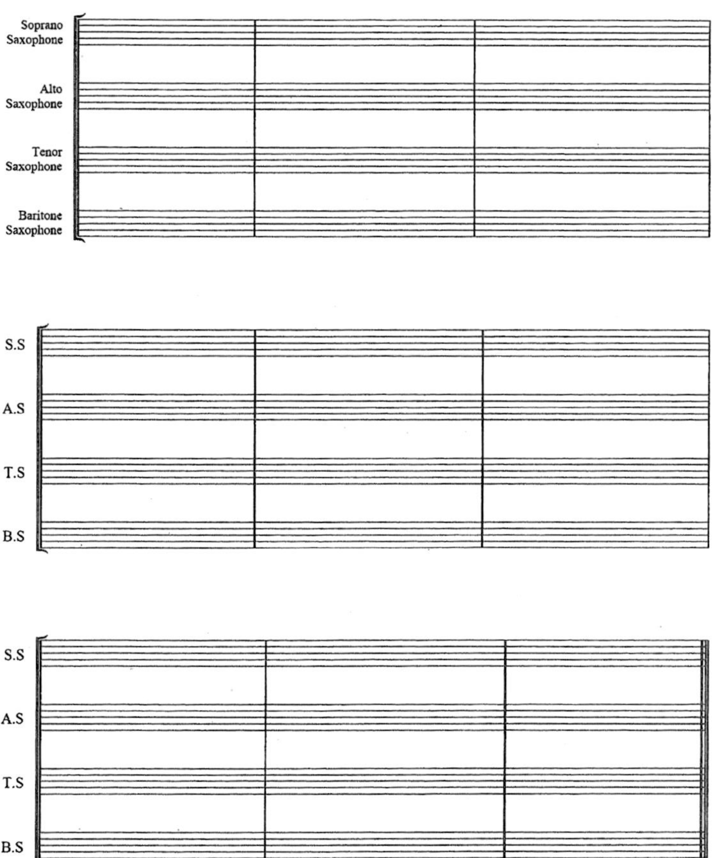
Soprano Saxophone
Alto Saxophone
Tenor Saxophone
Baritone Saxophone
S.S
A.S
T.S
B.S
S.S
A.S
T.S
B.S

(☆☆☆☆☆◎◎◎◎◎)

解答・解説

【中学校】

【1】((1)〜(5)は，読み方／説明の順) (1) ファストーソ／豪華な，きらびやかな (2) ポキッシモ，ポチッシモ／非常に少し (3) スピアナート／なめらかな，落ち着いた，安らかな (4) メッザ・ヴォーチェ／柔らかい半分程度の声で (5) アッル・オッターヴィア，アッロオッターヴィア／オクターブ高く (6) 歌詞の代わりに意味のない言葉を即興的に歌うこと (7) (歌舞伎で)江戸時代の庶民の生活を題材とする演目 (8) 雅楽の管弦において，次第に演奏する楽器の数が減る演奏形式(演出形態，演奏法) (9) 弦楽器の変則的な調弦法 (10) 主要主題部が挿入部を挟んで，たびたび反復される形式

〈解説〉(1) 解答参照 (2) pochiss.と省略されることもある。派生語としてpoco，pochettinoがある。 (3) 解答参照 (4) mezza voceの略。声楽の用語だが，器楽で使われることもある。 (5) all'ottava のこと。all'ott，8va(音符の上に記されればオクターブ高く，音符の下に記されればオクターブ低く)と記されることもある。all'ottava alta(オクターブ高く)，all'ottava bassa (オクターブ低く)も覚えておく。 (6) ダバダバ，ドゥビドゥビ，パヤパヤ，ルルルといったような，意味のない音をメロディーにあわせて即興的に歌うこと。ジャズ・ミュージシャンのルイ・アームストロングが第一人者として知られる。収録中に歌詞を忘れてしまい，適当な言葉で歌ったNGテイクがスタッフに受けて，そのまま使用されたのが始まりだという。 (7) 「世話物」は，江戸時代の人々にとっては現代劇であり，町人社会・世相風俗を扱ったもので，どこにでもいる大工や魚屋，侠客や遊女，長屋の衆など様々な人たちが登場人物である。世間を騒がせた心中事件などを劇化することもあった。これに対するのは，「時代物」で，江戸時代よりも古い，室町・鎌倉・平安時代の，主に武家社会を描いたものである。

(8) 「のこりがく」と読む。曲を何回も繰り返して演奏するなかで，少しずつ楽器の種類を減らしていく演出方法。始めに打楽器，管楽器による序奏と琵琶が抜け，最後は箏と篳篥の掛け合いになる。

(9) 例えば，ヴァイオリンでは，サン＝サーンス作曲　交響詩「死の舞踏」のソロヴァイオリンは，E線を半音低くしてG・D・A・Esで調弦される。マーラー作曲　交響曲4番2楽章のヴァイオリンソロで，すべての弦を全音(長2度)ずつ高くA・E・H・Fisに指定された部分がある。　(10) 主題が，挿入部分を挟んでまた主題へともどってくる(回旋)パターンが何度も繰り返される形式。ソナタ形式についても説明できる程度に理解しておくこと。

【2】(1) ①　ヴェリズモ(真実主義)　②　ピエトロ・マスカーニ(マスカーニ)　③　ジャコモ・プッチーニ(プッチーニ)　(2) ④　器楽合奏(合奏)　⑤　マハーバーラタ　⑥　ワヤン・クリッ(ワヤン)　⑦　スリン　(3) ⑧　地謡　⑨　囃子方　⑩　風姿花伝　⑪　序破急　(4) ⑫　(解答例)リズムが明確で拍節的である　⑬　(解答例)リズムが不明瞭で拍節は存在しない　⑭　秋田船方節　等　⑮　本荘追分　等　※⑭⑮は順不同

〈解説〉(1) ヴェリズモ文学は，ジョヴァンニ・ヴェルガの短篇集「田舎の生活」で，大流行となった。その短編集の中に，「カヴァレリア・ルスティカーナ」がある。これが舞台化されイタリア全土で好評をもって上演された。それをもとに，マスカーニがオペラを創作した。

(2) ガムランに使用する主な楽器は以下の通り。バルンガン(旋律)を演奏するのは，サロン，スレントゥム。バルンガンの節目を示す楽器は，クノン，クンプル，ゴン・アグンなど。バルンガンを装飾する楽器は，ルバブ，ボナン，グンデル，ガンバン，シトゥル，スリン。

(3) 能の構成は，シテ(前半・後半に分かれている能では前半を「前シテ」，後半を「後シテ」と呼ぶ)，シテツレ，ワキ，ワキツレ，アイ，囃子(笛・小鼓・大鼓の3人，またはそれに太鼓を含めた4人。地謡，後見。能舞台の名称，能面，有名な演目についても，確認しておくこと。

(4)　秋田は民謡の盛んな地域である。地元地域の民謡について授業で取り上げることもあるので，知っておきたい。秋田追分，秋田おばこ，秋田小原節，秋田音頭，秋田草刈唄，秋田甚句，秋田大黒舞，秋田長持唄，秋田荷方節，秋田節，秋田船方節，秋田馬子唄，秋田港の唄，おこさ節，生保内節，酒屋唄，仙北荷方節，タント節，長者の山，ドンパン節，秀子節，本荘追分など。

【3】解答略

〈解説〉(1)　自然音や環境音とは，風の音，川のせせらぎ，動物の鳴き声，機械の動く音など，生活や社会の中に存在する様々な音を指す。自然音や環境音を意識して聴くことができる機会をもたせる。そして，心地よさや不快な感じ，静寂や騒々しさについて感じたことを話し合いながら，意見を交換し思慮を深める。こういったことが，音環境への関心が高められることへつながる。　(2)　中学校学習指導要領　解説　音楽編に「表現活動において『このフレーズの最後の音が印象に残るように表現するためにrit.の仕方を工夫してはどうか』などと伝え合うことを通して他者とともに創意工夫して表現する喜びを味わうこと，また，鑑賞の活動において『弦楽器による旋律がゆっくりした速度で演奏され，春の日ざしの中で歌っているような穏やかな気持ちになった』などと感じ取ったことを言葉で説明し合うことを通して，様々な感じ取り方があることに気付くことなどが考えられる。その際，言葉のやり取りに終始することなく，実際に，様々なrit.の仕方で歌ったり，弦楽器の旋律を聴き返したりするなどして，言葉で表したことと音や音楽との関わりが捉えられるようにすることが大切である。」と，具体的に示されている。　(3)　同解説において「第三十五条　学校その他の教育機関(営利を目的として設置されているものを除く。)において教育を担任する者及び授業を受ける者は，その授業の過程における使用に供することを目的とする場合には，必要と認められる限度において，公表された著作物を複製することができる。ただし，当該著作物の種類及び用途並びにその複製の部数及び態様に照らし著作権者の利益を不当に害することとなる場合は，この限りでない。」とある。

【4】解答略

〈解説〉一点目…ヴィヴァルディ「春」にはソネットがついているので，情景を思い浮かべやすい。この点を目標とすると，授業が組み立てやすい。　二点目…ア(ア)〜(ウ)，イ(ア)〜(ウ)より選ぶ。　三点目…目標と指導する事項に合った，要素を書くこと。〔共通事項〕(1)アは，「音楽を形づくっている要素や要素同士の関連を知覚し，それらの働きが生み出す特質や雰囲気を感受しながら，知覚したことと感受したこととの関わりについて考えること。」とある。　四点目…1時間ごとの，順序や系統について気を付けて指導案を書く。曲を聴くこと，ソネットの意味を知ること，情景を思い浮かべること，それらと音の関係，音の効果，音楽形式について等，言葉によるコミュニケーションを含めて計画する。　五点目…音の並び，大きさ，テンポなど，音楽に関する様々な要素と，表したい情景の関係について，話し合い理解を深めたことがわかる発言例を書く。

【5】(1)　ルートヴィヒ・ヴァン・ベートーヴェン(ベートーヴェン)　(2)　交響曲第5番　ハ短調　作品67(交響曲第5番)　(3)　①　ピッコロ(ピッコロフルート)，Piccolo　②　フルート，Flute　③　オーボエ，Oboe　④　クラリネット，Clarinet　⑤　ファゴット(バスーン)，Fagott(o)(Bassoon)　⑥　コントラファゴット(ダブルバスーン)，Contrafagott(o)(Double bassoon)　⑦　ホルン(フレンチホルン)，Horn(French horn)　⑧　トランペット，Trumpet　⑨　トロンボーン，Trombone　⑩　ティンパニ，Timpani　⑪　第1ヴァイオリン，Violin 1　⑫　第2ヴァイオリン，Violin 2　⑬　ヴィオラ，Viola　⑭　チェロ，Violincello　⑮　コントラバス(ダブルベース)，Contrabass(Double bass)　(4)　第1楽章…ハ短調(c-moll)　第2楽章…変イ長調(As-dur)　第3楽章…ハ短調(c-moll)　第4楽章…ハ長調

(C-dur)　(5)　第1楽章…4分の2拍子　第2楽章…8分の3拍子　第3楽章…4分の3拍子　第4楽章…4分の4拍子

〈解説〉(1)(2)　出題の部分は，4楽章の冒頭である。ベートーヴェンの交響曲は，9曲のうち，3(英雄)，5(運命)，6(田園)，7，9番は聴くだけでなく，スコアもあわせてチェックしておくこと。　(3)　スコアは通常，上から木管→金管→ティンパニ→弦楽器となっており，高音の楽器から並んでいる。メロディーだけでなく，移調楽器の指示などからも，推測できる。交響曲の楽器編成は時代によっても，曲によっても，様々であるので，鑑賞の授業で取り上げるような曲については理解しておくこと。　(4)(5)　問題に楽譜が提示されていないので，曲をすべて知っていないと解答できない。曲が思い浮かべられれば，簡単な問題であるので，冒頭だけでなく，曲全体を聴いておきたい。

【6】(1)　フランツ・ヨーゼフ・ハイドン(ハイドン)　(2)　オーストリア　(3)　㋐　少し遅く，歌うように　㋑　弱く，甘美に　㋒　その音を特に強く　(4)　長6度

(5)

Soprano Saxophone

Alto Saxophone

Tenor Saxophone

Baritone Saxophone

〈解説〉(1)　この曲は，フランツ・ヨーゼフ・ハイドン作曲「弦楽四重奏曲第77番ハ長調〈皇帝〉」の第2楽章である。この美しい旋律は，ドイツ国歌となっている。ハイドンは数多くの交響曲や弦楽四重奏曲を作曲したことから，「交響曲の父」「弦楽四重奏曲の父」と呼ばれている。　(2)　ハイドンの出身はオーストリア・ウィーンである。他にオーストリア出身の人物としては，モーツァルトやシューベルト，ワーグナー等が挙げられる。　(3)　㋒は，*rf*，*sf*もあわせて覚えておく。　(4)　Vln.1はド♯，Vla.はミなので，長6度となる。Vla.の譜表はハ音記号なので読み間違いに気を付ける。　(5)　in Cで書かれている弦楽四重奏のスコアを，サクソフォン四重奏へ書き換える。サクソフォンは，ソプラノはin B，アルトはin Es，テナーはin B，バスはin Esである。原調がト長調なので，ソプラノ，テナーは長2度上のイ長調，アルト，バスは，長6度上のホ長調に移調すること。また，拍子記号や強弱記号，アーティキュレーションも正しく書くよう留意すること。

2019年度　実施問題

【中学校】

【1】(1)～(10)の音楽に関する用語について簡潔に説明せよ。ただし，(1)～(5)は読み方も書け。

(1)　grazioso　(2)　vif　(3)　incalzando
(4)　Spitze　(5)　m.g.　(6)　パッサカリア
(7)　夜多羅拍子　(8)　人形振り　(9)　フラッター・タンギング
(10)　シュプレッヒシュティンメ

(☆☆☆☆◎◎◎)

【2】(1)～(4)の①～⑭に適語を書け。

(1)　オペラは16世紀末にイタリアで生まれ，17世紀には公開歌劇場で上演されるようになった。神話や伝説的英雄等を題材とした「オペラ・(　①　)」や喜劇的な内容の「オペラ・(　②　)」があった。
18世紀中葉には，各国にコミックなオペラが興り，新興市民階級の生活感情にふさわしい形式として盛んになった。ドイツでは18世紀後半から，ドイツ固有の民衆的な歌劇である(　③　)が興った。モーツァルトは題材や内容にドイツ的な特徴を打ち出し，「魔弾の射手」を作曲した(　④　)はドイツ国民オペラを確立した。

(2)　(　⑤　)とは，知的な創作活動によって何かをつくり出した人に対して付与される他人に無断で利用されない権利である。この中の一つに著作権がある。著作権は著作物の(　⑥　)に発生し，保護期間について我が国では，原則として著作者の生存中及び(　⑦　)50年間存続する。また著作権には，著作物を保護する著作者の権利，実演等を保護する(　⑧　)権がある。

(3)　狂言では，主役をシテ，脇役を(　⑨　)が演じる。芸態としては，能の舞台で能の演目と交互に演じられる独立した劇としての「(　⑩　)狂言」や，能の演目そのものに狂言方が出演して役柄を演ずる「(⑪)狂言」などがある。

(4) 映画音楽，現代音楽，歌謡曲，ジャズから吹奏楽まで幅広く活躍している秋田市出身の作曲家(⑫)は，矢代秋雄作曲の「交響曲」や(⑬)作曲の「交響三章」などの邦人現代音楽を吹奏楽に編曲したり，委嘱を受けて吹奏楽曲を作曲したりするなど，日本の吹奏楽の発展に貢献している。また，本県で開催された2007年の秋田わか杉国体や2014年の第29回(⑭)では音楽総監督を務め，本県音楽文化の発展に寄与した。

(☆☆☆◎◎◎)

【3】「中学校学習指導要領(平成29年3月告示)」第2章 第5節 音楽及び「中学校学習指導要領解説音楽編(平成29年7月)」を踏まえ，次の設問に答えよ。

(1) 今回の改訂では，全ての教科等の目標及び内容を三つの柱で再整理し，目標(1)には，「知識及び技能」の習得に関することを示している。音楽科における「知識」及び「技能」の習得について説明せよ。

(2) 音楽科の目標(1)において，「知識」の習得に関する指導の際に大切なことを二点述べよ。

(3) 音楽科の目標(2)においては，音楽を形づくっている要素や要素同士の関連を知覚し，それらが生み出す特質や雰囲気を感受しながら，知覚したことと感受したこととの関わりについて考えることが必要である。その過程において大切なことを述べよ。

(4) 音楽科の目標(3)において，生徒の「音楽に対する感性」が働いている具体を述べよ。

(☆☆☆◎◎◎◎)

【4】現行の「中学校学習指導要領(平成20年3月告示)」第2章 第5節 音楽「第2 各学年の目標及び内容」では，次のように示されている。

〔第2学年及び第3学年〕　2　内容　A表現
(1)　歌唱の活動を通して，次の事項を指導する。
ア　歌詞の内容や曲想を味わい，曲にふさわしい表現を工夫して歌うこと。
イ　曲種に応じた発声や言葉の特性を理解して，それらを生かして歌うこと。
ウ　声部の役割と全体の響きとのかかわりを理解して，表現を工夫しながら合わせて歌うこと。
～後略～

このことを踏まえ，第2学年において「夏の思い出」(江間章子作詞／中田喜直作曲)を主な教材とする3時間扱いの題材を構成し，次の5点について書け。

- 題材の目標
- A表現　(1)　歌唱ア，イ，ウのうち指導する事項
- 〔共通事項〕(1)アの音楽を形づくっている要素のうち，特に知覚させたい要素
- 1時間ごとのねらい，学習活動，評価規準
- 〔共通事項〕(1)アを踏まえて音楽表現を工夫し，どのように表すかについて思いや意図をもった生徒の発言例

夏の思い出

♩=63ぐらい
mp legato

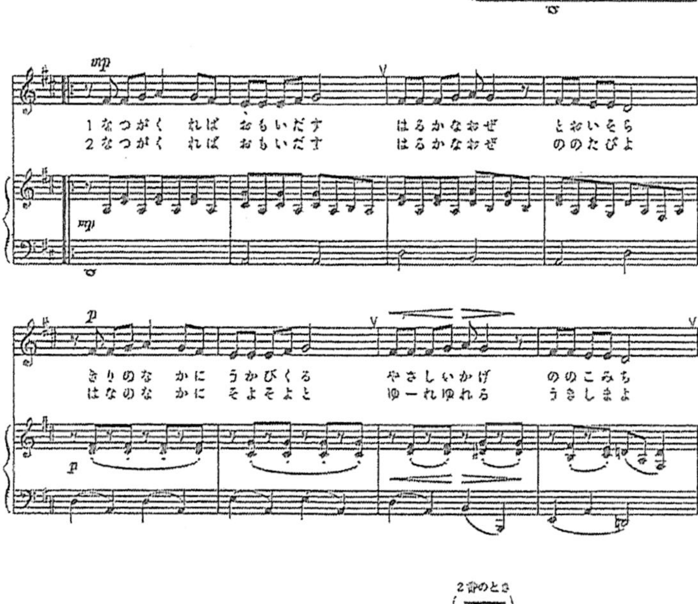
mp
1 なつがく　れば　おもいだす　はるかなおぜ　とおいそら
2 なつがく　れば　おもいだす　はるかなおぜ　ののたびよ
p
きりのな　かに　うかびくる　やさしいかげ　ののこみち
はなのな　かに　そよそよと　ゆーれゆれる　うきしまよ

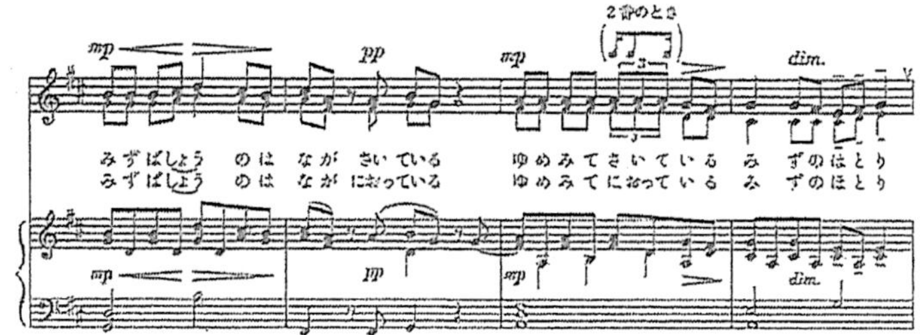
mp
pp
2番のとき
dim.
みずばしょう　のは　なが　さいている　ゆめみてさいている　み　ずのほとり
みずばしょう　のは　なが　におっている　ゆめみてにおっている　み　ずのほとり

(☆☆☆☆◎◎◎)

【5】次のスコアは，ある楽曲の一部分である。この曲について，あとの設問に答えよ。

Ⓒ
ⓓ
Cr.
Solo
V. I
V. II
V-le
Vc.
mf
p
pp
㋐
⑨ più f
⑩ molto espress.
⑪ con sordini
con sordini
I
tr
[con sordini]
❶
❷
cresc.
f
dim.

(1)　以下の説明文の①～⑦に適語を書け。

この曲は，(　①　)が作曲した「(　②　)」という題名の楽曲で，その第(　③　)楽章の冒頭部である。(　①　)は，管弦楽曲，歌劇，室内楽曲，合唱曲など，多岐にわたる作品を作曲したが，中でも亡くなる9日前に自らの指揮で初演をした交響曲第(　④　)番は，(　①　)が「この曲は私の全ての作品の中で最高の出来栄えだ」と自負した傑作であり，(　⑤　)という標題が付いている。この作曲家の作品には，この他に(　⑥　)や(　⑦　)などがある。

(2)　スコア中の⑧～⑪の意味を書け。

(3)　スコア中のⓐ～ⓓの楽器名を書け。

(4)　上記②のような曲種の楽曲では，第一楽章においてある形式が用いられることが一般的であるが，その形式名を書け。またその形式を簡単に説明せよ。

(5)　13小節目(㋐の部分)の調名を書け。

(6)　40小節目(㋑の部分)の調名を書け。

(7)　20小節目1拍目における❶の楽器と❷の楽器との音程を書け。(例 長3度)

(☆☆☆☆◎◎◎)

【6】次のスコアは，ある弦楽四重奏曲の第2楽章冒頭部である。この曲について，あとの設問に答えよ。

(1)　この曲の作曲者名を書け。

(2)　上記(1)はどこの国の作曲家か書け。

(3)　この曲の9小節目から8小節間について，サクソフォーン四重奏で演奏できるように編曲せよ。なお，楽器編成は，ソプラノ・サクソフォーン1，アルト・サクソフォーン1，テナー・サクソフォーン1，バリトン・サクソフォーン1とし，編曲後の調は原曲と同一(原調)とする。

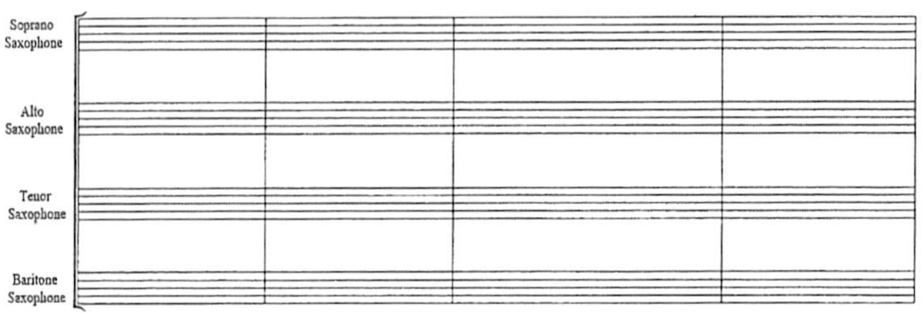

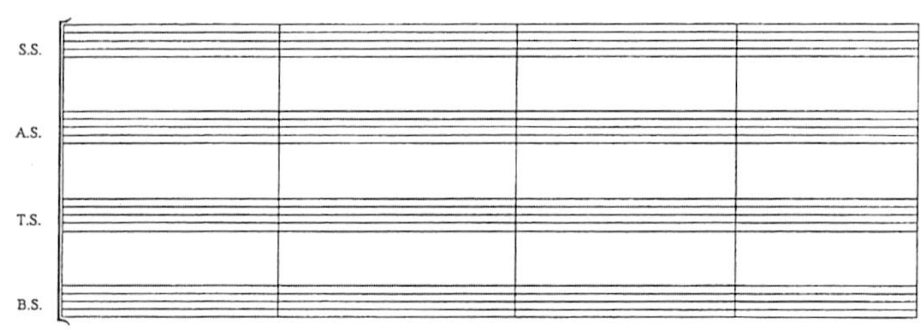

(☆☆☆☆◎◎◎)

解答・解説

【中学校】

【1】1 (読み方，説明の順) (1)　グラツィオーソ(グラチオーソ)，優雅な(に)。(優美な(に)。)　(2)　ヴィフ，生き生きと。(軽やかな。快活な。)　(3)　インカルツァンド，追い立てるように。(だんだん強くしながらだんだん速く。)　(4)　シュピッツェ(スピッツェ)，弓の先端。(5)　マン・ゴーシュ，左手。　(6)　バッソ・オスティナートをもつ3拍子の連続的変奏曲　(7)　雅楽における2＋3の5拍子の拍節法　(8)　文楽の人形のように無機質に動く歌舞伎の演技。　(9)　管楽器において舌を急速に振るわせて演奏する奏法。　(10)　シェーンベルク等の歌曲における語るように歌う演奏法。

〈解説〉音楽用語等についての問題だが，楽語だけでなく，専門用語の説明も求められており難易度が高い。楽語についてはイタリア語を中心にできるだけ多く覚えておくこと。提示される曲がフランスやドイツのものである場合，楽語も準ずることになるので，フランス語やドイツ語の楽語・楽器名も基本的なものを中心に押さえておくこと。専門用語について，意味を記述する問題の対策としては，意味を書いて覚えることも必要である。分からなくても，単語から想像して答えられるように，意味の似た楽語でグループにしてノートにまとめておくなど，効率的な学習で対策しておくこと。

【2】(1)　①　セリア　②　ブッファ　③　ジングシュピール　④　カルル・マリア・フォン・ヴェーバ(ウェーバー)　(2)　⑤　知的財産権　⑥　創作時又は著作者　⑦　没後　⑧　著作隣接　(3)　⑨　アド　⑩　本　⑪　間　(4)　⑫　天野正道　⑬　三善晃　⑭　国民文化祭

〈解説〉オペラの成立に関しては，前期ロマン派でドイツオペラを成立させたウェーバーは比較的出題頻度が高い。「魔弾の射手」は，セリフの対話と歌われる部分で物語が進められるジングシュピールと呼ばれる歌芝居の様式である。　(2)　著作権は，知的財産権のうちの1つであり，現在日本では没後50年間の有効期間を有する。　(3)　狂言では主役をシテ，脇役をアドといい，能では主役をシテ，脇役をワキというので区別して覚えておく。能と狂言を合わせて能楽と総称する。

(4)　三善晃は合唱の分野で大きな功績を遺した人物である。彼の作風は近代フランスの響きをベースにしており，鈴木輝昭など多くの現代合唱作曲家に影響を与えた。国民文化祭は，全国各地で国民一般の行っている各種の文化活動を全国的規模で発表し，競演し，交流する場を提供することにより，国民の文化活動への参加の機運を高め，新しい芸術文化の創造を促すことを狙いとした祭典。文化庁，開催都道府県，開催市町村及び文化団体等により実施される主催事業と，国民文化祭の趣旨に賛同した地方公共団体等が実施する協賛事業がある。

【3】(1)　知識…・曲想と音楽の構造や背景などとの関わりを捉えて理解すること。(・音楽の多様性について理解すること。)　　技能…・創意工夫を生かした音楽表現をするために必要な知識を身に付けること。　　(2)　・音楽を形づくっている要素などの働きについて実感を伴いながら理解し，表現や鑑賞などに生かすことができるようにすること。　　・表現や鑑賞の活動を通して，音楽に関する歴史や文化的意義を自己との関わりの中で理解できるようにすること。　　(3)　音や音楽及び言葉によるコミュニケーションを図り，音楽科の特質に応じた言語活動を適切に位置付けられるよう指導を工夫すること。

(4)　知覚・感受を支えとしていることと，自ら音や音楽を捉えていることを観点として，具体例を相対的に評価する。

〈解説〉中学校では，2018～2020年度に新学習指導要領(平成29年3月告示)の先行実施が行われ2021年度から全面実施となる。その新学習指導要領では，音楽科の目標は，音楽科で育成を目指す資質・能力を生活や社会の中の音や音楽，音楽文化と豊かに関わる資質・能力と規定し，(1)知識及び技能，(2)思考力，判断力，表現力等，(3)学びに向かう力，人間性等について示されている。また，資質・能力の育成に当たっては，生徒が音楽的な見方・考え方を働かせて学習活動に取り組めるようにする必要があることが示されている。新旧対照表をよく読み込んで理解すること。

【4】解答略

〈解説〉まず「題材の目標」であるが，あまり色々と盛り込まない方がよい。例えば「歌詞の情景や曲想を感じ取って歌おう」を題材名とした場合，「『夏の思い出』で表現されている歌詞の情景や旋律，リズム等の音楽的要素に関心をもち，音色，旋律，強弱を知覚して，それらの働きが生み出す曲の雰囲気を感受しながら音楽表現をするために必要な発声等の技能を身に付けて歌う能力を育てる。」という感じである。この目標に基づき，A表現のうち指導する事項はアとなり，知覚させたい要素は音色，旋律，強弱のいずれかである。ここでは「特に」とあるので1つだけ書くとしたら「強弱」にフォーカスしてみよう。次に第1時～第3時までの指導内容等を記載していく。アウトラインだけ説明すると，まず第1時では「夏の思い出」の範唱を聴いて，どんな曲か理解させる。第2時では作詞者や作曲者がどのような経緯でこの曲をつくったのか説明し，情景や曲想について理解させる。同時にこの曲を歌うのにふさわしい発声についても言及する。第3時では前時で学んだことを生かして，拡大楽譜に注意すべき強弱等の記号をマークして，全体で歌ったり少人数で歌ったりさせて感想を言い合う活動が考えられる。評価規準については全部で4観点あるが，1時間のうちに全部の観点を評価するのは無理なので，第1時で関心・意欲・態度を見て，第2時では技能を…というように，多くても1時間のうちに2観点までにしておいた方がよいであろう。現場経験がないと作成に時間のかかる問題であり，事前に何度も指導案を書く練習をしておく必要がある。

【5】(1) ① ピョートル・イリイチ・チャイコフスキー(チャイコフスキー) ② ヴァイオリン協奏曲 ニ長調 作品35(ヴァイオリン協奏曲) ③ 2 ④ 6 ⑤ 悲愴 ⑥ 幻想序曲「ロメオとジュリエット」 ⑦ バレエ音楽「白鳥の湖」 (2) ⑧ 【Andante】歩くように(ほどよくゆっくりと) ⑨ 【più ***f***】もっと強く(今までより強く) ⑩ 【*molto espress*】非常に表情豊かに(きわめて感情をこめて) ⑪ 【con sordini】弱音器をつけて (3) ⓐ フルート ⓑ オーボエ ⓒ クラリネット ⓓ ファゴット(バスーン) (4) 形式名…ソナタ形式 説明…器楽形式の一つであり，提示部・展開部・再現部で構成される。 (5) ト短調 (6) 変ホ長調 (7) 減5度

〈解説〉提示されている楽譜はチャイコフスキー作曲のヴァイオリン協奏曲作品35である。本問のようにスコアが提示され楽語や楽器名を問われる問題は頻出である。形式についてもソナタ形式は頻出であるので，提示部・展開部・再現部・結尾部で構成されていることを知っておこう。 (5)・(6) まず♭×2なのでB durかg mollであるがここでは構成音から明らかにg mollと判断できるだろう。一方，イの部分については直前の39小節でAsが見られることからEs durに入っていることが見て取れる。 (7) ホルンはin Fであるから完全5度下へ読み，Cとなる。ヴィオラはFisであるからこの間の音程は半音1つを含む完全5度であるが，Fisにより幅がせばまるので減5度となる。

【6】(1)　ピョートル・イリイチ・チャイコフスキー(チャイコフスキー)　(2)　ロシア

(3)

〈解説〉提示されている楽譜はロシア出身のチャイコフスキーによる弦楽四重奏曲第1番第2楽章である。　(3)　サックス四重奏へ編曲する問題である。編曲後の調は原曲と同一とある。それぞれ違う移調楽器であるサックスを使うので，十分注意して編曲する。

2018年度　実施問題

【中学校】

【1】(1)～(10)の音楽に関する用語について簡潔に説明せよ。ただし，(1)～(6)は読み方も書け。

(1) strascinando
(2) ritenuto
(3) grandioso
(4) capriccioso
(5) portato
(6) 朗詠
(7) 甚句
(8) モテット
(9) トーン・クラスター
(10) カヤグム

(☆☆☆☆☆◎◎◎)

【2】(1)～(4)の①～⑫に適語を書け。

(1) アランフェス協奏曲は(　①　)を独奏楽器とする協奏曲である。この曲を作曲した(　②　)はスペインで生まれた。フランスのパリに留学し，バレエ音楽「ラ・ペリ」を作曲した(　③　)に作曲を学んだ。

(2) 1879年に音楽教育の調査研究機関として(　④　)が設置された。その後，1887年に東京音楽学校と改称された。同校で学んだ(　⑤　)は，歌曲集「四季」や歌曲「荒城の月」などを作曲した。二重唱曲「(　⑥　)」は歌曲集「四季」の一曲である。

(3) 文楽とは，太棹の三味線で語りを伴奏する(　⑦　)を用いた人形劇の一つである。文楽を構成する「(　⑧　)・(　⑨　)・(　⑩　)」

を三業とよぶ。

(4) 由利本荘市(旧東由利町)出身の(⑪)は，山田耕筰と並んで，日本音楽界のリーダーであった。東京音楽学校在学中には，我が国初の創作歌劇「羽衣」を作詞作曲した。その後，次々と唱歌集を出し，大正期童謡唱歌運動の先駆となり，鈴木三重吉や北原白秋らの「(⑫)」童謡運動などへとつながっていった。

(☆☆☆◎◎◎)

【3】「中学校学習指導要領(平成20年3月告示)」第2章　第5節　音楽及び「中学校学習指導要領解説音楽編(平成20年9月)」を踏まえ，次の問いに答えよ。

(1) 第1学年において，〔共通事項〕(1)アはどのような能力を育てることをねらいとしているか述べよ。

(2) 第1学年において，〔共通事項〕(1)イはどのような能力を育てることをねらいとしているか述べよ。

(3) 第1学年A表現(2)アにおいて，楽譜に記されている用語や記号の指導の際に大切なことを述べよ。

(4) 第1学年A表現(3)アにおいて，「表現を工夫して簡単な旋律をつくる」ために大切なことを述べよ。

(5) 第2学年及び第3学年B鑑賞アにおいて，「根拠をもって批評する」際の内容について4点述べよ。

(☆☆☆☆◎◎◎)

【4】「中学校学習指導要領(平成20年3月告示)」第2章　第5節　音楽「第2　各学年の目標及び内容」では，次のように示されている。

〔第2学年及び第3学年〕2内容　A表現

(1) 歌唱の活動を通して，次の事項を指導する。

ア　歌詞の内容や曲想を味わい，曲にふさわしい表現を工夫して歌うこと。

イ　曲種に応じた発声や言葉の特性を理解して，それらを

> 生かして歌うこと。
> ウ　声部の役割と全体の響きとのかかわりを理解して，表現を工夫しながら合わせて歌うこと。
> 〜後略〜

このことを踏まえ，第2学年において「夢の世界を」(芙龍明子　作詞／橋本祥路　作曲)を主な教材とする3時間扱いの題材を構成し，次の五点について書け。

・題材の目標
・A表現(1)歌唱ア，イ，ウのうち指導する事項
・〔共通事項〕(1)アの音楽を形づくっている要素のうち，特に知覚させたい要素
・1時間ごとのねらい，学習活動，評価規準
・〔共通事項〕(1)アを踏まえて音楽表現を工夫し，どのように表すかについて思いや意図をもった生徒の発言例

夢の世界を

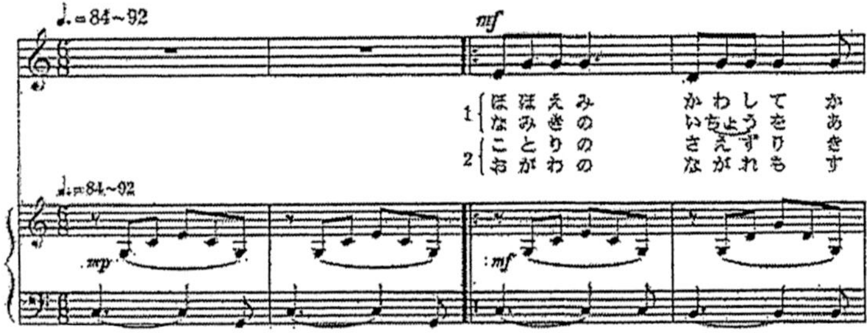

あるいたね ー うつしだしたね ー
ながめたね ー うつしだしたね ー

17
おもいで の あふれる み ち をかけぬ け
すばらし い ぼくらの ゆ
21
rit.
mf
a tempo
め の ー せかい を ー
rit.
mf
a tempo
rit.
mf a tempo

(☆☆☆☆☆◎◎)

【5】次のスコアは，ある管弦楽曲の一部分である。この曲について，あとの設問に答えよ。

Hᵗᵇ
Cor. A.
Cl.
Bsn.
Tromp.
Soudine
Cor. A.
Tromp.
pp expressif et soutenu
piu pp
Unies. pp
⑫

(1)　以下の説明文の(　①　)～(　⑥　)に適語を書け。

　この曲は，(　①　)作曲の「(　②　)」という題名で，三つの楽章によって構成されているが，このスコアはその中の(　③　)曲目に当たる曲の冒頭部であり，「(　④　)」という副題が付いている。この作曲家が作曲したこの曲以外の作品には，(　⑤　)や(　⑥　)などがある。

(2)　スコア中の⑦～⑫の意味を書け。

(3)　12小節目からのⒶの主題は，全曲を通して何度も繰り返し登場するが，多楽章の曲の二つ以上の楽章に共通して登場する主題を何というか書け。

(4)　上記(3)を曲中に用いることで，音楽的にどのような効果が得られるかを説明せよ。

(5)　12小節目1拍目におけるコールアングレとトランペットの音程を書け。(例　長3度)

(6)　スコアⒷに入る楽器名を書け。

(☆☆☆☆◎◎)

【6】次のスコアは，ある曲の第1楽章冒頭部である。この曲について，以下の設問に答えよ。

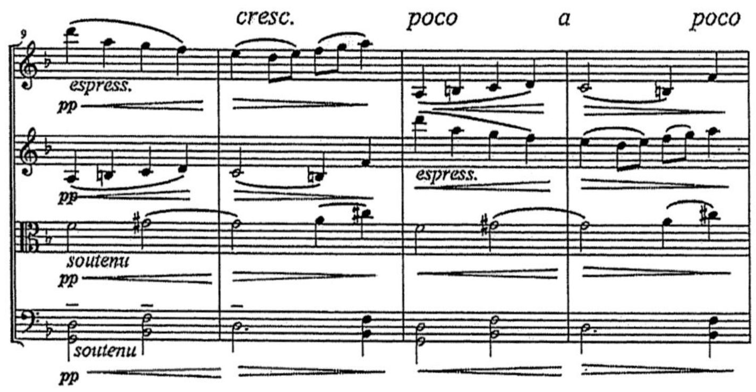

(1)　この曲の作曲者名を書け。

(2)　この曲が演奏される編成を何というか書け。

(3)　この曲の冒頭から8小節間について，サクソフォーン四重奏で演奏できるように編曲せよ。楽器編成は，ソプラノ・サクソフォーン1，アルト・サクソフォーン1，テナー・サクソフォーン1，バリトン・サクソフォーン1とする。なお，編曲後の調は原曲と同一(原調)とする。

(☆☆☆☆◎◎)

解答・解説

【中学校】

【1】(1)　読み方…ストラシナンド(ストラッシナンド)　　説明…音をひきずるように。　(2)　読み方…リテヌート　　説明…すぐに遅く。　(3)　読み方…グランディオーソ　　説明…壮大に。　(4)　読み方…カプリッチオーソ(カプリッチョーソ)　　説明…気まぐれに。　(5)　読み方…ポルタート　　説明…スタッカートとレガートの中間の奏法。(ひとつひとつの音を柔らかく区切る。)　(6)　読み方…ろう

えい　　説明…漢詩を歌詞とする歌曲。　(7)　7・7・7・5の詞型を持つ民謡の種類。　(8)　宗教的内容の多声声楽曲。　(9)　密集音塊，密集音群に生ずる音響。　(10)　朝鮮半島の弦鳴楽器。12弦のコト。ツメを用いないで演奏する。

〈解説〉(1)　伊語の動詞「strascinare」(引きずる)に由来する。

(2)「ritenuto」の「tenuto」は，伊語の「tenere」の「保持する，保つ」の意味から転じ，「抑える」，「引き止める，制止する」などの意味がある。「ri」は「再度」や「もう一度」というニュアンスがある。速度記号で，記号が書いてあるところから，すぐにそれまでより速度を遅くする。「ritardand」のように，そこからだんだんと遅くするわけではない。　(3)　伊語「grande」の「大きい」から派生した単語で，規模や豊かさ，重要性などに対して起こる驚きの大きさを意味する。

(4)　伊語「capriccio」の形容詞。英語「capricious」も「浮気な，気まぐれな」の意味。　(5)　伊語の「運ばれた」の意味が語源である。元々，弦楽器の演奏技法で，いくつかの音を，弓を戻すことなく軽く切りながら表現すること。　(6)　和漢の詩文に旋律をつけ歌ったもの。伴奏は，笙，篳篥，横笛が使われ，平安中期に始まり，中世以降は雅楽化された。　(7)　労作歌であるが，三味線伴奏の騒ぎ歌として宴会で歌われることが多い。節は地方によって異なる。　(8)　仏語「mot」(言葉)に由来。聖書の言葉を歌詞とする無伴奏多声部合唱曲だが，バロック後期以降はポリフォニーによる短い宗教的合唱曲を指すようになった。　(9)　ある音からある音までの密集した音を楽譜にすべて並べるとぶどうの房のようになったので，「音の房」という意味の「トーン・クラスター」と呼ばれるようになり，後には一番上と一番下の音の間をその音の長さだけ黒く塗りつぶすようになった。　(10)　韓国の伝統楽器で，日本の琴に似ているが，片方を膝の上に載せ，爪をつけずに演奏する。

【2】(1)　①　ギター　　②　ホアキン・ロドリーゴ(ロドリーゴ，ロドリゴ)　　③　ポール・デュカース(デュカース，デュカス，デュカ)

(2) ④ 音楽取調掛　⑤ 滝廉太郎　⑥ 花　(3) ⑦ 義太夫節　⑧ 太夫　⑨ 三味線　⑩ 人形遣い　(4) ⑪ 小松耕輔　⑫ 赤い鳥

〈解説〉(1) 作曲者であるロドリーゴはピアニストでギターは弾けなかったが，スペイン内戦によって大きな被害を受けた祖国と平和への願いを込めて，その象徴として古都アランフェスを題材に取り上げ，スペインを象徴するクラシックギターを前面に押し出した協奏曲を作曲した。メシアンやポンセなどと同じくデュカースに作曲を師事した。(2) 音楽取調掛は，日本に音楽教育を取り入れるために調査研究する文部省に設けられた機関で，後の東京音楽学校(東京芸術大学音楽学部)の前身である。滝廉太郎が作曲した「荒城の月」と「花」は，中学校の歌唱教材の共通教材である。　(3) 文楽は三業一体の芸能で，大夫，三味線弾き，人形遣いの三者が一体となり物語を進めていく。義太夫節はその人形浄瑠璃の音楽で，竹本義太夫によって始まった。(4) 小松耕輔は秋田県出身の作曲家で，日本初の歌劇の作曲や日本で最初に音楽コンクールを開催するなど，クラシック音楽の普及に貢献した音楽家である。「赤い鳥」は，童話や童謡を掲載した子どもの雑誌で，大正7(1918)年に刊行された。日本を代表する詩人や作曲家がこれに多く参画し，数々の童謡が生まれた。

【3】(1) 音楽を形づくっている要素や要素同士の関連を知覚し，それらの働きが生み出す特質や雰囲気を感受する能力。　(2) 音楽を形づくっている要素とそれらの働きを表す用語や記号などについて，音楽活動を通して理解する能力。　(3) 単に*pp*がついているからとても弱い音で奏するというのではなく，なぜその部分に記号が付けられたのかを考えたり，どの程度の音量，どのような音色，発音で演奏したらよいかを実際に試したりする活動を行うこと。　(4) 自己のイメージと音楽を形づくっている要素とをかかわらせながら，音のつながり方を試行錯誤して旋律をつくっていくこと。　(5) ・音楽を形づくっている要素や構造。　・特質や雰囲気及び曲想。　・音楽を

形づくっている要素や構造と特質や雰囲気及び曲想とのかかわり。・気に入ったところ，他者に紹介したいところなど自分にとってどのような価値があるのかといった評価。

〈解説〉(1)　中学校学習指導要領解説　音楽編(以下「解説」と表示)　第3章　第1節　2　(3)〔共通事項〕(1)　アより，共通事項は表現及び鑑賞の各活動の支えとなるものとして，共通に指導する内容であるので，歌唱，器楽，創作，鑑賞の内容に共通し基盤となるものである。ゆえに音楽を形づくっている要素や要素同士の関連を知覚し，それらの働きが生み出す特質や雰囲気を感受する能力を育てることをねらいとしている。　(2)　(1)と同資料・同箇所のイより，音楽の表現や鑑賞の各活動において，自己のイメージや思いを他者と伝え合ったり，他者の意図に共感したりするためには，音楽に関する用語や記号などを適切に用いることが必要である。そのために音楽活動を通して音楽を形づくっている要素とそれらの働きを表す用語や記号について理解する能力を育てることがねらいである。　(3)「解説」　第3章　第1節　2　(1)　A　表現　(2)　アは，「曲想を感じ取り，表現を工夫して演奏すること」とあり，音楽を形づくっている要素や構造の働きをとらえ，そこから曲想を感じ取り，表現したい思いや意図をもち，要素の働かせ方を試行錯誤しながらよりよい表現の方法を見いだしていく活動である。　(4)「解説」　第3章　第1節　2　(3)　アより，言葉の特徴である抑揚やアクセントなどを手掛かりに旋律高を工夫したり，言葉のリズムを手掛かりに旋律のリズムを工夫したりして，簡単な旋律を作ることができる。　(5)「解説」　第3章　第2節　2　(2)　B　鑑賞　(1)　アより，鑑賞の活動では，音楽を形づくっている要素や構造と，それによって生み出される曲想とのかかわりを理解して聴く活動が重要となる。また音楽のよさや美しさについて，音楽を形づくっている要素や構造などの客観的な理由をあげながら言葉で表すことが必要である。また対象となる音楽が自分にとってどんな価値があるのかについても明らかにする必要がある。

【4】解答略

〈解説〉「題材の目標」は「夢の世界を」の教材を通して育てたい力や身に付けたい力を観点別に具体的に記述する。「音楽への関心・意欲・態度」,「音楽表現の創意工夫」,「音楽表現の技能」に関する目標についてあげることができる。中学校学習指導要領の第2・第3学年の指導事項との整合性があるかどうか確認すること。「知覚させたい要素」は「指導する事項」に関連して選ぶことができるが,題材の特徴から,音色や旋律,強弱,テクスチュアなどを選ぶことができるだろう。「ねらい」は各時の学習活動を通して生徒が出来るようになる技術や態度について書き,「学習活動」は生徒が「ねらい」を達成できるような活動を設定し,学習の流れがわかるように,前時と次時のつながりがあるかどうかも確認する。「評価規準」は「関心・意欲・態度」,「創意工夫」,「技能・技術」,「知識・理解」の4観点から設定し,題材の学習を通して身に付ける資質や能力が「目標」に照らしてどのような状況にあるかを的確に把握するために,わかりやすい表現で書くこと。

【5】(1) ① クロード・ドビュッシー(ドビュッシー,ドビッシー) ② 海 管弦楽のための三つの交響的素描(海 3つの交響的スケッチ) ③ 1 ④ 海の夜明けから真昼まで(海上の夜明けから正午まで) ⑤ 牧神の午後への前奏曲 ⑥ 小組曲 (2) ⑦ 非常に遅く ⑧ (二声部以上に)分かれて ⑨ 弓で ⑩ 弦を指ではじいて ⑪ 弱音器をつけて ⑫ 表情豊かに,そして各音符の長さを十分に保って (3) 循環主題 (4) 全曲を通して性格的統一をはかる。 (5) 完全8度 (6) ティンパニー(ティンパニ)

〈解説〉(1) ドビュッシー作曲「海 管弦楽のための3つの交響的素描」である。海へのあこがれを抱き続けたドビュッシーが,海の様々な印象を音楽で表した3曲からなる交響詩「海」である。*pp*で始まる序奏部分から,1曲目の「海の夜明けから真昼まで」の冒頭部分で,早朝まだ暗い中でうごめく波の様子がわかる。ドビュッシーの代表曲は多くのピアノ曲や管弦楽曲，協奏曲に見られる。　(2)　⑦　仏語「très」は「非常に」の意味。「lent」は伊語「lento」と同じである。　⑧　伊語「divisi」の省略形。「分ける」の意味で，1つの楽器パートが2つ以上のグループに分かれて各声部を演奏すること。　⑨　伊語「アルコ」で「弓」の意味。弓で演奏する指示である。　⑩　伊語「pizzicato」の省略形で「pizzicare」の「つまむ」の意味から由来している。
⑪　仏語で「弱音器」の意味。　⑫　仏語「expressif」は「表情豊かに」の意味。「soutenu」は「支える」という意味の動詞由来で，伊語「sostenuto」と同じ意味である。　(3)・(4)　循環主題は，フランスの作曲家フランクが用いた手法で，全体の統一のために第1楽章の主題が他の楽章でも使われるものを指す。　(5)　トランペットがF管であることに注意しよう。　(6)　楽譜より，金管楽器群の下にあたるので打楽器であることがわかる。

【6】(1)　モーリス・ラヴェル(ラヴェル，ラベル)　　(2)　弦楽四重奏
(3)

〈解説〉(1)・(2)　ラヴェル作曲の「弦楽四重奏曲ヘ長調」である。

(3)　各楽器の実音と記譜音の関係は次の通り。ソプラノ・サクソフォーンは実音より長2度，アルト・サクソフォーンは実音より長6度，テナー・サクソフォーンは実音より1オクターブと長2度，バリトン・サクソフォーンは実音より1オクターブと長6度，上げて記譜する。調性も同じ移調関係になるので，ソプラノ・テナーサクソフォーンは原調ヘ長調より長2度上のト長調，アルト・バリトンサクソフォーンはヘ長調より長6度上のニ長調となる。各楽器の音域に注意しながら正確に移調し，その他の速度や強弱記号，アーティキュレーションを基の楽譜通りに記譜すること。

2017年度　実施問題

【中学校】

【1】(1)～(10)の用語や記号について簡潔に説明せよ。ただし，(1)～(6)は読み方も書け。

(1) meno mosso

(2) l'istesso tempo

(3) espressivo

(4) *fp*

(5) con sordino

(6) 追分様式

(7) 音の三要素

(8) 喜歌劇(オペレッタ)

(9) 弦楽四重奏

(10) エイサー

(☆☆☆◎◎◎)

【2】(1)～(4)の①～⑳に適語を書け。なお，人名については，フルネームで書くこと。

(1) (　①　)生まれの作曲家である(　②　)は，ミュージカル「ウエスト・サイド物語」の作曲者として有名だが，「キャンディード」や「オン・ザ・タウン」などのミュージカル作品の他，3曲の交響曲や室内楽曲なども数多く作曲している。彼の音楽活動は幅広く，(　③　)やピアノ奏者としても活躍した。(　①　)生まれの(　③　)として初めてニューヨーク・フィルハーモニー交響楽団の音楽監督に就任するなど，生涯にわたり世界中のオーケストラを(　③　)として客演した。彼は音楽の普及や教育にも大変熱心に取り組み，「(　④　)」というテレビ音楽番組では，ニューヨーク・フィルと共に出演し，音楽の本質をきわめて平易な言葉で若い世代の人々に伝えるという画期的な企画を10年以上も続けた。また，彼によって創設され，1990年より日本の(　⑤　)市において毎年開催されている「パシフィック・ミュージック・フェスティバル」(PMF)は，世界の若手音楽家を育てる国際教育音楽祭として，彼の死後もその遺志を受け継いで歴史を積み重ねている。

(2)　(　⑥　)生まれの作曲家である(　⑦　)は，発想，形式，和声法の点において，シャブリエ，サティ，ドビュッシーや「ロシア五人組」の影響を受けている。彼の卓越した管弦楽法の技術は，「ボレロ」や「ダフニスとクロエ」などで明らかだが，特に，ムソルグスキーが作曲した(　⑧　)のための楽曲を管弦楽編曲した組曲「(　⑨　)」は有名である。なお，「第58回グラミー賞」において，小澤征爾指揮，サイトウ・キネン・オーケストラが演奏した彼の歌劇「(　⑩　)」が「ベスト・オペラ・レコーディング」を受賞したことは，記憶に新しい。

(3)　雅楽には，5～9世紀にアジア各地から伝来した歌や舞を起源とする舞楽や(　⑪　)がある。舞楽には，左舞と(　⑫　)という分け方がある。左舞は，中国を起源とする(　⑬　)の楽曲が使われ，(　⑫　)は，朝鮮半島を起源とする高麗楽の楽曲が使われる。(　⑪　)は，吹きもの，(　⑭　)，(　⑮　)と呼ばれる雅楽の楽器だけで合奏する音楽である。雅楽「越天楽」は，(　⑪　)の音楽である。「越天楽今様」や福岡県民謡の「(　⑯　)」は，雅楽「越天楽」の旋律を基につくられた。

(4)　民謡の宝庫といわれる東北の中でも，秋田県は群を抜く曲数と種類，変化に富む曲趣など，民俗文化財として豊富さと多様性が際立っている。秋田県には(　⑰　)音階の歌が多く，開放的で屈託のない県民の気質を表している。旋律は伸びやかで明るく，装飾的な発声技巧のコブシや，歌詞の一音節に対して，音高の異なる多数の音符をあてる(　⑱　)を効果的に取り入れた高度な歌唱技術を要する歌が多い。未婚の若い女性との問答が歌詞となった「秋田(　⑲　)」

や，婚礼道中歌の「秋田(　⑳　)」などがある。

(☆☆☆☆◎◎◎)

【3】「中学校学習指導要領(平成20年3月告示)」第2章　第5節　音楽「第2　各学年の目標及び内容」では，次のように示されている。

〔第1学年〕2内容　B鑑賞
(1)　鑑賞の活動を通して，次の事項を指導する。
ア　音楽を形づくっている要素や構造と曲想とのかかわりを感じ取って聴き，言葉で説明するなどして，音楽のよさや美しさを味わうこと。
イ　音楽の特徴をその背景となる文化・歴史や他の芸術と関連付けて，鑑賞すること。
ウ　我が国や郷土の伝統音楽及びアジア地域の諸民族の音楽の特徴から音楽の多様性を感じ取り，鑑賞すること。
～後略～

このことを踏まえ，B鑑賞(1)ア及びイを指導する事項とした3時間扱いの題材を構成し，次の四点について書け。ただし，「魔王」(シューベルト作曲)を主な教材とする。

・題材の目標
・〔共通事項〕(1)アの音楽を形づくっている要素のうち，特に知覚させたい要素
・1時間ごとのねらい，学習活動，評価規準
・B鑑賞(1)アの事項に関わる学習において，言葉で説明している生徒の発言例

魔　王

ゲーテ：作詞
シューベルト：作曲

mir! gar schö - ne Spie - le spiel 3 ich mit dir; manch bun - te
Blu - men sind an dem Strand, mei - ne Mut - ter hat manch gül - den Ge -
-Wand." „Mein Va - ter, mein Va - ter, und hö - rest du nicht, was
Er - len - kö - nig mir lei se ver - spricht? Sei ru - hig, blei - be ru - hig, mein Kind:
in dür - ren Blät - tern säu - selt der Wind. „Willst, fei - ner Kna - be, du
mit mir gehn? mei - ne Töch - ter sol - len dich war - ten schön; mei - ne Töch - ter füh - ren den nächt - li - chen Reihnnd
wie - gen und tan - zen und sin - gen dich ein, sie wie - gen und tan - zen und sin - gen dich ein." Mein
Va - ter, mein Va - ter, und siehst du nicht dort Erl - Kö - nigs Töch - ter am dü - stern
Ort? Mein Sohn, mein Sohn, ich seh es ge - nau, es schei - nen die al - ten
Wei - den so grau. „Ich lie - be dich, mich reizt dei - ne schö - ne Ge -
-stalt, und bist du nicht wil - lig, so brauch ich Ge - walt" „Mein Va - ter, mein
Va - ter, jetzt faßt er mich an! Erl - kö - nig hat mir ein Leids ge -
accelerando
tan!" Dem Va - ter grau - set's, er rei - tet ge - schwind, er
hält in Ar - men das äch - zen - de Kind, er -
Recit.
-reicht den Hof, mit Müh und Not; in sei - nen Ar - men das Kind war tot.

(☆☆☆☆◎◎◎)

【4】「中学校学習指導要領(平成20年3月告示)」第2章　第5節　音楽「第3　指導計画の作成と内容の取扱い」及び「中学校学習指導要領解説音楽編(平成20年9月文部科学省)」を踏まえ，次の問いに答えよ。

(1)　音楽科の目標に「音楽文化についての理解を深め」ることを示した背景について，「我が国の音楽文化」と「諸外国の音楽文化」という言葉を用いて述べよ。

(2)　歌唱教材の選択に当たり，取り上げる際の観点を次の①，②の文章の後に続けて述べよ。

①　我が国で長く歌われ親しまれている歌曲のうち，～

②　民謡，長唄などの我が国の伝統的な歌唱のうち，～

(3)　表現及び鑑賞の各活動において，生徒同士が言葉によるコミュニケーションを図る際，配慮することを述べよ。

(☆☆☆☆◎◎◎)

【5】次のスコアは，ある管弦楽曲の一部分である。あとの問いに答えよ。

(1)　この部分に関する次の説明文の①～③に適語を書け。

この曲は，(　①　)作曲の「(　②　)」である。この曲は，5つの部分によって構成されているが，このスコアはその中の(　③　)曲目に当たる部分である。

(2)　スコア中の④～⑦の意味を書け。

(3)　14小節目からソロを奏している楽器名をカタカナで書け。

(4)　1小節目における2番トランペットと1番トロンボーンの音程を書け。(例　長3度)

(☆☆☆☆◎◎)

【6】次の条件に従い，4分の4拍子，8小節の旋律とピアノ伴奏を創作せよ。

・旋律は，中学生が音楽の授業でアルト・リコーダーを使って演奏するものとする。

・テンポは任意とする。速度標語(またはメトロノーム記号)を記載すること。

・ピアノ伴奏は，示したコードによるものとする。

(☆☆☆◎◎◎)

解答・解説

【中学校】

【1】(1)　読み方･･･メノ・モッソ　　説明･･･今までより遅く。

(2)　読み方･･･リステッソ・テンポ　　説明･･･同じ速さで。

(3)　読み方･･･エスプレッシーヴォ　　説明･･･表情豊かに。

(4)　読み方･･･フォルテ・ピアノ　　説明･･･強く直ちに弱く。

(5)　読み方･･･コン・ソルディーノ　　説明･･･弱音器をつけて。

(6)　読み方･･･おいわけようしき　　説明･･･日本民謡で歌詞の各音節が自由な音価でうたわれるリズム様式。　(7)　音高(高さ，振動数)，音量(音力，強さ，振幅)，音色(音質，波形)の3つの性質。　(8)　娯楽的な要素をもった小規模な歌劇。　(9)　ヴァイオリン2，ヴィオラ，チェロによる重奏。　(10)　沖縄諸島の伝統的な盆踊り。

〈解説〉用記や記号の説明である。(1)～(6)は読み方も答える。

(1)　meno(メノ)は「より少なく」，mosso(モッソ)は「躍動して」の意で，meno mossoで「今までより遅く」の意味。　(5)　conは「…とともに，…によって」の意。　(6)「おいわけようしき」と読み，日本民謡のうち，テンポがゆるやかで声を長くのばし，拍節でなく，装飾を付けて歌うもの。馬子唄から生まれている。その反対に拍節がはっきりした民謡を八木節様式という。　(7)　音の三要素は，①音高・ピッチ，②音量・強さ(振幅の大小)，③音色・音質(振動のさせ方，倍音の含まれ方)である。音楽の三要素と混同しないよう基本用語は押さえておこう。　(8)　オペラをより庶民的な軽い娯楽にしようとしたもので，19世紀半ば～20世紀にかけて流行した。J.シュトラウスⅡ世の「こうもり」，レハールの「メリー・ウィドウ」，オッフェンバックの「天国と地獄」などが代表作。　(9)　ハイドンがこの形態を完成させ，以後多くの作曲家がこの形態で作品を作っている。　(10)　沖縄諸島などの盆踊りにあたり，旧盆(8月)に三線・太鼓を伴奏に集団で歌いながら踊る伝統芸能。

【2】①　アメリカ　②　レナード・バーンスタイン　③　指揮者
④　ヤング・ピープルズ・コンサート　⑤　札幌　⑥　フランス
⑦　モーリス・ラヴェル　⑧　ピアノ　⑨　展覧会の絵
⑩　子供と魔法　⑪　管絃　⑫　右舞　⑬　唐楽　⑭　打ちもの(打物)　⑮　弾きもの(弾物)　⑯　黒田節　⑰　民謡
⑱　メリスマ　⑲　おばこ　⑳　長持唄(長持歌)

〈解説〉(1)　レナード・バーンスタイン(米・1918～90)についての問題で，④のヤング・ピープルズ・コンサート，⑤の札幌を正答するのは，詳細な知識がないと難しい。現代の音楽の話題にも触れ知識を蓄積しておこう。　(2)　モーリス・ラヴェル(仏・1875～1937)についての問題。⑩の「子供と魔法」はラヴェルの作品の中ではあまり著名ではない。(3)　雅楽についての出題は比較的多く，基本知識は押さえておこう。(4)　「民謡音階」は日本の民謡の音階の１つ。「わらべうた」などによく見られる音階で，レファソラドレのように半音を含まない陽旋法によく似たもの。　⑱　メリスマは，歌詞の1音節に対し，数個以上の音をもって歌われ，装飾的に扱われる唱法。　⑲　「秋田おばこ」の「おばこ」とは娘のこと。　⑳　「長持唄(歌)」は，「秋田おばこ」や「秋田甚句」に比べるとあまり知られていない民謡。「長持」とは衣装などを入れる箱のことで，婚礼などで長持を運ぶ人たちの祝いの唄である。

【3】解答略

〈解説〉中学学習指導要領，第1学年のB鑑賞(1)の指導事項を踏まえた上で，シューベルト作曲「魔王」を主な教材とする3時間扱いの題材を構成し，次の四点について書け―①題材の目標　②音楽を形づくっている要素のうち，特に知覚させたい要素　③各時間ごとのねらい，学習活動，評価規準　④音楽のよさや美しさを味わっている生徒の発言例―という出題である。解答用紙には「題材の目標」「知覚させたい要素」「第1～3時のねらい，学習活動，評価規準」が枠で示されているので，それに沿って上記①～④を仕上げる。

◎シューベルト作曲「魔王」について―作詩はゲーテ。シューベルト18歳の作曲とされる。独唱による語り手・父・子・魔王の4役。4役の歌の雰囲気や歌い方の効果。転調し次第に盛り上げていく旋律と急速な3連符でそれを効果的に支えるピアノ伴奏の魅力など。

◎この音楽を形づくっている要素―旋律，リズム，速度，強弱，構成，音色(独唱者の声)など。

◎評価規準の観点など―「音楽への関心・意欲・態度」(歌曲に対する関心をもち，主体的に鑑賞の学習に取り組もうとする)。「鑑賞の能力」(音楽を形づくっている要素を知覚し，それらの働きが生み出す特質や雰囲気を感受しながら，解釈・価値を考え，よさや美しさを味わって聴いている)。

以上の３つの◎を参考に各時間ごとのねらい，学習活動，生徒の発言例などを系統性を考えながら記述するとよい。

【4】(1)　我が国や郷土の伝統音楽に対する理解を深め，我が国の音楽文化に愛着をもつとともに諸外国の音楽文化を尊重する態度の育成を重視すること。　(2)　①　我が国で長く歌われ親しまれている歌曲のうち，我が国の自然や四季の美しさを感じ取れるもの又は我が国の文化や日本語のもつ美しさを味わえるもの。　②　民謡，長唄など

の我が国の伝統的な歌唱のうち，地域や学校，生徒の実態を考慮して，伝統的な声の特徴を感じ取れるもの。　(3)　生徒が音楽に関する言葉を用いて，音楽に対するイメージ，思い，意図などを相互に伝え合う活動を取り入れることによって，結果として，音によるコミュニケーションを一層充実することに結び付いていくように配慮する。

〈解説〉(1)　音楽科の目標に「音楽文化についての理解を深める」が新しく規定された。その背景には，国際化が進展する今日，「我が国や郷土の伝統音楽に対する理解」を深め，「我が国の音楽文化」に愛着をもつとともに，「諸外国の音楽文化」を尊重する態度の育成を重視することがあげられている。　(2)　①　(文章に続けて)～「我が国の自然や四季の美しさを感じ取れるもの又は我が国の文化や日本語のもつ美しさを味わえるもの」を歌唱教材として選択することを示している。　②　(文章に続けて)～「地域や学校，生徒の実態を考慮して，伝統的な声の特徴を感じ取れるもの」を，歌唱教材として選択することを示している。　(3)　生徒が音楽に関する言葉を用いて，音楽に対するイメージ，思い，意図などを相互に伝え合う活動を取り入れることによって，結果として，音によるコミュニケーションを一層充実することに結び付いていくように配慮することが大切である。

【5】(1)　①　リムスキー＝コルサコフ　②　スペイン奇想曲　作品34　③　3　(2)　④　【Vivo】…いきいきと　⑤　【strepitoso】…騒がしく　⑥　【*con farza*】…力強く　⑦　【*spiccato*】…弓を弾ませながら，弓の中央部を使って急速に歯切れよく奏する。　(3)　ヴァイオリン　(4)　完全5度

〈解説〉示されたスコアは，リムスキー＝コルサコフの「スペイン奇想曲」作品34の第1～第5楽章と続けて演奏される中の第3楽章「アルボラーダ」(朝の歌)の冒頭部分である。　(1)　③　このスコアは第3楽章（第3曲目)だが，第1楽章(第1曲目)も「アルボラーダ」で，半音低いイ長調で始まっておりほとんど同じ曲である。変ロ長調で始まっているこのスコアを，第3楽章(第３曲目)と正答するのはかなり難しい。

(2)　⑤　ストレピトーソは「騒がしく，騒がしくやかましく」の意で難問。　⑥　コン・フォルツァは「力強く，強調して」の意で難問。⑦　スピッカートは運弓法である。　(4)　トランペット(Trombe)Ⅱは B管とあり，変ロ管のためその実音は長2度下の「変ロ音」である。トロンボーン(Tromboni)Ⅰはトランペット Ⅱよりも高い音の「一点へ音」である。その音程は「完全5度」である。

【6】解答略

〈解説〉アルト・リコーダーで演奏する旋律及びピアノ伴奏の作曲の出題。4分の4拍子，8小節でテンポは任意，ピアノ伴奏は示したコードによる。アルト・リコーダーの音域及び第1～第4節のコード(和音)を，下記の図を参考にして解答を作成するとよい。

2016年度　実施問題

【中学校】

【1】(1)～(8)の音楽用語について簡潔に説明せよ。ただし，(1)～(4)は読み方も書け。

(1)　Allegro moderato

(2)　tempo Ⅰ

(3)　scherzando

(4)　*rf*

(5)　(雅楽における)序拍子

(6)　アル・アイレ奏法

(7)　ツィター

(8)　ケチャ

(☆☆☆◎◎)

【2】(1)～(4)の①～⑲に適語を書け。

(1)　ベルリオーズは，「ある芸術家の人生のエピソード」という副題をもつ(「　①　」)を作曲した。これは標題音楽の一つであり，(　②　)と名付けられた旋律が変容しながら全楽章に表れる。その技法と表現の独創性はリスト，ワーグナーなどの作曲家に影響を与えた。リストは，標題音楽の一つである(　③　)を創始した。その代表作となったのは1848年から1854年にかけて作曲された(「　④　」)である。また，ワーグナーは(　②　)をさらに発展させた示導(指導)動機という手法を用いて(　⑤　)を創始した。中でも「ラインの黄金」(「　⑥　」)「ジークフリート」「神々のたそがれ」の4部からなる(「　⑦　」)が有名である。

(2)　江戸時代に普化宗の僧の修行のための法器であった(　⑧　)は，初世(　⑨　)によって楽器の改良や曲の整理がなされ，一般に普及した。これが琴古流の始まりである。琴古流の古典本曲の主な作品には，秋の鹿の鳴き声を模倣した(「　⑩　」)や巣籠りする時の鶴の羽音を模倣した(「　⑪　」)などがある。

(3)　R&Bは(　⑫　)の略で，(　⑬　)(　⑭　)(　⑮　)などを母体としてできた黒人ポピュラー音楽の総称である。

(　⑬　)は，奴隷制度時代にアメリカの黒人がつくった黒人霊歌・労働歌などを基にして生まれた歌曲である。(　⑭　)は，19世紀後半から20世紀にかけてアメリカのニューオーリンズにおこった音楽で，スイング感あふれる4ビートのリズムを刻む，個性的な即興演奏が特徴である。(　⑮　)は，1920年代中期こ黒人のためにつくり出された聖歌である。(　⑭　)に近いリズムを付けて，ソロあるいは合唱で歌われる。

(4)　秋田県には，国の重要無形民俗文化財に指定されている七つの民俗芸能が存在している。舞楽においては，2009年にユネスコ無形文化遺産に登録された，鹿角市の大日霊貴神社に伝わる(「　⑯　」)がある。神楽においては，横手市の波宇志別神社に伝わる「保呂羽山の(　⑰　)神楽」がある。番楽においては，北秋田市阿仁地区に伝わる「(　⑱　)番楽」，鳥海山山麓に伝わる「(　⑲　)」番楽などがある。

(☆☆☆☆◎◎)

【3】「中学校学習指導要領(平成20年3月告示)」第2章　第5節　音楽「第3　指導計画の作成と内容の取扱い」及び「中学校学習指導要領解説音楽編(平成20年9月)」を踏まえ，次の問いに答えよ。

(1)　音楽科の目標に示されている「音楽を愛好する心情」を育てていくことについて，「実感」「理解」という言葉を用いて述べよ。

(2)　〔共通事項〕の学習において大切であるとされていることを述べよ。

(3)　音楽の学習で，コンピュータや教育機器を活用する際，指導に当たって留意することを述べよ。

(☆☆☆◎◎)

【4】「中学校学習指導要領(平成20年3月告示)」第2章　第5節　音楽「第2　各学年の目標及び内容」では，以下のように示されている。

〔第1学年〕2内容　A表現

(1)　歌唱の活動を通して，次の事項を指導する。

ア　歌詞の内容や曲想を感じ取り，表現を工夫して歌うこと。

イ　曲種に応じた発声により，言葉の特性を生かして歌うこと。

ウ　声部の役割や全体の響きを感じ取り，表現を工夫しながら合わせて歌うこと。

～後略～

これらを踏まえ，A表現(1)歌唱アを指導する事項とした3時間扱いの題材を構成し，次の三点について書け。ただし，「赤とんぼ」(三木露風　作詞/山田耕筰　作曲)を主な教材とする。

・題材の目標

・〔共通事項〕(1)アの音楽を形づくっている要素のうち，特に知覚させたい要素

・1時間ごとのねらい，学習内容，評価規準

(☆☆☆☆◎◎)

【5】次頁のスコアは，ある管弦楽曲の一部分である。次の問いに答えよ。

(1)　この曲に関する以下の説明文の①～④に適語を書け。

この曲は(　①　)作曲の(　②　)の中の1曲である。この曲の特徴的なリズム $\frac{2}{4}$ は(　③　)というボヘミアの舞曲から用いられており，19世紀の国民楽派の時代にはチェコの作曲家たちによって盛んに取り入れられた。中でも(　④　)作曲のオペラ「売られた花嫁」に登場する曲は最もよく知られている。

(2)　1～2小節目において，最高音と最低音を奏しているパート名をそれぞれ全て書け。なお，パート名の表記はスコアのままとする。

(3)　スコア中のTromboni Ⅰ.Ⅱ.及びTromboni Ⅲ.に適した音部記号と調号を書け。

(4)　1～8小節目の和音記号を次のFlauto Piccoloの楽譜の下に書け。

(例　f：Ⅱ)

Presto
ff

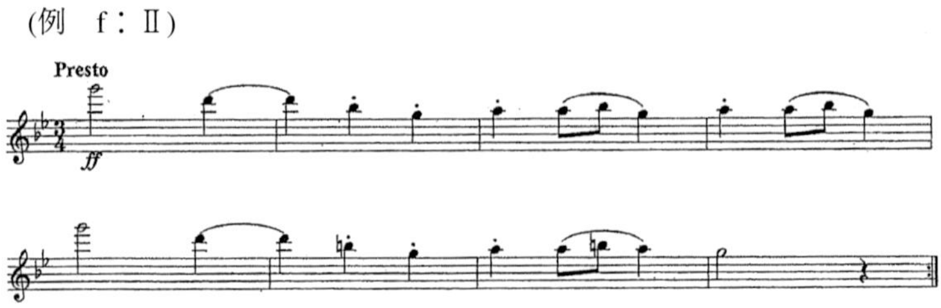

(5)　8小節目における2番オーボエと1番クラリネットの音程を書け。

(例　短2度)

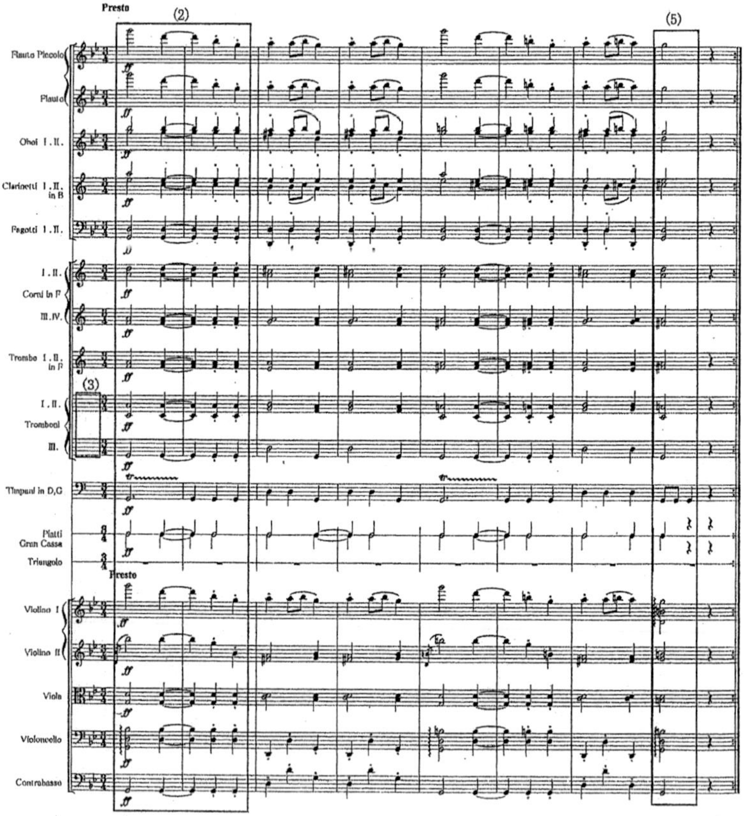
Presto
(2)
(5)
(3)
Flauto Piccolo
Flauto
Oboi I.II.
Clarinetti I.II. in B
Fagotti I.II.
I.II.
Corni in F
III.IV.
Trombe I.II. in F
I.II.
Tromboni
III.
Timpani in D,G
Piatti
Gran Cassa
Triangolo
Presto
Violino I
Violino II
Viola
Violoncello
Contrabasso

(☆☆☆◎◎)

【6】次の条件に従い，4分の4拍子，8小節のアルト・リコーダーによる2重奏とピアノ伴奏を創作せよ。

・アルト・リコーダーは，1st，2ndとも中学生が音楽の授業で演奏するものとし，2ndは，記譜上の「ハ，ニ，ホ，ヘ，ト」の5音のみを用いるものとする。

・テンポは任意とする。速度標語またはメトロノーム記号を記載すること。

・ピアノ伴奏は，示したコードによるものとする。

(☆☆☆☆◎◎)

解答・解説

【中学校】

【1】(1) 読み方…アレグロ・モデラート　意味…ほどよく速く
(2) 読み方…テンポ・プリモ　意味…最初の速さで
(3) 読み方…スケルツァンド　意味…おどけて　(4) 読み方…リンフォルツァンド　意味…急に強く　(5) 非拍節的なリズム。
(6) ギターにおいて，弾いた指が隣の弦に触れずに手の平に向かって止まる奏法。　(7) オーストリアなどの弦鳴(撥弦)楽器。
(8) インドネシア(バリ)の人声によるガムラン。

〈解説〉速度記号や発想記号はイタリア語で書かれるものが多いので，読み方と意味をしっかりと覚えよう。　(1) Moderatoは「中くらいの速さで」，Allegroは「速く」。　(2) イタリア語で「I」はプリモなので，「第一の」の意味。　(3)「遊ぶ，戯れる，じゃれる，冗談をいう」を意味するイタリア語「scherzare」から生まれた記号。
(4)「補強する，元気にさせる」を意味するイタリア語「rinforzare」からできた強弱記号。　(5)「序･破･急」の「序」は定まった拍節がなく，自由な緩急で演奏される。　(6) もとのスペイン語では「pulsar

al aire」で，指が空間に向かって弾弦することをいう。　(7)　弦鳴楽器は構造によって，ネック(棹)のついたリュート属や，ネックがなく共鳴箱に弦が張ってあるツィター属，共鳴箱と腕の間に弦が張ってあるハープ属などに分けられる。ツィターは映画「第三の男」のテーマソングで用いられた楽器としても知られる。　(8)「チャッ，チャッ」という掛け声の合唱によって演じられるバリの舞踏劇。

【2】(1)　①　幻想交響曲　　②　固定楽想(固定観念，イデー・フィクス)　　③　交響詩　　④　前奏曲(レ・プレリュード)
⑤　楽劇　　⑥　ヴァルキューレ(ワルキューレ，いくさ乙女)
⑦　ニーベルングの指輪(ニーベルングの指環)　　(2)　⑧　尺八
⑨　黒沢琴古　　⑩　鹿の遠音　　⑪　巣鶴鈴慕(鶴の巣籠)
(3)　⑫　リズム・アンド・ブルース　　⑬　ブルース　　⑭　ジャズ
⑮　ゴスペル・ソング(ゴスペル)　　(4)　⑯　大日堂舞楽(大日堂祭堂)　　⑰　霜月　　⑱　根子　　⑲　本海獅子舞

〈解説〉(1)「標題音楽」は，オペラの筋書きのように交響曲にも楽曲の内容を説明する標題を付けた音楽形式。ロマン派音楽時代に盛んになり，その後の音楽から新しい手法や形式が生み出されるきっかけとなった。これを確立したベルリオーズ，その影響を受けたリストやワーグナーらの代表作，新しい手法・形式である「固定楽想」や「ライトモティーフ」「交響詩」「楽劇」といったキーワードとその意味などを，一通り押さえておこう。　(2)「琴古流」から，「黒沢琴古」を始祖とする「尺八」の流派と判断。「鹿の遠音」と，鶴の親が子への愛情を表現した「巣鶴鈴慕(そうかくれいぼ)」は古くから尺八曲の代表的存在である。　(3)　R&Bはrhythm and bluesの略記。奴隷としてアメリカに連れてこられた黒人たちが，白人と同じ楽器を使いながらも独特なスタイルを確立し，「ブルース」「ジャズ」「ゴスペル」といったジャンルの音楽を生み出した。　(4)　地域固有の重要民俗芸能を整理しておく。⑯は約1300年の歴史をもつ秋田県最古の舞楽。⑰は，霜月に行われる，神に収穫を感謝するための神楽で湯立神楽に属する。⑱は山伏神楽の一種で，勇壮活発で荒っぽい武士舞が多いのが特徴。⑲は修験者，本海坊が伝授した獅子舞と番楽を総称してこの名で呼ばれている。

【3】(1)「音楽活動によって生まれる喜びや楽しさを実感する」「音楽の構造と曲想とのかかわりや，背景となる風土や文化・歴史などを理解する」「音楽について認識を深めていく」　(2)「要素や要素同士の関連を知覚する」「特質や雰囲気を感受する」「用語や記号について音楽活動を通して理解する」「これらが一連のものとして行われる」

(3)「操作することが活動の目的にならないようにする」「指導のねらいを明確にする」「効果的に活用する」

〈解説〉(1)「中学校学習指導要領解説　音楽編　第2章　第1節」に，「音楽活動によって生まれる喜びや楽しさを実感したり，音楽の構造と曲想とのかかわりや，背景となる風土や文化・歴史などを理解したりすることを通して，音楽について認識を深めていくことが音楽を愛好する心情を育てていく」とある。音楽の良さや美しさを感じ取れる活動や，その裏付けとなる知識を得ることが音楽を愛好する心情を形成する。　(2)　同章第2節より，共通事項の学習は「要素や要素同士の関連を知覚すること，それらの働きが生み出す特質や雰囲気を感受すること，音楽を形づくっている要素とそれらの働きを表す用語や記号などについて音楽活動を通して理解すること，これらが一連のものとして行われることが大切である」とある。　(3)　第4章に，「操作することが活動の目標にならないようにし，指導のねらいを明確にして，コンピュータや教育機器を効果的に活用する」とある。

【4】・題材の目標…「赤とんぼ」の歌詞が表す情景や心情，曲の表情や味わいに関心をもち，曲にふさわしい音楽表現を工夫して歌う学習に主体的に取り組む。「赤とんぼ」の音色・旋律・強弱・速度を知覚し，それらの働きが生み出す特質や雰囲気を感受しながら歌詞の内容や曲想にふさわしい音楽表現を創意工夫する。

・知覚させたい要素…音色・旋律・強弱・速度

[第1時]　・ねらい…「赤とんぼ」の曲を聴き，歌詞を読み，その意味内容や心情，情景などを感じ取ることができる。　・学習内容…曲を聴いての感想をもつ。歌詞の内容から情景を想像しイメージしたことを書く。仲間との交流から感じ方を広げたり深めたりする。

・評価規準…「赤とんぼ」の歌詞が表す情景や心情，曲の表情や味わいに関心をもっている。

[第2時]　・ねらい…音楽の諸要素から作曲者の意図している表現に気付き，ふさわしい表現の工夫をすることができる。　・学習内容…曲を聴いて声や旋律の特徴を感じ取り，それらを生かして旋律を歌う。歌いながら言葉の抑揚と旋律の関係をつかむ。強弱・速度・音色を手がかりにして，歌詞の内容が伝わる歌い方を考える。　・評価規準…「赤とんぼ」の音色・旋律・強弱・速度を知覚し，それらの働きが生み出す特質や雰囲気を感受している。知覚したことをもとに，「赤とんぼ」の歌詞の内容にふさわしい音楽表現を工夫し，どのように歌うかについて思いや意図をもっている。

[第3時]　・ねらい…表現の工夫について話し合い発表し，様々な表現があることやそれぞれの良さに気付くことができる。

・学習内容…グループ内で工夫について話し合い，練り上げて発表する。他のグループの発表を聴き，表現の工夫やアドバイスを具体的にコメントしたりプリントに記入したりする。　・評価規準…「赤とんぼ」の歌詞が表す情景や心情，曲の表情や味わいを生かし，曲にふさわしい音楽表現を工夫して歌う学習に主体的に取り組もうとしている。発表を聴いて感想をもち，評価することができている。

〈解説〉題材の「赤とんぼ」は，言葉の抑揚や歌詞の内容によって，声の音色や強弱を工夫できる曲である。共通事項である「音楽を形づくっている要素」の音色や速度，旋律，強弱などが，知覚する要素として関連する。「題材の目標」は，学習指導要領にある「目的」に基づいて具体的に記述すること。毎時の「ねらい」は，題材の目標を達成するために，本時において生徒にどのような力を身につけさせたいかを記述する。「学習内容」は，題材を通して学習がどのように展開するか，また，各時間の学習が全体のどのような位置づけなのかがわかるように，各時間で扱う内容を簡潔に書く。たとえば，題材目標の実現において生徒が実際に行うのにふさわしい活動であることや，各時間の学習を効果的に積み上げるようなものを選ぶ。本時の学習活動は，目標達成のための中心的な活動から考えて組み立てるが，学習への興味・関心・意欲が高まるような導入部分，活動の中心となる展開部分，本時の振り返りや学習定着度を測るまとめの部分，という流れで学習内容を構成する。「評価規準」は，各時間の学習活動において重点を置く評価の観点を書く。

【5】(1) ① ドヴォルジャーク(ドボルザーク)
② スラヴ舞曲(第1集　作品46)　③ フリアント　④ スメタナ
(2) 最高音…Flauto Piccolo　最低音…Contrabasso
(3)

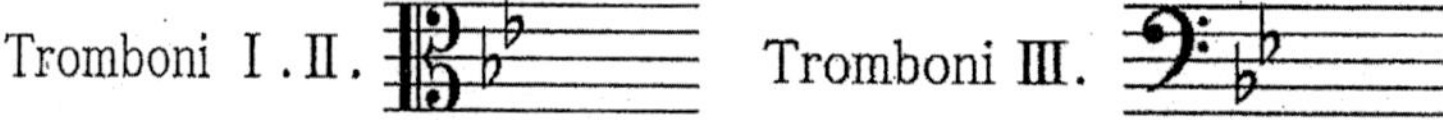

(4)

(5) 完全1度

〈解説〉(1) リズム譜より，3拍子だが「2＋2＋2＋3＋3」の基本リズムをとる「フリアント」と判断。楽譜より，「ドボルザーク」作曲の「スラヴ舞曲　第1集　作品46」の第1番とわかる。「スメタナ」が作曲した「売られた花嫁」は当時としてはめずらしいチェコ語のオペラで，彼の熱烈な民族主義を表している。 (2) 最高音は楽譜ではピッコロとフルート，ヴァイオリンⅠだが，ピッコロの実音は記譜音より1オクターブ高くなる。最低音は楽譜ではファゴット，ティンパニー，コントラバスだが，コントラバスの実音は記譜音より1オクターブ低くなる。 (3) 楽譜より，第1・2小節はト音を根音とする短三和音になっているので，トロンボーンの楽譜がその構成音になるよう音部記号と♭2つの調号をつける。 (4) 記譜音と実音が変わらない楽器の音で，和音構成音を考えるとわかりやすい。第1～4小節は♭2つの調号とへ音の#でト短調，第5～8小節は調号のロ音がナチュラルになりへ音に#がついているので，ト長調と判断できる。 (5) オーボエは実音と記譜音が同じなのでオーボエⅡの音はニ音，クラリネットの実音は記譜音より長2度低いので，クラリネットⅠの音はホ音から長2度下のニ音となる。

【6】解答略

〈解説〉コード進行から主旋律1stのメロディーを考え，それに合う副旋律2ndのメロディーを，条件に合わせて禁則に気をつけながら作曲する。アルト・リコーダーの無理な運指は避け，音域内で旋律を作り，息継ぎを考えたフレージングであること。条件を満たし，正しい記譜をすることを心がけよう。

2015年度　実施問題

【中高共通】

【1】(1)～(10)の音楽用語について，簡潔に説明せよ。ただし，(1)～(5)は読み方も書け。

(1)　rall.　(2)　religioso　(3)　8^va^alta
(4)　木挽き歌　(5)　合せ爪　(6)　(文楽における)床
(7)　副七の和音　(8)　チャンゴ　(9)　トガトン
(10)　マンボ

(☆☆☆◎◎◎)

【2】(1)～(5)の①～⑳に適語を書け。

(1)　ヴァイオリン協奏曲ホ短調を作曲した(　①　)は，ロマン派初期のドイツを代表する作曲家である。この作曲家は，全8巻からなるピアノ小品集(「　②　」)を作曲した。また，1826年に単独の序曲として(「　③　」)を作曲し，その16年後には劇付随音楽として完成させた。さらに，J.S.バッハの(「　④　」)を再演し，J.S.バッハの音楽を再評価するきっかけをつくった。

(2)　オペラ「オルフェオ(オルフェウス)」を作曲した(　⑤　)，コメディ・バレエ「町人貴族」を作曲した(　⑥　)，合奏協奏曲集「調和の霊感」を作曲した(　⑦　)らが活躍した音楽史区分を(　⑧　)という。

(3)　日本人で初めて交響曲を作曲した(　⑨　)は，1912年に作曲した交響曲(「　⑩　」)，1913年に三木露風の詩に基づいて作曲した交響詩(「　⑪　」)をはじめ，約700曲の歌曲，舞台音楽，映画音楽などの幅広い作品を残した。

(4)　歌舞伎は，1603年に京(現在の京都)において(　⑫　)が「かぶき踊」をしたことが発祥とされている。劇には公家や武家の世界に起きた出来事を扱った(　⑬　)，江戸時代に起きた世間の話題を扱った(　⑭　)，舞踊を中心としたものがある。現在の歌舞伎音楽は，主に歌舞伎囃子と歌舞伎浄瑠璃からなる。歌舞伎囃子は，舞台上で演奏する(　⑮　)囃子と舞台下手の黒御簾などで演奏する(　⑯　)囃子からなる。また，(　⑯　)囃子において唄を伴わない三味線による曲を(　⑰　)という。

(5)　近代の音楽の発展に寄与した秋田県出身の(　⑱　)は，「雨だれ太鼓」を作曲した他，ドイツ民謡「山の音楽家」等の訳詞も多数残している。同じく秋田県出身で「おお牧場はみどり」を訳詞した(　⑲　)は，子ども聖歌も多数残している。また，「おもちゃのマーチ」を作曲した(　⑳　)も秋田県出身で，中山晋平らと「鳩の笛」同人を結成し，童謡運動を進めた。

(☆☆☆☆◎◎◎)

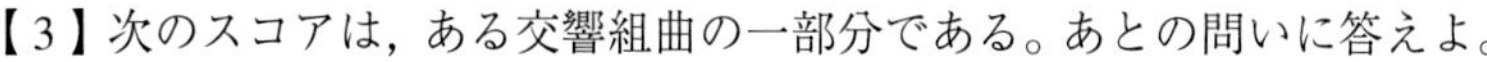

【3】次のスコアは，ある交響組曲の一部分である。あとの問いに答えよ。

(4)

Andantino quasi allegretto (5)

Flauto piccolo
Flauti I.II
Oboe
Corno inglese
Clarinetti I.II in B
Fagotti I.II
Corni in F(Fa) I.II III.IV
Trombe in B(Si♭)
Tromboni e Tuba I.II III
Timpani
Triangolo
Tamburino
(8) Tamburo
Piatti
Arpa
Violini I sul D (7) p
Violini II sul D p
Viole pp
Violoncelli (6) div. pp pp
Contrabassi pp

(9)①

(9)②

Vl. I sul G
Vl. II sul G
Vle.
Vc.
Cb. pp

(1)　この曲の作曲者名を書け。

(2)　この曲の題材となった物語名を書け。

(3)　この部分が含まれている楽章と，副題を書け。

(4)　quasi の①読み方と②意味を書け。

(5)　Andantino quasi Allegretto の速さとして適切なものを次から選び，記号で書け。

ア ♩. ＝52　　イ ♩. ＝62　　ウ ♩. ＝72　　エ ♩. ＝82

(6)　div. の①読み方と②意味を書け。

(7)　sul D の意味を書け。

(8)　Tamburo の日本語名を書け。

(9)　①5小節目1拍目と，②7小節目1拍目の和音記号を書け。(例　C：V_7^1)

(10)　20小節目の4拍目におけるクラリネットと2番ファゴットとの音程を書け。(例　増1度)

(☆☆☆☆◎◎◎)

【中学校】

【1】「中学校学習指導要領(平成20年3月告示)」第2章第5節音楽「第3指導計画の作成と内容の取扱い」及び「中学校学習指導要領解説音楽編(平成20年9月)」を踏まえ，次の問いに答えよ。

(1)　器楽の指導における和楽器の指導について，そのねらいと配慮することを書け。

(2)　「A表現」及び「B鑑賞」の指導に当たって，自然音や環境音を取り扱う際に配慮することについて書け。

(☆☆☆☆◎◎◎)

【2】「中学校学習指導要領(平成20年3月告示)」第2章第5節音楽「第2各学年の目標及び内容」では，以下のように示されている。

〔第1学年〕2内容　A表現

(3)　創作の活動を通して，次の事項を指導する。

ア　言葉や音階などの特徴を感じ取り，表現を工夫して簡単な旋律をつくること。

イ　表現したいイメージをもち，音素材の特徴を感じ取り，反復，変化，対照などの構成を工夫しながら音楽をつくること。

～中略～

〔共通事項〕

(1)　「A表現」及び「B鑑賞」の指導を通して，次の事項を指導する。

ア　音色，リズム，速度，旋律，テクスチュア，強弱，形式，構成などの音楽を形づくっている要素や要素同士の関連を知覚し，それらの働きが生み出す特質や雰囲気を感受すること。

～後略～

これらを踏まえ，第1学年においてA表現(3)創作イを指導する事項とした3時間扱いの題材を構成し，次の三点について書け。

・題材の目標

・〔共通事項〕(1)アの音楽を形づくっている要素のうち，着目させた

い要素

・1時間ごとのねらい，学習内容，評価規準

<table>
<tr><td colspan="2">題材の目標</td></tr>
<tr><td colspan="2">着目させたい要素</td></tr>
<tr><td rowspan="3">第1時</td><td>ねらい</td></tr>
<tr><td>学習内容</td></tr>
<tr><td>評価規準</td></tr>
<tr><td rowspan="3">第2時</td><td>ねらい</td></tr>
<tr><td>学習内容</td></tr>
<tr><td>評価規準</td></tr>
<tr><td rowspan="3">第3時</td><td>ねらい</td></tr>
<tr><td>学習内容</td></tr>
<tr><td>評価規準</td></tr>
</table>

(☆☆☆☆◎◎)

【3】次の条件に従い，8小節の旋律とピアノ伴奏を創作せよ。

・旋律は，中学生が音楽の授業でアルト・リコーダーを使って演奏するものとする。

・ピアノ伴奏は，示したコードによるものとする。

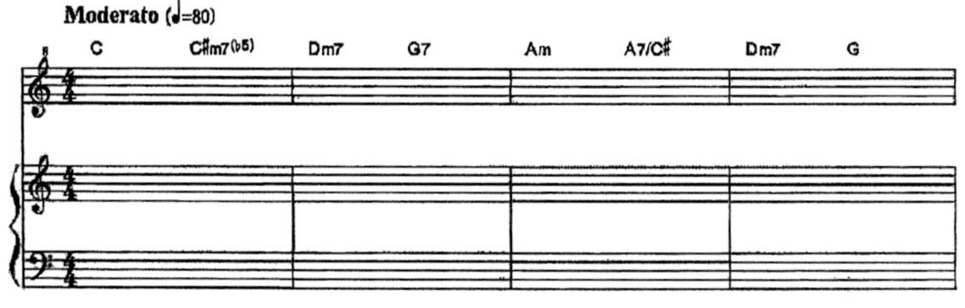

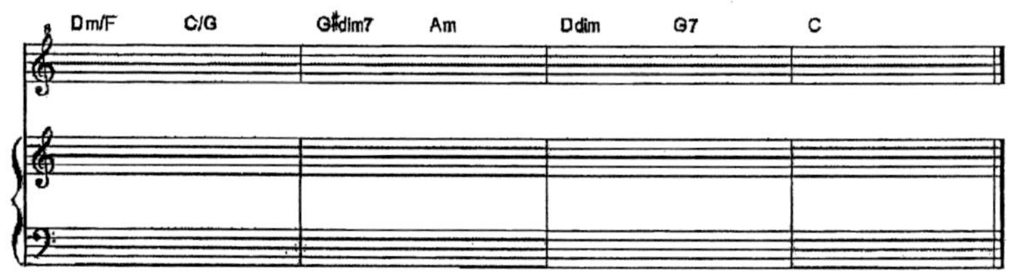

(☆☆☆☆◎◎◎)

【高等学校】

【1】「高等学校学習指導要領(平成21年3月告示)」第2章第7節芸術第2款第1「音楽Ⅰ」では，A表現(3)創作の指導内容が以下のように示されている。

ア　音階を選んで旋律をつくり，その旋律に副次的な旋律や和音などを付けて，イメージをもって音楽をつくること。

イ　音素材の特徴を生かし，反復，変化，対照などの構成を工夫して，イメージをもって音楽をつくること。

ウ　音楽を形づくっている要素の働きを変化させ，イメージをもって変奏や編曲をすること。

エ　音楽を形づくっている要素を知覚し，それらの働きを感受して音楽をつくること。

これらについて，「高等学校学習指導要領解説芸術編(音楽)(平成21年12月)」の内容を踏まえ，次の問いに答えよ。

(1)　指導事項ア，イ，ウに「イメージをもって」とあるが，これらにおいて共通して重視することを書け。

(2)　(1)を踏まえ，事項アの指導に当たって大切であるとされていることを書け。

(☆☆☆◎◎◎)

【2】「高等学校学習指導要領(平成21年3月告示)」第2章第1節音楽Ⅰでは，「3内容A表現」に以下のように示されている。

表現に関して，次の事項を指導する。

(1)　歌唱

ア　曲想を歌詞の内容や楽曲の背景とかかわらせて感じ取り，イメージをもって歌うこと。

イ　曲種に応じた発声の特徴を生かし，表現を工夫して歌うこと。

ウ　様々な表現形態による歌唱の特徴を生かし，表現を工夫して歌うこと。

エ　音楽を形づくっている要素を知覚し，それらの働きを感受して歌うこと。

これらを踏まえ，「帰れソレントへ」(芙龍明子　日本語訳／G.B.デ クルティス　作詞　E.デ クルティス　作曲／川崎祥悦　編曲)を主な教材とする3時間扱いの題材を構成し，次の4点について書け。

・題材の目標

・A表現(1)歌唱　ア，イ，ウのうち指導する事項

・エの音楽を形づくっている要素のうち，着目させたい要素

・1時間ごとのねらい，学習内容，評価規準

<table>
<tr><td colspan="3">題材の目標</td></tr>
<tr><td colspan="2">指導する事項</td><td>着目させたい要素</td></tr>
<tr><td rowspan="3">第1時</td><td colspan="2">ねらい</td></tr>
<tr><td colspan="2">学習内容</td></tr>
<tr><td colspan="2">評価規準</td></tr>
<tr><td rowspan="3">第2時</td><td colspan="2">ねらい</td></tr>
<tr><td colspan="2">学習内容</td></tr>
<tr><td colspan="2">評価規準</td></tr>
<tr><td rowspan="3">第3時</td><td colspan="2">ねらい</td></tr>
<tr><td colspan="2">学習内容</td></tr>
<tr><td colspan="2">評価規準</td></tr>
</table>

(☆☆☆☆◎◎◎)

【3】次の曲(ロンドンデリーの歌／アイルランド民謡)を以下の条件に従って編曲せよ。

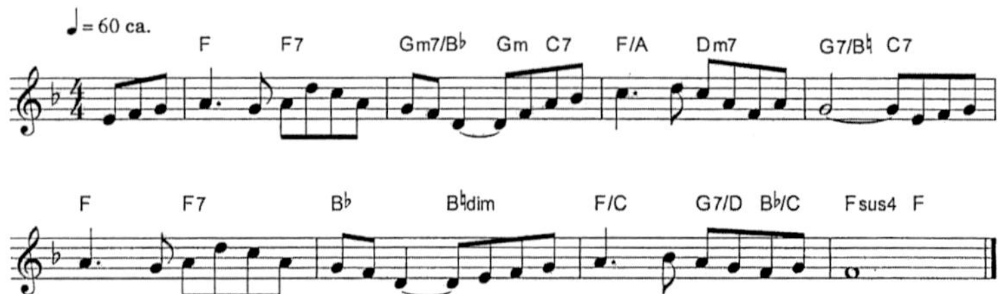

・編成は次の通りとする。

Flute，Clarinet in B♭，Alto Saxophone in E♭，Trumpet in B♭，Horn in F，Double Bass　(各1名)

・各パートのダイナミクス，アーティキュレーション等は任意とする。

・調性，主旋律及び和音進行については，上の楽譜と同じに設定すること。

・移調楽器については，各楽器の調性に従って記譜すること。

・各楽器の演奏しやすい音域を考慮すること。

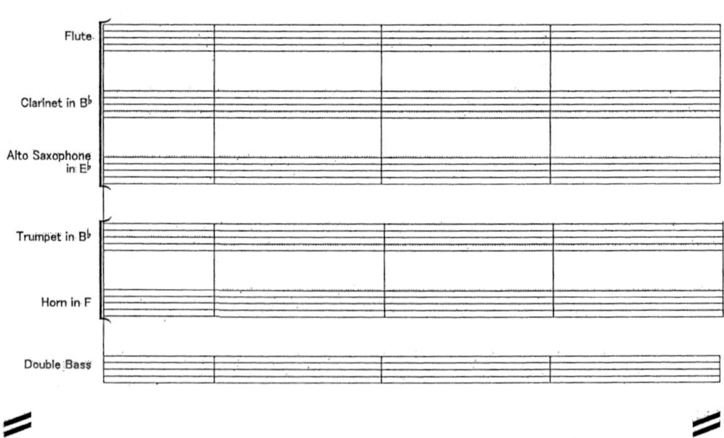

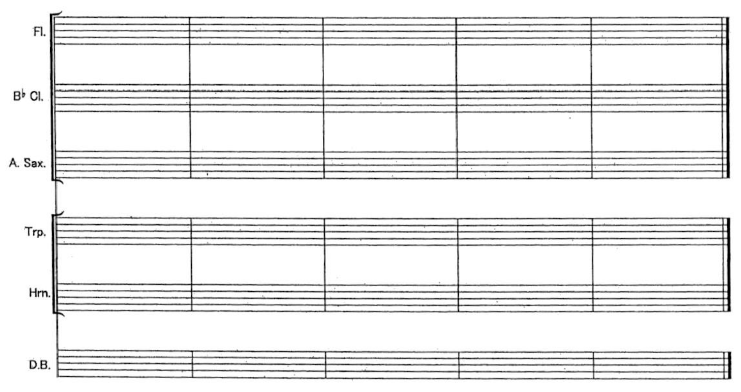

(☆☆☆☆◎◎◎)

解答・解説

【中高共通】

【1】(1)　読み方…ラレンタンド　　説明…だんだんゆるやかに。
(2)　読み方…レリジオーソ　　説明…敬虔に。　(3)　読み方…オッターヴァ・アルタ　　説明…8度(1オクターブ)高く。　(4)　読み方…こびきうた　　説明…伐採した木を鋸で製材するときの歌。
(5)　読み方…あわせづめ　　説明…箏曲の奏法で，2本の弦を親指と中指(人差し指)で挟み付けるようにして同時に弾くこと。
(6)　義太夫節を演奏する場所。または，太夫と三味線の演奏場所。
(7)　七の和音のうち，属七の和音以外のもの。　(8)　朝鮮半島の膜鳴楽器。　(9)　フィリピンの体鳴楽器(竹筒)。　(10)　ラテン・アメリカの舞踊音楽。

〈解説〉(1)　rallentandoの略である。なお，同様の意味の速度標語にrit.(ritardando)がある。　(2)　religiosoは，マスネ作曲の「タイスの瞑想曲」などに使われている曲想標語である。　(3)「1オクターブ低く」の場合は，8va bassである。　(4)　木挽き歌のように，労働と結びついて歌われる歌を労作歌という。以前，小学校学習指導要領(平成元年3月告示)において第5学年の鑑賞の共通教材となっていた，小山清茂作曲の「管弦楽のための木挽歌」はよく知られている。　(5)　箏の各部の名称や奏法は頻出事項である。スクイ爪，カキ爪，押し手，引き色などについても確認しておくこと。　(6)　文楽における床(ゆか)は，客席の前方右側に大きく張り出している部分である。　(7)　七の和音(三和音の上にさらに7度上の音を重ねた和音)のうち，属七の和音以外の総称が副七の和音である。　(8)　チャンゴ(長鼓)は朝鮮半島の砂時計型の両面太鼓である。民謡「アリラン」のリズム伴奏などで使われる。　(9)　トガトンは，長さの違う6本の竹筒を上から落として打ち鳴らす。少数民族カリンガの民族楽器である。　(10)　マンボは1930～40年代にキューバで始まった舞踊音楽で，プラード作曲の「マンボNo.5」により世界的に流行した。

【2】①　メンデルスゾーン　②　無言歌　③　真夏の夜の夢　④　マタイ受難曲　⑤　モンテヴェルディ　⑥　リュリ　⑦　ヴィヴァルディ　⑧　バロック　⑨　山田耕筰　⑩　かちどきと平和　⑪　暗い扉　⑫　阿国(出雲阿国)　⑬　時代物(時代狂言)　⑭　世話物(世話狂言)　⑮　出　⑯　陰　⑰　合方　⑱　黒沢隆朝　⑲　中田羽後　⑳　小田島樹人

〈解説〉(1)　メンデルスゾーンの足跡に関する設問である。「無言歌」はメンデルスゾーンのピアノ曲を集めた小作品集で，第7巻と第8巻は死後に出されたものである。各巻6曲ずつの，48曲からなる。「真夏の夜の夢」は本来，シェイクスピアの戯曲である。「真夏の夜の夢」序曲は17歳の時の作曲で，この序曲に感銘を受けたプロイセン王の命により，劇付随音楽がつくられることとなった。J.S.バッハの「マタイ受難曲」は1829年にメンデルスゾーンによって約100年ぶりに再演された。　(2)　モンテヴェルディはバロック時代前期，リュリはバロック時代中期，ヴィヴァルディはバロック時代後期に活躍した作曲家である。リュリ作曲のコメディ・バレエ「町人貴族」はあまり知られておらず，難問である。　(3)　山田耕筰は交響曲，交響詩，歌曲，童謡，映画音楽，学校歌など多岐にわたる分野で多くの作品を残している。交響曲「かちどきと平和」と交響詩「暗い扉」は作曲家としての活動の初期の作品である。　(4)　歌舞伎は江戸時代初期に出雲の阿国が始めた「阿国歌舞伎」が発祥とされる。「時代物」と「世話物」の語は，歌舞伎以外の浄瑠璃，小説，講談などにも用いられるのでおさえておきたい。出囃子は舞台へ出て演奏すること。陰囃子は舞台へ出ない演奏のこと。合方は唄(三味線による声楽)が入らない間奏で，ある程度の長さがある。　(5)　近代の音楽の発展に寄与した郷土出身，または郷土にゆかりのある人物の概要と代表曲はおさえておきたい。

【3】(1)　リムスキー・コルサコフ　　(2)　千夜一夜物語(アラビアンナイト)　　(3)　第3楽章　　副題…若き王子と若き王女

(4)　①　クワジ　　②　ほとんど～のように　　(5)　ア

(6)　①　ディヴィジ(ディヴィージ)　　②　分けて

(7)　D弦(線)で弾け　　(8)　小太鼓(太鼓)　　(9)　①　G：$\overset{\mathrm{V}_3}{\mathrm{V}_7}$

②　G：II^{3}_{7}　　(10)　短6度

〈解説〉(1)　示されたオーケストラ・スコアは，ロシア五人組の一人リムスキー・コルサコフ作曲の交響組曲「シェラザード」第3楽章である。　(2)　「千夜一夜物語(アラビアンナイト)」の物語を扱うことを示す標題がコルサコフによって付けられている。　(3)　第3楽章は若き王子と若き王女の恋物語を題材としている。　(4)　Andantino quasi allegrettoは「allegrettoに近いandantino」という意味になる。

(5)　andantino(アンダンテよりややはやめに)，allegretto(アレグロよりややおそめに)でアまたはイと迷うであろう。公式解答はアとなっているが，難問である。　(6)　ここでは，チェロの複数の奏者を3つの声部に分けて演奏することを示す。　(7)　sulは「上で」の意で，ヴァイオリンⅠをD弦(線)で弾くよう指示している。　(8)　Tamburoは日本語で「太鼓」のことであるが，ここではこの曲の後半の急速なリズム部分で使われる「小太鼓」を指している。　(9)　①　ト長調の属音調(ニ長調)に対して属音調の和音がA・Cis・E・Gとなり，ト長調のドッペルドミナンテ(G：$\overset{V_3}{V_7}$)である。　②　ト長調のII_7の和音A・C・E・G(G：II_7^3)である。　(10)　クラリネットB♭管は記譜が長2度高いために，実音はト音である。2番ファゴットはロ音である。よって，音程は短6度である。

【中学校】

【1】(1)　ねらい…我が国の音楽文化を尊重する態度を養う　　配慮すること…・3学年間を通して1種類以上の楽器の表現活動を行う。　・学校や生徒の実態に応じる。　・可能な限り，郷土の伝統音楽を取り入れる。　(2)　音や音楽と生活や社会との関わりを実感できるように配慮する

〈解説〉(1)　和楽器による表現活動を通して，生徒がわが国や郷土の伝統音楽のよさを味わうことができるよう工夫することが求められる。　(2)　「中学校学習指導要領解説音楽編(平成20年9月)」第4章　2　(7)イでは，「自然音や環境音」とは「風の音，川のせせらぎ，動物の鳴き声，機械の動く音など，生活や社会の中に存在する様々な音を指す」としている。よりよい音環境の在り方への関心を高めるには，自然物から発される音だけではなく，人工物から発される音にも注意を向ける必要があることを示している。

【2】解答略

〈解説〉指導案の作成にあたっては，目標，着目させたい要素，各時のねらい，学習内容，評価規準の整合性がとれていることが求められる。「題材の目標」については，3時間にわたって指導する題材を決定し，その目標を記述したい。「ねらい」や「学習内容」を3時間に配分しつつ題材の目標を設定したい。そして，〔共通事項〕に示されている8つの要素のうちの「着目させたい要素」とどう関連付け，また，創作活

動の学習とどのように結び付け，指導していくのかの基本を記述に生かしたい。たとえば，グループ学習の活用，作品を記録する方法の工夫，テープ録音などの活用などが考えられるだろう。「評価規準」については，「音楽表現の創意工夫」とし，趣旨を「音楽表現を工夫し，どのように表すかについて思いや意図をもっている」などのようにまとめて記述したい。

【3】解答略

〈解説〉中学生が音楽の授業で演奏するものなので，アルト・リコーダーの譜面は実音で記譜したいもの。したがって，最低音域はへ(1点へ音)として2オクターブの高音域内で作りたい。中学生が平易に演奏できる音域であることが求められるので，無理のないト(1点ト音)～ハ(2点ハ音)の音域がよい。ピアノ伴奏については，コードが提示されているので，それに合った音を使いつつ，旋律の流れにもコード進行と関連させたものとする。伴奏型は無理のないものでよい。コード進行を重視して作曲したい。

【高等学校】

【1】(1)　表現したい音楽のイメージを膨らませながら，思いや意図をもってつくること。　(2)　音階の特徴に興味をもち，音のつながり方やフレーズのまとまり，音の重なり方によって生み出される表情の多様さなどに生徒自らが気付きながら，意欲をもって取り組むことができるようにすること。

〈解説〉(1)「イメージをもって」は，今回の学習指導要領改訂において高等学校の芸術科の各科目で重視されている「生徒の個性を生かした創造的な活動」を行うことに通じるものである。この場合の「創造的な活動」とは，創作などの表現力だけでなく，鑑賞力を育てることでもあることに留意したい。　(2)「高等学校学習指導要領(平成21年3月告示)」第2章第7節芸術第2款第1「音楽ⅠA表現(3)創作」の指導においては，指導事項ア，イ，ウそれぞれと指導事項エを関連付けて指導し，ねらいや手立てを明確にして創作の学習の充実を図る必要がある。指導事項ア，イ，ウのそれぞれの学習のねらいを把握しておくこと。

【2】解答略

〈解説〉まず，「帰れソレントへ」を3時間扱いでどのように指導するか，他のカンツォーネも教材として取り入れるか，原語歌唱も指導するかなど構成の判断が大切である。また，エの「音楽を形づくっている要素」とは，「中学校学習指導要領(平成20年3月告示)」第2章第5節音楽「第2各学年の目標及び内容」の〔共通事項〕にあげられている音色，リズム，速度，旋律，テクスチュア，強弱，形式，構成などの項目である。「ねらい」や「学習内容」には，イタリアのカンツォーネ曲の歌唱指導として，いわゆるベル・カント主体の歌唱を指導することも考えられる。また，鑑賞活動(カンツォーネ集など)を取り入れる学習も考えたい。「評価規準」は，「音楽表現の創意」あるいは「音楽表現の技能」としてそれぞれの趣旨を記述したい。

【3】解答略

〈解説〉編曲にあたっては，主に次の2点に注意する。1つは，主旋律をどの楽器でどこまで受け持たせ，伴奏の和音をどのように組み立てるかである。コードネームに沿って効果的な編曲をしたい。そして，6つの楽器のうちB♭管，E♭管，F管の移調楽器があるため，調性に従って記譜しなければならない。B♭管は実音の長2度上，E♭管は実音の長6度上，F管は実音の完全5度上である。これらの点に留意して仕上げたい。

2014年度　実施問題

【中高共通】

【1】(1)～(5)の①～⑳に適語を書け。

(1)　(　①　)が創始した(　②　)技法は，半音階に含まれる12の音を組織的に平均して用いることによって，従来の調性や旋法に基づく音楽とは異なるものとなっている。この技法を用いた作品には(　③　)が作曲した「交響曲op.21」，(　④　)が作曲した「抒情組曲」などが挙げられる。

(2)　1752年，イタリアに生まれた(　⑤　)は，ピアノ演奏技術の基礎を確立したといわれるピアノ練習曲集「グラドゥス・アド・パルナッスム」の著者としても高く評価されている。1781年，ヨーロッパ各地で演奏を行い，名声を高めた。この年，ウィーンでピアニストや作曲家として活躍していた(　⑥　)と，当地でピアノの競演を行ったことはよく知られている。

(3)　1811年，ハンガリーに生まれた(　⑦　)は，1820年頃からウィーンで作曲を(　⑧　)に，ピアノを(　⑨　)に師事した。1838年に作曲した「(　⑩　)による超絶技巧練習曲」の3曲目「(　⑪　)」は，当時ヴァイオリニストとして活躍していた(　⑩　)作曲の「ヴァイオリン協奏曲第2番ロ短調」第3楽章を基につくられた。

(4)　1929年に横浜に生まれた(　⑫　)は」東京芸術大学を卒業後，パリ音楽院で学んだ。1953年，芥川也寸志，(　⑬　)とともに「3人の会」を創設した。1958年には彼のモニュユメンタルな作品である「(　⑭　)交響曲」が初演された。その後，1960年には「独奏チェロのための(　⑮　)」，1976年にはベルリン・ドイツ・オペラの委嘱作である歌劇「(　⑯　)」を作曲した。

(5)　「ならんだ　ならんだ」，「ぼたん雪」を作曲した(　⑰　)は，秋田師範学校在学中に「学校唱歌教材集」を刊行した。このことにより，本格的な唱歌運動が秋田県内に広まった。また，我が国の伝統的要素を歌として表現しようとするこの時期の音楽運動は，鈴木三重吉や北原白秋らの「(　⑱　)」童謡運動と結び付いた。1919年5月に「(　⑲　)」(西条八十作詞)を発表した成田為三，「おもちゃのマーチ」を作曲した小田島樹人，「若葉」を作曲した(　⑳　)といった秋田県出身の作曲家が中心となって作曲活動を展開した。

(☆☆☆☆☆◎◎◎)

【2】次のスコアはある歌劇の一部分である。あとの設問に答えよ。

(1)　この歌劇の題名と舞台となった都市名を書け。

(2)　この曲の作曲者が作曲した唯一の喜歌劇の題名を書け。

(3)　次の①～③の音楽用語について，省略しないで原語で書き，意味も書け。

①　senza sord.

②　affrett.

③　poco rit.

(4)　5小節目の1拍目(　　　の部分)について，次の①～③に答えよ。

①　IL PRINCIPEのパートと同じ音高で演奏しているパート名を全て書け。(例　2ndオーボエ)

②　イングリッシュホルンと2ndトランペットの音程を書け。(例　増四度)

③　この部分における和声を，調性と和音記号で書け。(例　F：V^2)

(5)　次の文中の①～③に適語を書け。

歌劇，オラトリオ等の中で歌われる器楽伴奏付きの旋律的な独唱曲を(　①　)という。これに対し，(　②　)は，劇の状況や物語の展開を説明するときに用いられ，「叙唱」と訳される。スコアで示した部分は，この歌劇の中で最も有名な(　①　)の一つで，「(　③　)」という曲名で呼ばれている。

(☆☆☆☆◎◎◎)

【中学校】

【1】(1)～(10)の音楽用語について簡潔に説明せよ。ただし，(1)～(4)は読み方も書け。

(1)　piū mosso

(2)　perdendosi

(3)　ムラ息

(4)　左舞

(5)　メリスマ

(6)　長持歌

(7)　副三和音

(8)　ピーパー

(9)　スティールドラム

(10)　チフテテッリ

(☆☆☆☆☆◎◎◎)

【2】「中学校学習指導要領(平成20年3月告示)」第2章　第5節　音楽「第3指導計画の作成と内容の取扱い」には，歌唱の指導について「適宜，移動ド唱法を用いること」と示されている。このことについて次の問いに答えよ。

(1)　今回の改訂で明確にされた「適宜，移動ド唱法を用いること」のねらいは何か，答えよ。

(2)　移動ド唱法を用いて，楽譜を見て音高などを適切に歌う活動を通じて，伸ばすことができると考えられる能力を(1)のねらいの他に二つ答えよ。

(☆☆☆☆◎◎◎)

【3】次の条件に従い，8小節の旋律とピアノ伴奏を創作せよ。

・旋律は，中学生が音楽の授業でアルト・リコーダーを使って演奏するものとする。

・ピアノ伴奏は，示したコードによるものとする。

(☆☆☆◎◎◎)

【4】「中学校学習指導要領(平成20年3月告示)」第2章第5節音楽では，「第2各学年の目標及び内容」に以下のように示されている。

〔第1学年〕2内容　A表現

(2)　器楽の活動を通して，次の事項を指導する。

ア　曲想を感じ取り，表現を工夫して演奏すること。

イ　楽器の特徴をとらえ，基礎的な奏法を身に付けて演奏すること。

ウ　声部の役割や全体の響きを感じ取り，表現を工夫しながら合わせて演奏すること。

～中略～

〔共通事項〕

(1)　「A表現」及び「B鑑賞」の指導を通して，次の事項を指導する。

ア　音色，リズム，速度，旋律，テクスチュア，強弱，形式，構成などの音楽を形づくっている要素や要素同士の関連を知覚し，それらの働きが生み出す特質や雰囲気を感受すること。

～後略～

これらを踏まえ，第1学年において「さくらさくら」(日本古謡／鹿谷美緒子　編曲)を主な教材とする3時間扱いの題材を構成し，次の四点について記せ。

・題材の目標
・A表現(2)器楽　ア，イ，ウのうち指導する事項
・〔共通事項〕(1)アの音楽を形づくっている要素のうち，着目させたい要素
・1時間ごとのねらい，学習内容，評価規準

(☆☆☆☆◎◎◎)

【高等学校】

【1】(1)～(10)の音楽用語について簡潔に説明せよ。ただし，(1)～(4)は読み方も書け。

(1)　piū mosso

(2)　perdendosi

(3)　ムラ息

(4)　左舞

(5)　メリスマ

(6)　長持歌

(7)　副三和音

(8)　ピーパー

(9)　スティールドラム

(10)　ウスール

(☆☆☆☆☆◎◎◎)

【2】「高等学校学習指導要領(平成21年3月告示)」第2章第7節芸術第2款第1「音楽I」には次のように示されている。

4内容の取扱い

(8) 音や音楽と生活や社会とのかかわりを考えさせ，音環境への関心を高めるよう配慮するものとする。また，音楽に関する知的財産権などについて配慮し，著作物等を尊重する態度の形成を図るようにする。

これについて，「高等学校学習指導要領解説芸術編(音楽)(平成21年12月)」の内容を踏まえ，次の問いに答えよ。

(1) 知的財産権について代表的なものを一つ書け。

(2) 「音楽に関する知的財産権などについて配慮し」について，配慮する点を二つ書け。

(3) 「著作物等を尊重する態度の形成を図るようにする」について，指導に当たっての留意点を書け。

(☆☆☆◎◎◎)

【3】次の条件に従い，8小節の旋律とピアノ伴奏を創作せよ。

・旋律は，高校生が音楽の授業でアルト・リコーダーを使って演奏するものとする。

・ピアノ伴奏は，示したコードによるものとする。

(☆☆☆◎◎◎)

【4】次の楽譜はある曲の一部分である。あとの設問に答えよ。

(1)　曲名を書け。

(2)　作曲者名を書け。

(3)　この曲の冒頭4小節を次の条件に従って編曲せよ。

・編成は金管五重奏(1st＆2ndトランペット，ホルン，トロンボーン，テューバ)とする。

・強弱，アーティキュレーション等は原曲を尊重すること。

・調性については，原曲の短2度下に設定すること。

・移調楽器については，各楽器の調性に従って記譜すること。

・各楽器の演奏しやすい音域を考慮すること。

(☆☆☆☆☆◎◎◎)

【5】「高等学校学習指導要領(平成21年3月告示)」第2章第7節芸術第2款第1「音楽Ⅰ」には次のように示されている。

3内容　A表現

(2)器楽

ア　曲想を楽曲の背景とかかわらせて感じ取り，イメージをもって演奏すること。

イ　楽器の音色や奏法の特徴を生かし，表現を工夫して演奏すること。

ウ　様々な表現形態による器楽の特徴を生かし，表現を工夫して演奏すること。

エ　音楽を形づくっている要素を知覚し，それらの働きを感受して演奏すること。

これらを踏まえ，「音楽Ⅰ」において「さくらさくら」(日本古謡／

鹿谷美緒子　編曲)を主な教材とする3時間扱いの題材を構成し，次の四点について記せ。

・題材の目標

・A表現(2)器楽　ア，イ，ウ，エのうち指導する事項

・音楽を形づくっている要素のうち，着目させたい要素

・1時間ごとのねらい，学習内容，評価規準

(☆☆☆☆◎◎◎)

解答・解説

【中高共通】

【1】(1) ① シェーンベルク　② 12音　③ ウェーベルン　④ ベルク　(2) ⑤ クレメンティ　⑥ モーツァルト　(3) ⑦ リスト　⑧ サリエリ　⑨ チェルニー　⑩ パガニーニ　⑪ ラ・カンパネ(ッ)ラ　(4) ⑫ 黛 敏郎　⑬ 團 伊玖磨　⑭ 涅槃　⑮ 文楽　⑯ 金閣寺　(5) ⑰ 長谷山 峻彦　⑱ 赤い鳥　⑲ かなりや　⑳ 平岡 均之

〈解説〉(1) ウェーベルンとベルクはシェーンベルクの弟子であり，彼ら3人を「新ウィーン楽派」(1900年代初頭にウィーンで活躍した作曲家，当時の音楽界で最も前衛的な立場だった)と呼ぶ。 (2) クレメンティは，ソナタや練習曲など非常に多くのピアノ作品をのこしているが，今日最もよく知られているのはソナチネ(初級の練習用教材としてよく用いられる)数曲である。 (3) サリエリやチェルニーに師事していた頃，リストは既に公開演奏会を行なっていた。またリストは，ヴァイオリニストであるパガニーニの超絶技巧に感銘を受けたと言われている。 (4) 黛 敏郎の代表曲である「涅槃交響曲」は，仏教の声明を模した男性合唱が取り入れられたり，梵鐘の音がオーケストラで再現されるなど，新しい試みが多く盛り込まれた作品である。また

この曲を境に日本的な素材・思想への関心が増していったと言われている。 (5)　長谷山峻彦，平岡均之など秋田県出身の作曲家について，基礎知識は持っておこう。

【2】(1)　題名：トゥーランドット　　都市名：北京　　(2)　ジャンニ・スキッキ　　(3)　①　原語：senza sordino　　意味：弱音器をはずして　　②　原語：affrettando　　意味：急いで　　③　原語：poco ritardando　　意味：少しずつ　だんだん遅く　　(4)　①　イングリッシュホルン，1stホルン，1stトランペット，2ndバイオリン　　②　完全8度　　③　D：I^{1}　　(5)　①　アリア　　②　レチタティーヴォ　　③　誰も寝てはならぬ

〈解説〉(1)　歌劇「トゥーランドット」は，イタリアの作曲家ジャコモ・プッチーニの作品である。 (2)「ジャンニ・スキッキ」はアリア『私のお父さん』などが有名な喜劇オペラ。 (3)　音楽用語は省略して書くことが多いので，略さずに書けるかどうか必ず確認しておこう。 ①　sordinoとは弱音器のこと。senzaとは「～なしで」という意味。 ②　affrettandoは速度を表す音楽用語。せきこんで，急いで，等という意味。 ③　pocoとは「少し」，ritardandoは「だんだん遅く」という意味。 (4)　①　IL PRINCIPEのパートはテノール。テノールと同じ音高の楽器を答えれば良い。スコアの上から3段目，Corno Ingleseとはイングリッシュホルンのこと。 ②　イングリッシュホルンと2ndトランペットはオクターヴのAの音を鳴らしている。 ③　この部分はD dur(ニ長調)である。構成音をみるとD，Fis，Aとなり，和音の度数はⅠ。最低音はFisなので，Ⅰの第一転回，I^{1}である。 (5)　レチタティーヴォを日本語で「叙唱」というのに対し，アリアは「詠唱」という。

【中学校】

【1】(1)　読み方：ピウ モッソ　　意味：今までより速く。　(2)　読み方：ペルデンドシ　　意味：弱くしながらだんだん遅く。　(3)　読み方：むらいき　　意味：息を強く吹きつけることにより生じる擦過音を強調した，尺八の噪音的な奏法。　(4)　読み方：さまい　　意味：雅楽のうち唐楽の舞楽につけられた名称。　(5)　一音節に対して，音高の異なる多数の音符をあてていく節付け。　(6)　婚礼に際し，嫁入り道具の長持の担ぎ手たちが唄う道中歌。　(7)　主要3和音以外の全ての3和音の総称。　(8)　中国の琵琶で，4弦と31のフレットがあり，バチではなく爪で弾く。　(9)　トリニダード・トバゴで廃ドラム缶を元に生まれた体鳴楽器。　(10)　トルコやギリシャ，ロマの舞踊音楽。

〈解説〉(1)　piū mossoの反対はmeno mosso(今までより遅く)。対にして覚えよう。　(2)　だんだん弱く，だんだん遅くの両方の意味が必要。　(3)　ムラ息は，わざと荒い音を出す尺八の奏法。　(4)　左舞に対して，朝鮮半島(高麗)から伝来したものを右舞という。　(5)　メリスマに対して，一音節に一音をあてていく節付けをシラブルという。　(6)　長持歌は花嫁行列の際に歌われた民謡。宮城や秋田のものが有名である。　(7)　具体的には音階中のⅡ，Ⅲ，Ⅵ，Ⅶの和音のこと。　(8)　ピーパーとは中国の琵琶のこと。ひざにのせて，立てて演奏する。ばちは使わず，ギターのような奏法で演奏する。　(9)　スティールパンともいう。カリブ海の島国トリニダード・トバゴで，ドラムの使用を禁じられた黒人たちによって20世紀半ばに発明された。　(10)　チフテテリともいい，比較的リラックスした，スローテンポの曲調である。

【2】(1)　「相対的な音程感覚」を育てること　　(2)　・歌唱における「読譜力」　・音と音の「つながり方」をとらえて，「フレーズ」などを意識して表現を工夫する能力

〈解説〉(1)　現行学習指導要領では，移動ド唱法を用いるねらいが「相対的な音程感覚を育てる」ことと明記されている。学習指導要領解説によると，音楽科の学習では「音同士の相対的な関係に着目すること」

が重視されるべきだとされ，移動ド唱法も，この観点から「音楽を理解する一助となる」とされている。　(2)　これらは学習指導要領解説に書かれている能力である。相対的な音程感覚の育成のとどまらない，移動ド唱法の利点ともいえよう。

【3】解答例省略

〈解説〉短い曲の創作なので，あまり凝ったことをせずシンプルにまとめたい。コードネームを間違えないこと，アルト・リコーダーで演奏しやすい音域の旋律を作ることを心がけよう。8分の6拍子は大きく分けて2拍子系なので，拍子とテンポの関係も考慮しながら，演奏しやすい音型が書けると良い。また，例えばリコーダーが音をのばしている時にピアノの伴奏に動きをつける等，簡単なアンサンブルの要素が盛り込めると良いだろう。

【4】解答例省略

〈解説〉全体をできるだけ具体的に書きたいが，1時間ごとのねらいは，簡潔にポイントを絞った内容にすることが重要である。評価基準にあるように，題材の目標と指導事項，またねらいと具体の評価規準の整合性が評価される。書いているうちに当初のイメージとずれてくる場合も多いので，第2時間目あたりまで書いた時点で，また最後まで書けた時点で，必ず通して読み，見直そう。そのためにもできるだけ時間をかけずに一度最後まで仕上げてみることが重要である。

【高等学校】

【1】(1)　読み方：ピウ モッソ　　意味：今までより速く。

(2)　読み方：ペルデンドシ　　意味：弱くしながらだんだん遅く。

(3)　読み方：むらいき　　意味：息を強く吹きつけることにより生じる擦過音を強調した，尺八の噪音的な奏法。　(4)　読み方：さまい　意味：雅楽のうち唐楽の舞楽につけられた名称。　(5)　一音節に対して，音高の異なる多数の音符をあてていく節付け。　(6)　婚礼に際し，嫁入り道具の長持の担ぎ手たちが唄う道中歌。 (7) 主要3和音以外の全ての3和音の総称。 (8) 中国の琵琶で，4弦と31のフレットがあり，バチではなく爪で弾く。 (9) トリニダード・トバゴで廃ドラム缶を元に生まれた体鳴楽器。 (10) トルコの芸術音楽での拍節的リズム。

〈解説〉(1) piū mossoの反対はmeno mosso(今までより遅く)。対にして覚えよう。 (2) だんだん弱く，だんだん遅くの両方の意味が必要。 (3) ムラ息は，わざと荒い音を出す尺八の奏法。 (4) 左舞に対して，朝鮮半島(高麗)から伝来したものを右舞という。 (5) メリスマに対して，一音節に一音をあてていく節付けをシラブルという。 (6) 長持歌は花嫁行列の際に歌われた民謡。宮城や秋田のものが有名である。 (7) 具体的には音階中のⅡ，Ⅲ，Ⅵ，Ⅶの和音のこと。 (8) ピーパーとは中国の琵琶のこと。ひざにのせて，立てて演奏する。ばちは使わず，ギターのような奏法で演奏する。 (9) スティールパンともいう。カリブ海の島国トリニダード・トバゴで，ドラムの使用を禁じられた黒人たちによって20世紀半ばに発明された。 (10) ウスールはトルコの拍節法で，低音と高音の対照的な2つの太鼓の音色で示されるリズム周期である。

【2】(1) (例) 著作権 (2) ・「著作権者等の了解なしに利用できるいくつかの条件」が定められていることへの理解 ・インターネットを通じて配信されている音楽についても著作権が存在するということについての認識をもたせる (3)「授業の中で取り扱う楽曲」について，それらを創作した「著作者や実演者等がいることへの意識」を高めることによって，日常生活の中にある音楽や，将来関わっていく音楽についても，同様に意識できるようにしていくこと

〈解説〉(1) 知的財産権は大きく著作権と産業財産権の2つがある。産業財産権には特許権や意匠権などが含まれる。このように知的財産権とは，「知的な創作活動によって何かをつくり出した人に対して付与される他人に無断で利用されない権利」(高等学校学習指導要領解説音楽

編　第3章の2(4))のことである。　(2)　いずれも学習指導要領解説の前掲同箇所に明記されている。このような出題のしかたはよくあるが，学習指導要領解説では，配慮する点は文中に書かれているだけで，箇条書きで抜き出されている訳ではないので，一度自分でポイントをまとめ，何についていくつ配慮する点があるのか整理した方が良いだろう。　(3)　これも学習指導要領解説の同箇所に書かれている内容。「内容の取扱い」については，学習指導要領解説の文中に必ず「指導に当たっては…」という箇所があるので，そこを読みながら実際の指導はどのように構想すればよいか考えると効果的な学習になるだろう。

【3】解答例省略 (以下評価基準　・8分の6拍子である。　・ピアノ伴奏とコードネームが合っている。　・メロディとピアノ伴奏が合っている。　・高校生がアルト・リコーダーで平易に演奏できる音域で書かれている。　などを主な観点として相対的に評価する。)

〈解説〉短い曲の創作なので，あまり凝ったことをせずシンプルにまとめたい。コードネームを間違えないこと，アルト・リコーダーで演奏しやすい音域の旋律を作ることを心がけよう。ピアノ伴奏は，コードネームの和音の種類に気を付けると同時に，和音の連結の際に和声上の禁則をおかしていないか注意しよう。全体としては，8分の6拍子は大きく分けて2拍子系なので，拍子とテンポの関係も考慮しながら，演奏しやすい音型が書けると良い。また，例えばリコーダーが音をのばしている時にピアノの伴奏に動きをつける等，簡単なアンサンブルの要素が盛り込めると良いだろう。

【4】(1)　ポロネーズ 第3番 作品40の1 (軍隊ポロネーズ)　(2)　ショパン　(3)　解答例省略

〈解説〉(1)　明るく威厳があり，堂々とした曲の印象から，「軍隊ポロネーズ」の名で知られている。　(2)　この曲はポーランドの作曲家，フレデリック・ショパンによって1838年に作曲された。　(3)　まず調性は，原曲がA dur(イ長調)なので，As dur(変イ長調)に移調すれば良い。編曲といっても元の曲の和音を各楽器に割り当てれば良いのだが，移調楽器の書き方など注意すべき事項が多い(トランペットはB♭管，実音は記譜より長2度低い。またホルンはF管で，実音は記譜より完全5度低い)。管楽器に馴染が無いとイメージがつかみにくいが，本問のような編成の編曲問題も，短いフレーズで良いので練習を積んでおきたい。

【5】解答例省略

〈解説〉全体をできるだけ具体的に書きたいが，1時間ごとのねらいは，簡潔にポイントを絞った内容にすることが重要である。解答の評価基準にあるように，題材の目標と指導事項，ねらいと学習内容・およびその評価規準との整合性が評価される。現行の高等学校学習指導要領では，器楽の各指導事項を「演奏すること」を文末にしてまとめていることが特徴なので，「演奏」の活動を軸として，選んだ指導事項の内容を絡ませることができるとよい。書いているうちに当初のイメージとずれてくる場合も多いので，第2時間目あたりまで書いた時点で，また最後まで書けた時点で，必ず通して読み，見直そう。そのためにもできるだけ時間をかけずに一度最後まで仕上げてみることが重要である。

2013年度　実施問題

【共通問題】

【1】(1)～(10)の音楽用語について簡潔に説明せよ。ただし，(1)～(4)は読み方も書け。

(1)	una corda	(6)	ナポリ6の和音
(2)	(協奏曲における)cadenza	(7)	シタール
(3)	平曲	(8)	パンソリ
(4)	(雅楽における)三鼓	(9)	ファンダンゴ
(5)	本調子	(10)	マリアチ

(☆☆☆☆◎◎◎)

【2】次の(1)～(6)は，それぞれある作曲家について説明したものである。①～⑳に適語を書け。

(1)　1685年にアイゼナハで生まれた(　①　)は，生涯に教会カンタータ，受難曲，ミサなどの声楽曲や，管弦楽曲，オルガン曲などの器楽曲を合わせて1,000曲以上作曲した。これまでに中学校学習指導要領(音楽)の鑑賞共通教材として，「組曲第2番ロ短調」や「(　②　)」が示されてきた。晩年の作品「音楽のささげもの」や「(　③　)」(BWV1080)で，彼は高度な対位法技法と芸術性によって，それまでにない音楽的境地を開拓した。

(2)　1810年にワルシャワ近郊で生まれた(　④　)は，ピアノという楽器の可能性を極め，ピアノだけでしか表現できない音楽を切り開いた。またポロネーズや(　⑤　)といった(　⑥　)の民族舞踊に基づくピアノ曲を多く残したが，これは彼の祖国愛の現れとも考えられる。

(3)　1845年にフランスで生まれた(　⑦　)は，パリの古典宗教音楽学校でサン・サーンスから学び，後に友人として親交をもつようになった。卒業作品である合唱とオルガンのための「(⑧)」は作曲部門の1等賞を取った作品である。その後，1900年に第3稿が完成した教会音楽「(⑨)」は父，母を亡くしたことが動機の一つとなったと言われている。彼は「五つの歌曲」などヴェルレーヌの詩による歌曲を作曲して名声が広がり，1896年にはパリ音楽院で作曲法と対位法の教授となった。

(4) 1841年にプラハ近郊で生まれた(⑩)は，連作交響詩「我が祖国」を作曲した(⑪)らとともに，(⑫)の国民音楽を築いた作曲家の一人と言える。1878年に作曲した「(⑬)第1集」は彼の国際的名声を高める糸口となった。イギリスでの演奏が成功を収めた後，当地を何度も訪れており，オラトリオ「聖ルドミラ」や「レクイエム」など，イギリスと縁の深い傑作も少なくない。また，1892年にアメリカに渡り，翌年には交響曲第9番「(⑭)」を作曲している。

(5) 1930年に東京で生まれた(⑮)は，「ルリエフ・スタティック」「水の曲」などの(⑯)(具体音楽)作品を作曲した。また，「切腹」や「怪談」など数多くの映画音楽を手がけた。ニューヨーク・フィルハーモニー管弦楽団創立125周年記念として委嘱された「(⑰)」第1番では，オーケストラの楽器に加え，独奏楽器として尺八や(⑱)を用い，この異質の語法を調和させたり折衷させたりすることなく，むしろ対決させながら，そこに詩的なイメージをもった音の存在感とその独自な構造を生み出した。

(6) 1894年に神戸で生まれた(⑲)は1902年に失明し，箏曲・地歌の道に入った。神戸の二代中島検校中寿一，三代中島伊三郎に師事して，後に検校，大検校の称号を受けた。1917年に，東京に移って作曲活動を始め，顕著な業績を収めている。主要な作品には「水の変態」「さくら変奏曲」などがある。箏と尺八の二重奏曲「(⑳)」はフランスのシュメが尺八部をヴァイオリンに編曲し，(⑲)の箏と合奏してレコードに吹き込まれた。

(☆☆☆☆◎◎◎)

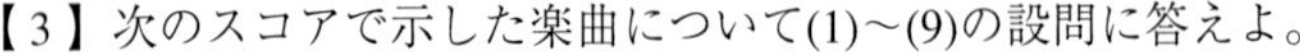

【3】次のスコアで示した楽曲について(1)～(9)の設問に答えよ。

(1) 曲名を書け。

(2) 作曲者名を書け。

(3) ①～③の音楽用語の読み方と意味を書け。

① Marcia funebre

② *sotto voce*

③ ***sf***

(4) ④に示される速度は次のどれか。選んで書け。

Adagio assai(♪＝80)　　Allegro ma non troppo(♪＝120)

Moderato(♩＝80)　　Animato(♩＝120)

(5) Timpani in(⑤)(⑥)の( )にドイツ音名を書け。

(6) ⑦で示した部分における和声を，調性と和音記号で書け。
(例 へ長調 I_7)

(7) ⑧で示した部分における終止形の種類を書け。

(8) ⑨で示した部分のうち，クラリネット2番とホルン3番との音程を書け。(例 増四度)

(9) この作曲者の作品の中で，この楽章と同じ調の交響曲を書け。

(☆☆☆☆◎◎◎)

【4】中学校学習指導要領(平成20年3月告示)第2章第5節音楽では，第2学年及び第3学年の2内容に以下のように示されている。

A表現

(1) 歌唱の活動を通して，次の事項を指導する。

ア 歌詞の内容や曲想を味わい，曲にふさわしい表現を工夫して歌うこと。

イ 曲種に応じた発声や言葉の特性を理解して，それらを生かして歌うこと。

ウ 声部の役割と全体の響きとのかかわりを理解して，表現を工夫しながら合わせて歌うこと。

～中略～

〔共通事項〕

(1)　「A表現」及び「B鑑賞」の指導を通して，次の事項を指導する。

ア　音色，リズム，速度，旋律，テクスチュア，強弱，形式，構成などの音楽を形づくっている要素や要素同士の関連を知覚し，それらの働きが生み出す特質や雰囲気を感受すること。

～後略～

これらを踏まえ，第2学年において「翼をください」(山上路夫　作詞/村井邦彦　作曲/鶴原勇夫　編曲)を主な教材とする3時間扱いの題材を構成し，次の五点について記せ。

・題材の目標
・A表現(1)歌唱ア，イ，ウのうち指導する事項
・〔共通事項〕(1)アの音楽を形づくっている要素のうち，着目させたい要素
・1時間ごとのねらいと具体の評価規準
・第2時の学習過程と指導の手立て

(☆☆☆☆◎◎)

【中学校】

【1】中学校学習指導要領(平成20年3月告示)第2章第5節音楽に基づき，歌唱の指導について，変声期の生徒に対して配慮することを述べよ。

(☆☆☆◎◎)

【2】次の条件に従い，8小節の旋律とピアノ伴奏を創作せよ。

・旋律は，中学生が音楽の授業でアルト・リコーダーを使って演奏するものとする。
・ピアノ伴奏は，示したコードによるものとする。

(☆☆☆☆◎◎◎)

【3校種】

(※小・中・高の免許保有者を対象とした採用枠。採用後は小・中・高のいずれかに勤務)

【1】中央教育審議会答申(平成20年1月)において，小学校，中学校及び高等学校を通じる音楽科，芸術科の改善の基本方針について，次のように示されている(一部抜粋)。

(略)小・中学校においては，音楽に関する用語や記号を音楽活動と関連付けながら理解することなど表現と鑑賞の活動の支えとなる指導内容を〔共通事項〕として示し，音や音楽を知覚し，そのよさや特質を感じ取り，思考・判断する力の育成を一層重視する。

また，高等学校学習指導要領(平成21年3月告示)第2章第7節芸術第2款第1「音楽Ⅰ」の内容A表現には，次のように示されている。

(1)　歌唱

ア　曲想を歌詞の内容や楽曲の背景とかかわらせて感じ取り，イメージをもって歌うこと。

イ　曲種に応じた発声の特徴を生かし，表現を工夫して歌うこと。

ウ　様々な表現形態による歌唱の特徴を生かし，表現を工夫して歌うこと。

エ　音楽を形づくっている要素を知覚し，それらの働きを感受して歌うこと。

これらのことを踏まえ，高等学校芸術科音楽Ⅰにおいて，A表現(1)歌唱の指導をする際に留意する点について述べよ。ただし，次のキーワードを用いることとする。

〔共通事項〕(1)ア　　(1)歌唱エ　　要素　　指導方法

(☆☆☆☆◎◎◎)

【2】次のスコアはある曲の一部分である。下の設問に答えよ。

(1)　曲名を書け。

(2)　作曲者名を書け。

(3)　この部分を次の条件に従って編曲せよ。

・編成はサクソフォーン四重奏(ソプラノ，アルト，テナー，バリトン)とする。

・調性，強弱，アーティキュレーション等は原曲のまま編曲すること。

・移調楽器については，各楽器の調性に従って記譜すること。

・各楽器の演奏しやすい音域を考慮すること。

(☆☆☆☆◎◎◎◎)

解答・解説

【共通問題】

【1】(1)　・読み方…ウナ・コルダ　(例)　・ピアノのいちばん左側の弱音ペダルのこと。　(2)　・読み方…カデンツァ　(例)　・(楽曲の終結部の直前に入る)独奏者による華やかな即興演奏の技巧のこと。
(3)　・読み方…へいきょく　(例)　・語り物音楽の一種で，琵琶の演奏によって平家物語を語るものをいう。　(4)　・読み方…さんこ　(例)・唐楽に使われる鉦鼓，鞨鼓，太鼓のこと。　(5)　(例)　三味線の基本的な調弦法で，一の糸と二の糸が完全4度音程で，二の糸と三の糸は完全5度音程となる。　(6)　(例)　ナポリ6度とは，下属音の短6度上の音のことで，この音を含む長三和音をナポリの和音，その第1転回形をナポリ6の和音という。　(7)　(例)　北インド発祥の撥弦(弦鳴)楽器のこと。　(8)　(例)　朝鮮半島の伝統的民俗芸能で，物語を歌う歌い手とプク(太鼓)の奏者で演じられる語り物(オペラ) 音楽のこと。
(9)　(例)　スペインの民族舞踊音楽のこと。　(10)　(例)　ラテンアメリカ(メキシコ)を代表するオーケストラ(楽団)のこと。

〈解説〉(1) 「ウナ・コルダ」は「1弦」の意味で，ピアノ奏法の弱音ペダルを踏む指示のことである。その解除の指示はtre corde(トレコルデ)である。　(2) 「カデンツァ」は協奏曲において，独奏者の妙技を発揮させるための即興的な楽句で，多くの場合，楽章の終わりに設けられる。
(3) 「平曲」は平家琵琶ともいう。　(4) 「三の鼓(さんのつづみ)」は「三鼓」とは別の用語で，高麗楽に用いる砂時計型の太鼓を指す。混同しないように注意したい。　(5)　三味線の基本的な調弦法には，「二上り」「三上り」などもある。三味線や筝は，基準となる音の高さが固定されていないので，ほかの楽器に合わせて高さを変えることができる。　(6)　イタリアのナポリ楽派(17世紀末～18世紀前半)が特に好んだことから名づけられた。　(7) 「シタール」は7本の演奏弦と10数本の共鳴絃をもつ。可動式フレットをもち，左手で弦を押さえ，右手人差し指に針金状のピックをはめて奏する。 (8)「パンソリ」では，歌い手は朝鮮半島の太鼓(プク)に合わせて歌う。 (9)「ファンダンゴ」はスペインのアンダルシア地方の3拍子系の舞曲で，フラメンコの主要な曲種である。 (10)「マリアチ」は「マリアッチ」ともいう。19世紀にメキシコで生まれた大衆音楽で，ヴァイオリン，トランペット，ギター，ギタロン(大型ギターでベースの役割)，ビウエラ(小型ギター)などの編成に歌が入る。

【2】(1) ① J.S.バッハ　② 小フーガト短調　③ フーガの技法
(2) ④ ショパン　⑤ マズルカ　⑥ ポーランド
(3) ⑦ フォーレ　⑧ ジャン・ラシーヌの雅歌　⑨ レクイエム
(4) ⑩ ドボルザーク(ドヴォルザーク)　⑪ スメタナ
⑫ チェコ　⑬ スラブ舞曲　⑭ 新世界から　(5) ⑮ 武満徹
⑯ ミュジック・コンクレート　⑰ ノヴェンバー ステップス
⑱ 琵琶　(6) ⑲ 宮城道雄　⑳ 春の海

〈解説〉(1) ①がJ.S.バッハであることは，「組曲第2番ロ短調」などでわかる。③は未完の作品の「フーガの技法」であり，「BWV1080」はJ.S.バッハのジャンル別による作品目録番号である。 (2)「ピアノ」や「ポロネーズ」をヒントとして，④の「ショパン」，⑤の「マズルカ」，そして⑥の「ポーランド」と正答できるであろう。 (3) ⑦と⑧は難問である。⑨の「レクイエム」はよく知られているが，それも⑦が「フォーレ」とわかった場合に正答できるものである。「サン・サーンスから学び」や，卒業作品⑧の「ジャン・ラシーヌの雅歌(ラシーヌ賛歌)」などは，かなりフォーレについて学んでいる人にしかわからないだろう。なお，フォーレの歌曲作品は約100曲あり，ヴェルレーヌの詩による「月の光」や，「優しい歌」が有名である。歌曲「夢のあとに」は器楽用にも編曲されている。 (4) ⑭の「新世界から」がわかれば，⑩は「ドヴォルザーク」とすぐにわかる。 (5) ⑰の「ノヴェンバーステップス」で，⑱の「琵琶」，⑮の「武満徹」とわかる。
(6) ⑳の「春の海」がわかれば，⑲は「宮城道雄」と正答できる。

【3】(1)　交響曲第3番 変ホ長調「英雄」　(2)　ベートーヴェン
(3)　(読み方，意味の順) ①　マルチャ・フネブレ，葬送行進曲
②　ソット・ヴォーチェ，静かにおさえた声で　③　スフォルツァンド，特に強く　(4)　Adagio assai(♪＝80)　(5)　⑤　C
⑥　G(⑤・⑥の答えは逆でも可)　(6)　ハ短調　$\not{V}_9$　(7)　アーメン終止　(8)　完全一度　(9)　交響曲第5番 ハ短調

〈解説〉(1)・(2)　示されたスコアはベートーヴェンの交響曲第3番「英雄」の第2楽章の冒頭部分である。　(3)　①　funebreは「フネブレ」と読み，「葬式の，暗い」という意味である。　②　sottoは「以下に」のことで，sotto voceで「基準以下の声(voce)で」という意を表す。
(4)　Adagio assaiのassaiとは「非常に，十分に」の意味である。
(5)　⑤・⑥は，第2楽章がハ短調のため，主音のC音と属音のG音である。　(6)　ハ短調でⅤの九の和音(g・h・d・f・as)でgを省略している和音となる。　(7)　「アーメン終止」は「変格終止」ともいう。賛美歌など，教会音楽で多用されることからこの名がついたといわれる。
(8)　クラリネットB♭管は実音の長2度上に記譜するので，クラリネット2番の実音はEs音である。ホルン(Corni)のⅠ，ⅡはC管であるが，ⅢはEs管になっている。Es管は実音の長6度上に記譜するので，⑨のホルンⅢの実音はEs音となり，同じ音(完全1度)である。　(9)　この楽章はハ短調で，有名な交響曲第5番ハ短調「運命」の冒頭と同じである。

【4】(解答省略)

〈解説〉示された中学校学習指導要領とのかかわり，整合性などを考え，教材曲「翼をください」を主な教材とする3時間扱いの題材を構成する。評価規準については，国立教育政策研究所の「評価規準の作成，評価方法等の工夫改善のための参考資料(中学校 音楽)」をもとに設定するとよい。この中で，「表現・歌唱」の評価規準は「音楽への関心・意欲・態度」「音楽表現の創意工夫」「音楽表現の技能」の3つである。題材の構成設定では，資料中の「評価規準に盛り込むべき事項」や「評価規準の設定例」をベースにして考えるとよいだろう。なお，

「音楽を形づくっている要素」については，学習指導要領で，各要素の意味や学習のさせ方について理解を深めておく必要がある。

【中学校】

【1】変声期について気づかせるとともに，変声期の生徒に対しては心理的な面についても配慮し，適切な声域と声量によって歌わせるようにする。

〈解説〉中学校学習指導要領解説の「指導計画の作成と内容の取扱い」の「内容の取扱いと指導上の配慮事項」の内容である。小学校高学年から中学校にかけては，男女とも変声期を迎えるので，音楽指導にあたっては，曲選びなどにも配慮が必要となる。指導事項だけでなく，配慮事項についても確実に答えられるようにしておきたい。

【2】(解答省略)

〈解説〉アルト・リコーダーで演奏する8小節の旋律及びピアノ伴奏を作曲する出題である。ピアノ伴奏にコードが示されており，「ニ短調，4分の4拍子，Dmを第1小節と最後の8小節に」することがわかる。2～7小節にはいろいろなコードが示されているので，それらのコードの構成音を考えつつ旋律をつくりたい。次に，参考までに，解答用紙に付されたコードネームの構成音をニ短調(Dm)をもとに，ヘ音譜表で示す。

Dm　Dm$_7$　C　Gm　B$^\flat$　Dsus4　D$_7$　A　E$^\flat$　G　A$_7$

【3校種】

【1】・歌唱の指導事項エは，音楽を形づくっている要素を知覚し，それらの働きを感受して歌う能力を育てることをねらいとしており，小・中学校における〔共通事項〕(1)アに相当する。　・(1)歌唱ア，イ，ウの各事項の指導にあたっては，(1)歌唱エと関連づけて指導することが重要である。　・その際，さまざまな要素が関連し合って音楽が形づくられていることにも十分留意しつつ，どの要素を学習の対象にするのかを明らかにすることが大切である。　・学習の対象となる要素を知覚し感受しやすい教材を準備するとともに，適切な学習場面を設けたり学習カードを活用したりすることなどの指導方法を工夫する必要がある。

〈解説〉学習指導要領の改訂により，小学校・中学校ともに新設されたのが〔共通事項〕である。高等学校では特に新設されていないが，〈A表現〉〈B 鑑賞〉すべての指導事項に，「音楽を形づくっている要素を知覚し，それらの働きを感受して歌うこと(演奏すること・音楽をつくること・鑑賞すること)」とある。本問では4つのキーワードを用いることが条件となっており，とまどうであろうが，キーワード「(1)歌唱エ」が小学校・中学校の「〔共通事項〕(1)ア」に相当し，高等学校の「(1) 歌唱ア，イ，ウ」の指導においても「エ(音楽を形づくっている要素)」と常に関連づけることについては述べておきたい。本問の設問や解答には，学習指導要領解説の第1章第1節「改訂の趣旨」2芸術科改訂の趣旨と，第2章第1節「音楽Ⅰ」の〈A表現〉(1)歌唱の「エ」の内容が多く使われている。これらを熟読するとともに，中学校の〔共通事項〕である「音楽を形づくっている要素」，「知覚」及び「感受」についても深く学習しておきたい。

【2】(1)　アイネ・クライネ・ナハト・ムジーク　　(2)　モーツァルト
(3)　(解答省略)

〈解説〉(1)・(2)　示されたスコアは，モーツァルトの弦楽合奏「アイネ・クライネ・ナハト・ムジーク」の第2楽章である。　(3)　スコアをサクソフォーン四重奏(Sp.Alt.Tn.Br.)用に編曲(移調)するためには移調楽器とその記譜法について知らなければならない。　・Sp.とTn.はB♭管であり，記譜は実音の長2度上である。　・Alt.とBr.はE♭管であり，記譜は実音の長6度上である。　・Tn.とBr.は記譜を1オクターヴ上げるのが普通である。　したがって，サクソフォーン四重奏の最初の部分は，次のように移調した楽譜となる。

2012年度　実施問題

【共通問題】

【1】次の語句について簡潔に説明せよ。ただし，(1)～(4)は読み方も記せ。

(1) feroce	(2) 輪連	(3) 三業
(4) 地謡	(5) 歌舞伎十八番	(6) メリ
(7) ガムラン	(8) ケーン	(9) チャランゴ
(10) ファド		

(☆☆☆☆◎◎◎)

【2】次の(1)～(6)は，ある作曲家について説明したものである。(　　)に適語を記せ。

(1) 1921年にシカゴで初演されたオペラ「三つのオレンジへの恋」などで名高い(　①　)は，1904年からペテルブルグ音楽院で学んだ後，15年間祖国を離れイギリス，アメリカ，フランスなどで演奏活動・作曲活動に取り組んだ。帰国後，1934年にはロシア的民族旋律を主体とした大衆的な交響組曲「(　②　)」，1935～36年にはカバレフスキーによって「彼の創造生活と全ソヴィエト芸術にとって特筆すべき事件」とされたバレエ「(　③　)」等を作曲し，この時期以後の作風の基本的特徴である感動的な甘美な要素が強まった。

(2) 1440年生まれのフランドルの作曲家(　④　)は，ミサ曲約20曲，モテット約100曲等の宗教曲の他，(　⑤　)などの世俗的な声楽作品約70曲を作曲した。(　⑤　)の中でモテットの様式を採用して高度のポリフォニー技法を駆使し，生き生きとした歌詞の内容表出が行われた。彼の作品「Malheur me bat」のように既成の楽曲から素材を借りて作曲されたミサ曲を(　⑥　)と言い，この時代の重要な作曲手法とされている。彼は存命中から高い名声を得ており，マルティン・ルターから「彼は音符の主人である」と評された。

(3)　(　⑦　)はブダペスト音楽アカデミーで学んだ後，国内外でピアニスト・作曲家としての活動を始めた。彼はハンガリーの民族独立の思潮に触れて共鳴し，(　⑧　)と共にハンガリー民族音楽の研究，出版に取り組むようになった。1911年に作曲したピアノ曲の「(　⑨　)」は原始主義を用いた作品として例に引かれる。また，1923年にブダ区・ペスト区の合併50周年記念として委嘱された「(　⑩　)」を作曲した。これは色彩豊かな管弦楽曲である。1940年にアメリカに亡命し，1944年にクーセヴィツキーの依頼による「(　⑪　)」，メニューインの依頼による「無伴奏ヴァイオリンソナタ」などを作曲した。いずれも初演が成功を収めている。

(4)　(　⑫　)は，1824年にオーストリアで生まれた作曲家。1855年リンツ大聖堂のオルガニストとなり，この地で第1番ニ短調，第2番ホ短調，第3番ヘ短調のいわゆる3大(　⑬　)を作曲した。1868年にウィーンに移り住み，交響曲第2番から第9番(未完)までを作曲した。交響曲第7番作曲中に，大きな影響を受けたバイロイトの巨匠(　⑭　)の訃報を耳にし，第2楽章アダージョに鎮魂の意を込めたことが知られている。彼の作品は，彼自身や弟子，その後の研究者によって修正・改訂されているものが多く，原典版，ハース版，ノヴァーク版などの複数の版が存在する作品が少なくない。

(5)　1792年イタリアの小都市ペーザロに生まれた(　⑮　)は，ボローニャに移り住み市立音楽院で学んだ。1812年ミラノ・スカラ座でオペラ・ブッファ「試金石」が成功を収め，翌年の「タンクレディー」「アルジェのイタリア女」でヴェネツィアでも圧倒的人気を巻き起こした。また，ミラノ，ローマ，ナポリなどでたくさんのオペラが成功を収め，ヨーロッパ中に名声がとどろいた。パリで1829年初演されたオペラ「(　⑯　)」は，ウィーンの批評家ハンスリックをして「オペラに新しい時期が画された」と言わしめた程であった。このオペラの序曲は現代でも演奏される機会が多い。

(6)　(　⑰　)は，現三種町生まれの父，漠の長男として東京に生まれた。武蔵野音楽学校ピアノ科で学んだ後，ミュンヘン国立高等音楽学校に留学しオルフに作曲を学んだ。1968年合唱と吹奏楽のための楽曲「(⑱)」を作曲した。この曲の第3楽章には(⑲)作曲による「(⑳)」が取り入れられている。

(☆☆☆☆◎◎◎)

【3】次のスコアはある曲の一部分である。あとの設問に答えよ。なお，数字は小節数である。

388
Bd.
Picc.
Fl.
Ob.
Cl. (B)
Cor. igl.
Fg.
Cor. (F)
Crnt. (B)
Tr. (Es)
Trb. e Tb.
Timp.
Tb. m.
Ptti.
G. C.
Can.
Vl. I
Vl. II
Vla.
Vlc.
Cb.
388

(1)　曲名を書け。

(2)　作曲者名を書け。

(3)　380小節目について答えよ。

　①　vivaceの意味を書け。

② Vla.の下のパートと同じ高さの音で演奏しているパート名を書け。

③ Fl., Ob.等が2拍目から奏している，和声の隠伏進行を何と言うか書け。

④ 低音楽器が根音と第5音を交互に演奏している。マーチやポピュラー音楽で用いられるこのような低音の動き方を何と言うか書け。

⑤ Cor.igl.の楽器名を日本語で書け，またこの小節の最初の音をドイツ音名(実音)で書け。

(4) 388小節目から393小節目の部分について答えよ。

① Crnt.(B)，Ptti.，Can.それぞれの楽器名を日本語で書け。

② Can.は調達が困難なため代用されることが多いが，代用として使われる楽器をこのスコアの中から一つ選んで名前を日本語で書け。

③ Bd.を省略しないでイタリア語で書け。また，その意味も記せ。

④ この曲はある歴史上の出来事をもとに作曲されたものであるが，Cb.等，低音楽器が奏している主題は，作曲当時のある国の国歌を引用したものである。国名を書け。

(☆☆☆☆◎◎◎)

【4】次の条件に従い，8小節の旋律とピアノ伴奏を創作せよ。

・旋律は，中学生が音楽の授業でアルト・リコーダーを使って演奏するものとする。

・ピアノ伴奏は，示したコードによるものとする。

(☆☆☆☆◎◎◎)

【5】「中学校学習指導要領音楽」(平成20年3月告示)第2章第5節音楽では，第2学年及び第3学年の2内容に以下のように示されている。

A表現
(3)創作の活動を通して，次の事項を指導する。
ア　言葉や音階などの特徴を生かし，表現を工夫して旋律をつくること。
イ　表現したいイメージをもち，音素材の特徴を生かし，反復，変化，対照などの構成や全体のまとまりを工夫しながら音楽をつくること。
〔共通事項〕
(1)「A表現」及び「B鑑賞」の指導を通して，次の事項を指導する。
ア　音色，リズム，速度，旋律，テクスチュア，強弱，形式，構成などの音楽を形づくっている要素や要素同士の関連を知覚し，それらの働きが生み出す特質や雰囲気を感受すること。

これらを踏まえ，3時間扱いの題材を構成し，次の(1)～(5)について記せ。

(1)　題材の目標
(2)　A表現(3)ア，イのうち指導する事項
(3)　〔共通事項〕(1)アの音楽を形づくっている要素のうち，着目する要素
(4)　1時間ごとのねらいと具体の評価規準
(5)　1時間目の学習過程と指導の手立ての工夫

(☆☆☆☆◎◎◎)

【中学校】

【1】「中学校学習指導要領音楽」(平成20年3月告示)第2章第5節音楽において，教科の目標を次のように示している。

［　表現及び鑑賞の幅広い活動を通して，音楽を愛好する心情を育てるとともに，音楽に対する感性を豊かにし，<u>音楽活動の基礎的な能力</u>を伸ばし，音楽文化についての理解を深め，豊かな情操を養う。］

文中の「<u>音楽活動の基礎的な能力</u>」について，次の4つのキーワードを使って説明せよ。

キーワード：生涯　　知覚　　感受　　知識や技能

(☆☆☆◎◎◎)

【3校種】

(※小・中・高の免許保有者を対象とした採用枠。採用後は小・中・高のいずれかに勤務)

【1】「高等学校学習指導要領音楽」(平成21年3月告示)第2章第7節芸術科「音楽Ⅰ」3内容の取扱い(6)には次のように示されている。

［　内容のBの指導に当たっては，楽曲や演奏について根拠をもって批評する活動などを取り入れるようにする。］

文中の「根拠をもって批評する活動など」を指導するに当たって重要なことについて，次の4つのキーワードを使って説明せよ。

キーワード：　知覚　　感受　　価値　　経験

(☆☆☆☆◎◎◎)

解答・解説

【共通問題】

【1】(1) 読み…フェローチェ　説明…(例) 音楽用語で，野性的に激しくという意味。 (2) 読み…われん　説明…(例) 箏の奏法の1つで，人差し指と中指を揃えて伸ばし，中指の爪の横で2弦，または数弦を円を描くように擦ること。 (3) 読み…さんぎょう
説明…(例) 人形浄瑠璃(文楽)の太夫(語り手)・三味線・人形遣いの三役のこと。 (4) 読み…じうたい　説明…(例) 能または狂言で舞台の一隅(地謡座)に列座する者の謡のこと。また，その役のこと。
(5) (例) 初代から4代目までが始めて演じ，しかも得意としていた18の作品のこと。7代目市川團十郎が選定。代表作に「勧進帳」「助六」などがある。 (6) (例) 尺八奏法で歌口にあてたあごを頭ごと引き，半音，または全音低めること。 (7) (例) インドネシアを中心とした，合奏音楽で，旋律打楽器を中心とした一種のオーケストラとみることもできる。 (8) (例) ラオスやタイなどで使用される気鳴楽器の1つで，笙の1つの形態といわれる。 (9) (例) 南アメリカのアンデス地方の民族楽器で，リュート属の弦楽器である。
(10) (例) ポルトガルのリスボンに起こった民衆歌謡で，ギターと平胴のマンドリンの一種による伴奏により哀調を歌う。

〈解説〉(2)～(5)の日本伝統音楽の説明，(10)もあまり知られていないもので難問といえよう。なお，(9)のチャランゴは小型の複弦ギターでアルマジロ(小哺乳動物)の甲羅を胴に用いることが多い珍しい撥弦楽器である。

【2】① プロコフィエフ　② キージェ中尉　③ ロミオとジュリエット　④ ジョスカン・デプレ　⑤ シャンソン　⑥ パロディ・ミサ　⑦ バルトーク　⑧ コダーイ　⑨ アレグロ・バルバロ　⑩ 舞踏組曲　⑪ 管弦楽のための協奏曲
⑫ ブルックナー　⑬ ミサ曲　⑭ ワーグナー　⑮ ロッシ

ーニ　⑯ ギョーム(ウィリアム)・テル　⑰ 石井歓　⑱ 大いなる秋田　⑲ 成田為三　⑳ 秋田県民歌

〈解説〉(1)　「三つのオレンジへの恋」で①はプロコフィエフと分かるであろうが，②の組曲「キージェ中尉」は難しい。また，カバレフスキーにより「…特筆すべき」と評されたとされる③も難しいであろう。③の「ロミオとジュリエット」以外のバレエ作品にも「シンデレラ」や「石の花」などがあるので，プロコフィエフについての深い知識が必要である。　(2)　④のジョスカン・デプレは，ルネサンス期のフランドル楽派を代表する作曲家。ミサ曲，モテトなどのほか，⑤の「シャンソン」など世俗的歌曲で有名である。⑥の「パロディ・ミサ」は難問であろう。　(3)　⑦のバルトークはハンガリーの大作曲家で，⑧コダーイと共にマジャール民謡の収集と研究が高く評価されている。しかし，原始主義の影響といわれるピアノ曲⑨の「アレグロ・バルバロ」，さらに⑩の「舞踏組曲」，⑪の「管弦楽のための協奏曲」の正答は難しい。傑作として知られる「弦楽器と打楽器とチェレスタのための音楽」やピアノ曲集「ミクロコスモス」(全6巻・153曲)のほうが一般によく知られる。　(4)　⑫のブルックナーは教会のオルガニストとして宗教曲を作曲，その後⑭のワーグナーに心酔して交響曲作家となったといわれる。⑬の3つのミサ曲は，リンツ大聖堂のオルガニストとしての終わり頃に作曲したものである。　(5)　⑮のロッシーニは初期ロマン派オペラの基礎を築き，オペラ・ブッファ「セビリャの理髪師」「アルジェのイタリア女」など多くのオペラが知られる。⑯「ギョーム(ウィリアム)・テル」を最後に37歳の若さでオペラの筆を絶ち，宗教曲・ピアノ曲・歌曲などの作品を多数残している。

(6)　⑰の石井歓は，オルフに師事した影響からオスティナートによるスケールの大きい作風で，合唱曲，バレエ，オペラなど多岐にわたる。⑱の「大いなる秋田」や⑲・⑳の成田為三作曲の秋田県民歌などについては，秋田県の受験者は知っておくべきであろう。

【3】(1) 序曲「1812年」 (2) チャイコフスキー (3) ① 活発に速く ② 2nd ホルン ③ ホルン5度 ④ オルタネイティング・ベース ⑤ 楽器名…イングリッシュホルン(コール・アングレ) ドイツ音名(実音)…Es (4) ① Crnt.(B)…変ロ調のコルネット Ptti.…シンバル Can.…大砲 ② 大太鼓 ③ Banda 意味…(例) 管楽器を中心とした，わりに編成の大きな楽団。ブラスバンド。 ④ ロシア

〈解説〉(1)・(2) チャイコフスキーの序曲「1812年」のスコアの後半，旧ロシア国歌が勇壮に鳴り響く場面からの出題である。 (3) ① 生き生きと速くで，vivaは「万歳」の意味である。 ② Vla(ヴィオラ)はアルト記号であり，下のパートと同じ音はCor(ホルン)F管2ndである。F管は実音の完全5度上に記譜されている。 ③ 二声の並進行の際，到達した音程が完全5度を形成する独特の快さをつくる「ホルン5度」(隠伏，または並達5度)である。 ④ ド・ソ・ド・ソの例のようにコードの根音と第5音を交互に弾くベースの奏法のことをalternating bassと呼ぶ。 ⑤ イングリッシュホルン，F管のため記譜は実音の完全5度上である。380小節の最初の音を完全5度下げるとEsである。

(4) ① Crnt.はcornet(英)，cornetta(伊)の略でB♭管，Ptti.はpiatti(伊)でシンバル，Can.は大砲(canno)の略であろう。 ③ banda(伊)，band(英)で，吹奏楽団のこと。

【4】解答略

〈解説〉アルトリコーダーの最低実音はへのため，へから1オクターヴ半ぐらいの音域で旋律を作りたい。伴奏のコードネームを意識しながら旋律を作ることになるであろうが，ここでは出されたコードネームの構成音を，へ音記号に基本形で示す。

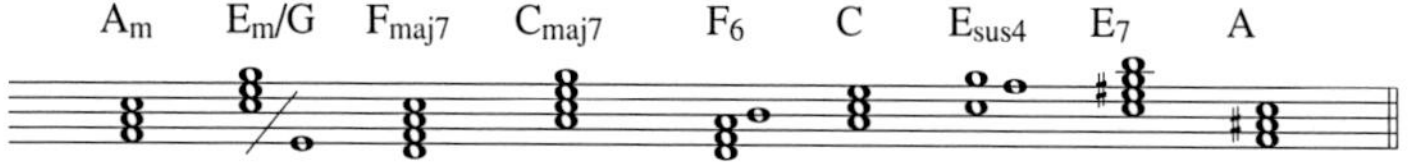

【5】解答略

〈解説〉このような問題は他地域でも出され始めているので，今後は注意すべきである。「3時間扱いの創作活動で，何を，どのように，どんなねらいで，指導の手立ての工夫は」と大きく問われているので，あれこれ考えるといくら時間があっても足りない。解答のコツは，創作活動の分野・テーマを早く決め，それを(1)～(5)に結び付けて記述することである。例えば「グループによる学級歌の作成」「筝を活用した平調子による旋律づくり」など題材の目標をなるべく具体的なものにし，(1)～(5)と関連させ，テスト時間内に仕上げるようにしたい。

【中学校】

【1】(例)　生涯にわたって楽しく豊かな音楽活動ができるための基になる能力を意味している。音楽を形づくっている要素は，生徒が生涯のうちに出会う多様な音楽を理解するための重要な窓口となる。この意味で，音楽を形づくっている要素を知覚し，それらの働きが生み出す特質や雰囲気を感受することは，すべての音楽活動を支える最も基礎的な能力と言える。さらに，音楽活動を行うための音楽に関する用語や記号，楽譜，発声法や楽器の奏法などの知識や技能も必要となるだろう。

〈解説〉解答例は，学習指導要領解説の解説にある文を基本として掲載している。特に学習指導要領解説で定義されている言葉は出題されやすいので，しっかり把握しておこう。

【3校種】

【1】(例)　音楽を形づくっている要素や構造などを客観的な理由としてあげながら，それらと曲想とのかかわりや，楽曲や演奏に対する自分なりの評価などを表すことができるようにする。その際，音楽によって喚起されたイメージや感情について，根拠をもって述べることができるように，音楽を形づくっている要素を知覚することと，それらの働きを感受することとを関連付ける学習が重要となってくる。そして，

関連付ける学習を通して，自分にとっての楽曲や演奏の価値を表すことができるように指導方法を工夫する必要がある。また，他の教科における学習なども含めてこれまでに身に付けてきた諸能力や，生活の中で経験してきたことなどを，批評の中に生かしていくようにする。

〈解説〉解答に際しては，「高等学校学習指導要領解説 芸術編(音楽編)」第2章 第1節の4をぜひ読んでほしい。キーワードの中の「知覚」「感受」の語句は，「音楽Ⅰ」の(1)歌唱，(2)器楽，(3)創作，およびB 鑑賞のすべてにわたって記述されている重要なものである。また，この語句と共に使われている「音楽を形づくっている要素」については，音色，リズム，速度，旋律…など8項目が示されているので，学習して確認しておきたい。

2011年度　実施問題

【中学校】

【1】次の語句について簡潔に説明せよ。なお，(6)～(10)については読み方も記せ。

(1)　ホタ　(2)　ゲネラルプローベ

(3)　タブラチュア　(4)　メヘテルハーネ

(5)　soave　(6)　八木節様式

(7)　四拍子(能における)　(8)　松羽目物

(9)　壱越　(10)　高麗笛

(☆☆☆☆◎◎◎)

【2】次の(　　)に適語を記せ。

(1)　(　①　)はオルガニストやトロンボーン奏者としての仕事と作曲の勉強の合間にイギリス民謡の採譜や賛美歌集の編集などに携わった。1910年初演の弦楽四重奏とオーケストラのための「トマス・タリスの主題によるファンタジア」，1914年初演の「ロンドン交響曲」でイギリスの音楽界で広く知られるようになった。彼の音楽の形式は多様であるが，その根底には常にイギリスの17～18世紀の音楽，伝統的な民謡や賛美歌の世界が存在している。ホルストは学生時代に(　①　)と知り合いイギリス民謡に興味をもつようになったと言われており，管弦楽のための「(　②　)」(1907年)など民謡に基づいた作品を発表している。

(2)　ニューヨークで生まれた(　③　)は，作詞家の兄と組んでレビューやミュージカル向けの多くのポピュラーソングを世に送り出した。1924年，ポピュラー音楽(特にブルース)のイディオムを用いた協奏作品であるピアノと管弦楽のための「(　④　)」で賞賛を浴び，(　⑤　)と呼ばれるこの種の音楽の流行を招いた。この曲のオーケストレーションは(　⑥　)が担当した。

(3) イタリア生まれの作曲家(⑦)は，1839年のスカラ座におけるオペラ「オベルト」初演で成功を収めた後，国内の歌劇場のみならず海外の歌劇場からも委嘱を受け，生涯で26曲もの歌劇を完成させた。1862年初演でロシアのペテルブルグ帝室劇場の委嘱で作曲された「(⑧)」，1871年初演でカイロの歌劇場のこけらおとしのために委嘱された「(⑨)」などが有名である。

(4) (⑩)はドイツの作曲家である。彼はヴェネツィアでG.ガブリエリに師事した。ヴェネツィア滞在中の作品には「マドリガーレ集第1巻」がある。帰国後ザクセン選帝候の宮廷楽長に就任し，複合唱様式の「ダビデ詩編曲集」や1625年に完成した四声部の宗教合唱曲集「(⑪)」は，ドイツの伝統的なポリフォニーの芸術と色彩豊かでダイナミックな歌詞の表出を一つに合わせた作品と言える。シャイン，シャイトとともに17世紀ドイツの「三大Sch」と称され，ドイツ初期バロック音楽に重要な役割を果たした。

(5) (⑫)は1838年パリに生まれた。パリ音楽院で学んだ彼はカンタータ「クロヴィスとクロティルト」でローマ大賞を与えられた。ローマで学んだ後，オペラ，オペレッタの作曲に取り組み，1863年に全三幕のオペラ「(⑬)」を完成させた。このオペラは主人公ナディールとレイラの美しいロマンス，テノールとバリトンの二重唱の透明優美な和声感，旋律や管弦楽法のもつ色彩などから，今なおフランス・オペラの大切なレパートリーの一つとなっている。

(6) (⑭)は，音楽と舞踊を融合させた日本の伝統的な演劇の一つで，将軍足利義満の保護のもと，(⑮)父子によって基本的な形に整えられた。(⑭)の各曲を五種類の曲種に分類し，演ずる際の番組編成の基準とするものを(⑯)という。初番目物とはシテが神であるものを言い，(⑰)ともいう。

(☆☆☆☆◎◎◎)

【3】中学校学習指導要領(平成20年3月)第2章第5節音楽において〔共通事項〕が新設された趣旨及び指導する際の留意点を記せ。

(☆☆☆◎◎◎◎)

【4】次のスコアはある組曲の第12曲(Allegro ridicolo　二分の二拍子)の一部分である。あとの設問に答えよ。

なお，楽器編成は，弦楽五部，シロフォン，ピアノ二台，B♭クラリネット(順不同)である。

(1)　作曲者名を書け。

(2)　25小節目にあるscherz.を省略しないで原語で書き，読み方と意味も書け。

(3)　実際の音よりも1オクターブ高く記譜する楽器と実際の音よりも1

オクターブ低く記譜する楽器の名前を答えよ。

(4)　組曲の曲名を書け。

(5)　次の文章はこの第12曲について述べたものである。(　　)に適語を記せ。ただし，「　」には曲名を，イには国名を，エにはカノンの模倣手法を，カ・クには楽器名を記せ。

この曲が表現しているものは音楽の(　ア　)であり，この曲のタイトルになっている。つまり「聴き古されたメロディー」を意味している。

○21～41小節には日本でもよく演奏される次の(　イ　)民謡などが登場する。

・二台のピアノで演奏されるのは「(　ウ　)」である。ここでは追行句が先行句を(　エ　)の手法で追いかける。最初，変ロ長調で現れるが，(　オ　)調に転調する。

・(　カ　)で演奏される曲は日本では「(　キ　)」という題で親しまれているが，「上等なたばこがあるよ」という原題が付いている。

○34小節目のアウフタクトから(　ク　)で奏される主題には，作曲者自身の作品である交響詩「(　ケ　)」の「骸骨の踊り」という曲が用いられている。

○スコアに示した部分以外にも，(　コ　)作曲の歌劇「(　サ　)」のアリア「今の歌声は」が用いられている。

(6)　この組曲の第4曲「亀」では，ある喜歌劇の序曲の主題を用いている。この喜歌劇の作曲者を答えよ。

(☆☆☆☆◎◎◎)

【5】次の条件に従い，8小節の旋律とピアノ伴奏を創作せよ。

・旋律は中学生が音楽の授業でアルト・リコーダーを使って演奏するものとする。

・ピアノ伴奏は示したコードによるものとする。

(☆☆☆☆◎◎◎)

【6】中学校学習指導要領(平成20年3月)第2章第5節音楽では，第2学年及び第3学年の2内容に以下のように示されている。

B鑑賞

(1) 鑑賞の活動を通して，次の事項を指導する。

ア 音楽を形づくっている要素や構造と曲想とのかかわりを理解して聴き，根拠をもって批評するなどして，音楽のよさや美しさを味わうこと。

イ 音楽の特徴をその背景となる文化・歴史や他の芸術と関連付けて理解して，鑑賞すること。

ウ 我が国や郷土の伝統音楽及び諸外国の様々な音楽の特徴から音楽の多様性を理解して，鑑賞すること。

(2) 鑑賞教材は，我が国や郷土の伝統音楽を含む我が国及び諸外国の様々な音楽のうち，指導のねらいに適切なものを取り扱う。

〔共通事項〕

(1) 「A表現」及び「B鑑賞」の指導を通して，次の事項を指導する。

ア 音色，リズム，速度，旋律，テクスチュア，強弱，形式，構成などの音楽を形づくっている要素や要素同士の関連を知覚し，それらの働きが生み出す特質や雰囲気を感受すること。

イ 音楽を形づくっている要素とそれらの働きを表す用語や記号などについて，音楽活動を通して理解すること。]

これらを踏まえ，3時間扱いの題材を構成し，次の(1)～(6)について記せ。

(1) 題材の目標

(2) B 鑑賞(1)ア，イ，ウのうち指導する事項

(3) 〔共通事項〕(1)アのうち指導する音楽を形づくっている要素

(4) 選択した教材曲

(5) 1時間ごとのねらいと具体の評価規準

(6) 2時間目の学習過程と指導の手立ての工夫

(☆☆☆☆◎◎◎)

解答・解説

【中学校】

【1】(1)　スペインの民族舞曲で3拍子，速いリズム，激しい跳躍と回転で向かい合った1組又は複数の男女が踊るもの。　(2)　管弦楽やオペラの公演直前の総練習，リハーサルのことで，一般に公開されることもある。　(3)　楽器の奏法を音符の代わりに文字や数字，記号で示した楽譜のこと。　(4)　トルコの軍楽隊のこと。　(5)　曲想を表す音楽用語で，愛らしく，柔らかにの意。　(6)　読み方：やぎぶしようしき。日本民謡をリズムを主として分類したもので，拍節が明確で固定リズム(2拍子系)のもの。　(7)　読み方：しびょうし。能楽の囃子に用いられる能管・小鼓・大鼓・太鼓の4種類の楽器。また，それらの演奏者の総称。　(8)　読み方：まつばめもの。歌舞伎の舞踊劇で，能や狂言の題・内容と様式を借用したもののこと。　(9)　読み方：いちこつ。古代中国と日本伝統音楽で用いられ「十二律」の日本における基準音(第1音)で，D音(1点ニ音)にほぼ同じである。　(10)読み方：こまぶえ。雅楽の右方舞楽の高麗楽(こまがく)に用いられる横笛で全長約37cm，6孔。

〈解説〉難問がいくつかあるので，資料等で確認しておこう。

(1)　ギター，カスタネット，タンブリンの演奏，アラゴン地方のものが最も有名。　(2)「ゲネプロ」と略すことが多い。　(3)　タブ譜とも呼ばれ，現在は形を変えてギターの記譜などに使われている。

(4)　ズルナ(ダブルリードの管楽器)や太鼓による合奏で18世紀初めにヨーロッパ人を魅了し，ハイドン，モーツァルト，ベートーヴェンらも独特の響きを作品で使っている。　(6)　対語は追分様式である。

(8)「勧進帳」や「船弁慶」などがその例。　(10)　竜笛よりも細いことから細笛とも呼ばれる。

【2】① ヴォーン・ウィリアムズ ② サマセット・ラプソディー ③ ガーシュイン ④ ラプソディー・イン・ブルー ⑤ シンフォニック・ジャズ ⑥ グローフェ ⑦ ヴェルディ ⑧ 運命の力 ⑨ アイーダ ⑩ シュッツ ⑪ カンツィオネス・サクレ ⑫ ビゼー ⑬ 真珠とり ⑭ 能 ⑮ 父：観阿弥 子：世阿弥 ⑯ 五番立 ⑰ 脇能

〈解説〉(1)～(5)は西洋やアメリカの作曲家とその音楽についての出題，(6)は日本伝統音楽の能に関する設問であり，いずれも適語を記述するためにはかなりの知識を必要とする難問である。 (1) イギリスの作曲家，ヴォーン・ウィリアムズ(1872～1958)については「ロンドン交響曲」やイギリス民謡との関連が載っているが，親しまれている「グリーンスリーブス幻想曲」の曲名が記述されていない。ホルストについては一般に組曲「惑星」がよく知られているが，もっと前の作品「サマセット・ラプソディ」が②の答として出題されている。両作曲家について深く調べないと正答は難しい。 (2) ガーシュイン(1898～1937)とその作品や，⑤のシンフォニック・ジャズはよく知られている。④の「ラプソディー・イン・ブルー」のオーケストラ編曲をした⑥のグローフェ(1892～1972)は，管弦楽組曲「グランド・キャニオン(大峡谷)」の作品で有名である。 (3) ⑦のヴェルディのオペラ「アイーダ」は，スエズ運河開通の記念として建てられたカイロ劇場で初演され，中・高校生の鑑賞指導にも多くとりあげられていることはよく知られる。だが，数多いヴェルディのオペラの中からロシア・ペテルブルグ劇場の委嘱で作曲されたという記述だけで，⑧の「運命の力」を正答するのは難しい。 (4) ⑩のシュッツ(1585～1672)はルネサンスからバロックにかけて宗教曲作品を残し，親交のあったシャイン(1586～1630作曲家・詩人)及びシャイト(1587～1654作曲家・オルガニスト)と共に17世紀ドイツの〈3大Sch〉と称された人。しかし，ドイツ初期のバロック音楽を深く学習しないと，⑪の「カンツィオネス・サクレ」(合唱曲集)は正答できないであろう。 (5) ⑫のビゼーの作品ではオペラ「カルメン」が有名であり，組曲「アルルの女」もよく知られる。が，スリランカ島を舞台とした悲劇のオペラ⑬の「真珠とり」はフランスではともかく，世界各地で上演されることが少ないだけに，この問いも難問といえよう。　(6)　⑭の能と⑮の観阿弥・世阿弥は正答できなければならないもの。⑯と⑰は能についての知識が必要である。⑯の五番立(ごばんだて)とはシテ(主役)の性格によって能は五つに大別され，同時にこれが能の上演の順序(番組編成)をあらわしている。その最初の初番目物は，神が主人公で脇能(⑰)ともいう。二番目物(修羅能)は男・武将が主人公。三番目物(かずら能)は女が主人公。四番目物(雅能)はどこの分類にも入らないもの，シテが狂女の場合が多いので〈物狂い能〉とも言う。五番目物(切り能)は鬼畜類が主人公で最後に演じられるので〈切能〉と呼ばれる。神(しん)・男(なん)・女(にょ)・狂(きょう)・鬼(き)に能は大別される。

【3】主旨：音や音楽を知覚し，そのよさや特質を感じ取り，思考・判断する育成を一層重視したため。　留意点：解答略

〈解説〉公開解答例の〈趣旨〉は，平成20年1月の中教審答申において音楽科の改善の基本方針として示されたものの1つである。〔共通事項〕が新設され，その趣旨や留意点については教採対策として深く学習していることであろうが，このような設問に対して〈趣旨〉を大きくとらえて，しかも簡潔に説明できることが大切である。

【4】(1)　サン＝サーンス　(2)　原語：scherzando　読み方：スケルツァンド　意味：おどけて，たわむれるように　(3)　1オクターブ高く記譜：コントラバス　1オクターブ低く記譜：シロフォン
(4)　動物の謝肉祭　(5)　ア　化石　イ　フランス　ウ　きらきら星　エ　直行(平行)カノン　オ　変ホ長　カ　クラリネット　キ　月夜(月の光)　ク　シロフォン　ケ　死の舞踏
コ　ロッシーニ　サ　セビリアの理髪師　(6)　オッフェンバック

〈解説〉サン＝サーンス作曲の組曲「動物の謝肉祭」(全14曲)の第12曲「化石」のスコアを中心とした出題である。第13曲「白鳥」(チェロと

ピアノ2)が広く知られ，第4曲「亀」のユーモラスな，第11曲「ピアニスト」の皮肉な描写など愉快な組曲である。 (2) scherzando(おどけて，たわむれるように)は，元はscherzareで遊ぶ，たわむれる，じゃれるの意。 (3) コントラバス(4弦が普通のもの)の記譜は加線が増えてしまうため，実音よりオクターヴ高く記譜する。逆にシロフォン(木琴)は，ピッコロと同じように実音よりもオクターヴ低く記譜する。
(5) 何げなくこの曲を聴いていた場合，すべての正答は困難であろう。フランス民謡「きらきら星」の26小節目のアウフタクトから始まるカノン，29小節からの変ホ長調，30小節からのクラリネットなどに留意したい。シロフォンで奏される「死の舞踏」の主題も知っていなければ答えられない。ロッシーニ作曲の歌劇「セビリアの理髪師」のロジーナが歌うアリア「今の歌声は」も同じである。 (6) 第4曲「亀」ではオッフェンバックの「天国と地獄」のいわゆる「カンカン踊り」の旋律が，弦楽器でゆっくりと悠長な亀の歩みをあらわしている。

【5】解答略

〈解説〉アルトリコーダー用の旋律8小節とピアノ伴奏の作曲の出題である。ヘ長調で4分の4拍子，伴奏用のコードネームが示されている。アルトリコーダーの最低実音はヘ音であるが，すべての指孔(穴)をふさぐヘ音は音色の響きがよくないので使わないよう，ト音から1オクターヴ半ぐらいの音域内で作曲したい。記譜もアルトリコーダーの独奏なので実音式でよい。難しいと思われるコードネームを基本位置で次に示す。斜線の下はバス音である。

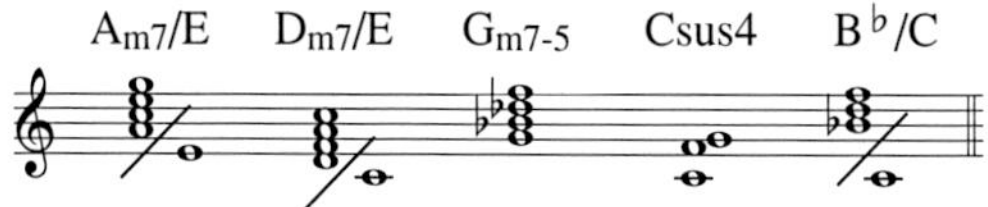

【6】解答略

〈解説〉学習指導要領・第2～3学年の〈B鑑賞〉及び〔共通事項〕を踏まえ，3時間扱いとして記述せよという教師の立場から解答する問題である。本問において，まず重要になるのは構想立てであろう。例えば(4)の教材曲をいくつ選択するか，(1)の題材の目標は教材曲数に応じて立てるか，(2)ア，イ，ウの選択及び(3)音楽を形づくっている要素やその関連をどう生かすか，〔共通事項〕として〈A表現〉の活動をどこへ入れるかなど3時間扱いの構想を，しっかりと立てたい。テストの時間制限があるため，完全な解答は困難であろうが，時間内で仕上げるためにも模試等で練習するとよいだろう。

2010年度　実施問題

【中学校】

【1】次の語句について簡単に説明せよ。なお，(6)，(8)，(10)については読み方も記せ。

(1)　ポルカ　　(2)　全音音階　　(3)　三部形式
(4)　チャールダーシュ　　(5)　モリンホール　　(6)　grazioso
(7)　ヒシギ　　(8)　産字　　(9)　唱歌(しょうが)　　(10)　下座音楽

(☆☆☆☆◎◎◎)

【2】次の(　　)に適語を入れよ。ただし，⑪，⑫については，漢字で記せ。

(1)　イタリアで起こった多声歌曲の形式。14世紀イタリアで様式的に完成され，14世紀末に一度衰えるが，16世紀に貴族社会の社交的な芸術として復興した。マレンツィオ，ジェズアルド等とともに，遺作も含め9巻にわたる(　①　)集を作曲した(　②　)がこの芸術を最後の様式的な完成まで高めたと言われる。彼の5声(　①　)集第6巻にはオペラ「アリアンナ」から編曲した「アリアンナの嘆き」や「愛する女の墓に流す恋人の涙」などを含んでいる。

(2)　(　③　)はボヘミアに生まれ，ウィーンに出て楽友協会音楽院で学んだ。指揮者として演奏活動を続けながら作曲活動も続け，未完も含め10曲の交響曲やたくさんの歌曲集を作曲した。注目すべき点としては，交響曲の中に歌曲の世界を持ち込んだことがあげられる。テノールとアルト(またはバリトン)独唱と管弦楽のための交響曲「(　④　)」は李白，孟浩然らの漢詩のドイツ語訳を歌詞としており，6楽章の連作歌曲集の形を呈している。

(3)　(　⑤　)は「真実主義」「現実主義」などと訳すこともある。文学に触発されイタリアオペラに現れた，反ロマン主義的傾向をいう。オペラにおいてはヴェルガの小説を基に(　⑥　)が作曲した「カヴァレリア・ルスティカーナ」以来この傾向が盛んになった。

(4)　(　⑦　)はバラキレフらとともに5人組と呼ばれた。独習で作曲を始めたが，ロシア国民学派の活動に参加し1869年にオペラ「ボリス・ゴドゥノフ」の初版を作曲した。同じく5人組の(　⑧　)は総じて幻想的・色彩的な作風で知られ，「管弦楽法原理」を著すなど弟子たちやラヴェル，レスピーギ他の近代作曲家に大きな影響を与えた。

(5)　スペインの作曲家である(　⑨　)は，1905年のオペラ「はかなき人生」で作曲家として広く認められるようになった。パリにおいて，ドビュッシーやラヴェル，またスペインから留学中のアルベニスらの作曲家の知遇を得，影響を受けた。1910年代の半ば以降にバレエ音楽「(　⑩　)」や「三角帽子」を作曲した。これらの曲はともに鮮烈な民俗的な性格と，普遍的に訴える力をもち，高い評価を得ている。

(6)　(　⑪　)は江戸時代に発展した日本の伝統的な人形劇である。この中で太夫と三味線が演奏する音楽は(　⑫　)と呼ばれ，三味線を伴奏楽器とする語り物の代表格である。

(7)　(　⑬　)は秋田県大館市出身の作曲家である。作曲を市川都志春，ピアノを塚田誠各氏に師事した。多数の合唱曲，器楽曲，編曲作品があり，ベートーヴェンのピアノソナタ第8番ハ短調Op.13「悲愴」の第2楽章の旋律を用いた「(　⑭　)」をはじめ，「時の旅人」，「遠い日の歌」等広く知られている。

(☆☆☆☆◎◎◎)

【3】中学校学習指導要領(平成20年文部科学省)では，音楽科の目標について次のように示されている。設問に答えよ。

表現及び鑑賞の幅広い活動を通して，音楽を愛好する心情を育てるとともに，音楽に対する感性を豊かにし，音楽活動の基礎的な能力を伸ばし，音楽文化についての理解を深め，豊かな情操を養う。

(1)　音楽科の目標において，今回の改訂で新たに規定した部分を抜き書きせよ。

(2) (1)で示した，今回の改訂で新たに規定した部分の趣旨について説明せよ。

(☆☆☆◎◎◎◎)

【4】次のスコアはある交響曲の一部分である。このスコアについてあとの設問に答えよ。

(1)　曲名と楽章を書け。

(2)　作曲者名を書け。

(3)　この作品が初演された都市の名前を書け。

(4)　162小節目1拍目に，1stトロンボーンと実音で同じ高さの音を演奏しているパートを一つ書け。

(5) 171小節の和音の第3音を演奏している中で，最も低い音を演奏しているパートを書け。

(6) 次の文章はこの曲の主な特徴等について述べたものである。( )に適語を入れよ。ただし，Aには人名を③④⑤には楽器名を，それぞれカタカナで書け。

・ 作曲者がこの交響曲に与えた(①)によると，169小節目は「芸術家が(②)される」場面の描写である。この場面で(③)を3人の奏者で演奏していることがこの曲の管弦楽法の特徴としてあげられる。これは，(A)が作曲した交響曲においては見られなかったことである。またOph.は，現在ではほとんど使われておらず，作曲者も(④)での演奏を是認した。

・ 164小節目から(⑤)によって演奏される旋律は，(⑥)と呼ばれ，各楽章で形を変えながら現れる。このような働きをするものは，ワーグナーの楽劇の中ではさらに有機的に取り扱われ，(⑦)と呼ばれた。

・ この曲は，(A)の死の3年後に作曲された。この時代以降に発展する(①)音楽の先駆けとなった点，5つの楽章から構成される点は，(A)が作曲した交響曲(⑧)との共通点と言える。

(☆☆☆☆◎◎)

【5】次の条件に従い，旋律とピアノ伴奏を創作せよ。

・旋律は中学生が音楽の授業でアルト・リコーダーを使って演奏するものとし，冒頭部分に続けて2～8小節目までを創作すること。

・ピアノ伴奏は1～8小節目までの創作とし，[ ]の中にはコードネームを書くこと。

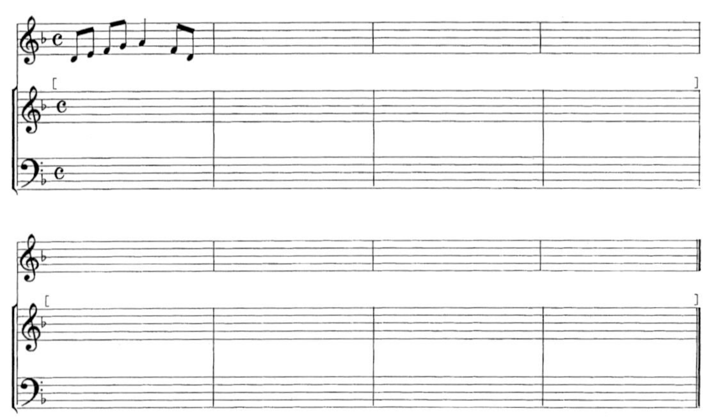

(☆☆☆☆◎◎◎)

【6】中学校学習指導要領(平成20年文部科学省)では，「各学年「A表現」の歌唱教材については，以下の共通教材の中から各学年毎に1曲以上を含めること」と示されており，今年度から先行実施されることとなった。

「赤とんぼ」「荒城の月」「早春賦」「夏の思い出」「花」「花の街」「浜辺の歌」

また，現行の中学校学習指導要領の第2学年及び第3学年の表現の内容は以下のように示されている。

(1)　表現の活動を通して，次の事項を指導する。

ア　歌詞の内容や曲想を味わい，曲にふさわしい歌唱表現を工夫すること。

イ　曲種に応じた発声により，美しい言葉の表現を工夫して歌うこと。

ウ　楽器の特徴を生かし，曲にふさわしい音色や奏法を工夫して表現すること。

エ　声部の役割を生かし，全体の響きに調和させて合唱や合奏をすること。

オ　歌詞にふさわしい旋律や楽器の特徴を生かした旋律を作り，声や楽器で表現すること。

カ　表現したいイメージや曲想をもち，様々な音素材を生かして自由な発想による即興的な表現や創作をすること。

キ　音色，リズム，旋律，和声を含む音と音とのかかわり合い，形式などの働きを理解して表現を工夫すること。

ク　速度や強弱の働きによる曲想の変化を理解して表現を工夫すること。

これらを踏まえ，前述した共通教材のうちの1曲を主な教材とする3時間扱いの題材を構成し，その指導について次の(1)～(5)に従って記せ。

(1)　選択した共通教材

(2)　指導する事項(3つ以内)

(3)　題材の目標

(4)　1時間ごとのねらいと具体の評価規準

(5)　2時間目の学習過程と指導の手立ての工夫

※　生徒が自己のイメージと音楽の諸要素の働きとをかかわらせながら表現の工夫ができるように配慮すること。

(☆☆☆☆◎◎◎)

解答・解説

【中学校】

【1】〈評価規準〉　(1)　ボヘミア(チェコ)，2拍子の舞曲等のキーワードを主な観点として，相対的に評価する。　(2)　全音だけからなる音階，ドビュッシー等のキーワードを主な観点として，相対的に評価する。(3)　A－B－A，提示・対照・再現等のキーワードを主な観点として，相対的に評価する。　(4)　ハンガリー，緩やか・急速等のキーワードを主な観点として，相対的に評価する。　(5)　馬頭琴，モンゴルの胡

弓等のキーワードを主な観点として，相対的に評価する。　(6)　読み方：グラツィオーソ　優雅に，優美に等のキーワードを主な観点として，相対的に評価する。　(7)　能管，非常に高い音等のキーワードを主な観点として，相対的に評価する。　(8)　読み方：うみじ　間をおく，母音を伸ばす等のキーワードを主な観点として，相対的に評価する。　(9)　旋律を口ずさむ，楽器の練習・暗譜・伝承等のキーワードを主な観点として，相対的に評価する。　(10)　読み方：げざおんがく　歌舞伎，舞台の陰等のキーワードを主な観点として，相対的に評価する。

〈解説〉(1)　ポルカは19世紀初期にボヘミアに起こった2拍子の舞曲。(2)　オクターヴを6個の全音に分けた音階。印象主義のドビュッシーが基礎的手法として用いたことで知られる。　(4)　ハンガリーの2拍子の民族舞曲。ゆるやかな導入部と急速なシンコペーションのリズムの主部よりなる。　(5)　モンゴルの弓奏楽器で馬頭琴とも呼ばれる。弦，弓とも馬の毛が用いられている。　(7)　能楽に用いる能管(横笛)の，強い息で出す特有の鋭い高音のことで，第3倍音列の最高音を出す。　(8)　産字(うみじ)とは謡曲や長唄などで一つの音の母韻を歌う時の音のこと。例えば「こそ」の「そ」を引いて「そーお」と発音する時の「お」のこと。　(9)　和楽器の習得で使われるソルミゼーションの一種。〈テンツクテンツクツ〉や〈コローリン〉など。三味線や箏曲で口三味線ともいう。　(10)　下座(げざ)音楽とは歌舞伎の下手の黒御簾(くろみす)内で演奏される音楽。黒御簾音楽又は歌舞伎囃子とも言う。

【2】①　マドリガル　②　モンテヴェルディ　③　マーラー　④　大地の歌　⑤　ヴェリズモ　⑥　マスカーニ　⑦　ムソルグスキー　⑧　リムスキー・コルサコフ　⑨　ファリャ　⑩　恋は魔術師　⑪　文楽　⑫　義太夫節　⑬　橋本祥路　⑭　心の中にきらめいて

〈解説〉(1)～(5)は西洋音楽史や作曲家に関するもの。(6)～(7)は我が国の音楽に関する設問である。 (1) マドリガルとモンテヴェルディの説明。モンテヴェルディは歌劇の初期の作曲者でもある。 (2) マーラーは「大地の歌」のほか，第2・3・4・8の交響曲で歌曲をとり入れている。 (3) ヴェリズモ・オペラはマスカーニの「カヴァレリア・ルスティカーナ」以外にもレオンカヴァロの「道化師」がよく知られる。プッチーニのオペラもヴェリズモの傾向があるとされる。 (6) 文楽(ぶんらく)は人形浄瑠璃のことで，文楽とは劇場名に由来している。義太夫節では太棹三味線が用いられる。

【3】(1) 音楽文化についての理解を深め， (2) 〈評価規準〉・我が国の音楽文化への愛着と諸外国の音楽文化の尊重 ・音を媒体としたコミュニケーション

〈解説〉新学習指導要領では，中学校・高校ともに新たに音楽科の目標に「音楽文化についての理解を深め」が入った。(2)については文科省の解説に解答例の主旨が述べられている。

【4】(1) 幻想交響曲 第4楽章 (2) ベルリオーズ (3) パリ (4) チェロ (5) 1stティンパニ (6) A ベートーヴェン ① 標題 ② 処刑 ③ ティンパニ ④ テューバ ⑤ クラリネット ⑥ 固定楽想(イデー・フィクス) ⑦ 示導動機(ライトモティーフ) ⑧ 第6番「田園」

〈解説〉出題のオーケストラのスコアは，ベルリオーズの「幻想交響曲」第4楽章「刑場への行進」の最後，断頭台のギロチン場面である。164小節からクラリネットソロで愛人を象徴する「固定楽想」が少し現れ，すぐにギロチン執行の場面となる。 (4) 162小節目の1拍目，1stトロンボーンはGの音を奏しており，実音で同じ高さのパートとなるとチェロである。 (5) 171小節の和音は〈G・H・D〉であり，第3音のHを奏しているパートは1stティンパニとの答であるが，打楽器以外のパートをさがして答えたくなる。難問といえよう。 (6) このスコアの金管楽器群の最低音パートの楽器は，Oph.(オフィクレイド)という有

鍵ビューグルに属する金管低音で，現在はほとんど使われずチューバが用いられる。この(6)では，ベートーヴェンの第6交響曲「田園」の標題と幻想交響曲との共通点や，固定楽想及びワグナーの「示導動機(ライトモティーフ)」など広い視野からの学習が必要である。

【5】解説参照

〈解説〉ニ短調で$\frac{4}{4}$拍子・1小節目の主旋律のみを示し，それに続くアルト・リコーダー用の8小節の曲を創作せよ，ピアノ伴奏も作曲せよ，という出題である。紙の上だけの作曲はやりにくいが，ピアノ伴奏を考えつつ2～8小節の旋律を作りたい。コードネームはDm，Gm，Aが中心になるであろうが伴奏に合わせて記入する。

【6】解答省略

〈解説〉歌唱共通教材7曲のうちの1曲を主な教材として，3時間の指導について(1)～(5)に従って記せという出題である。(2)には現行の中学校学習指導要領の，表現活動の指導事項ア～クから3つ以内を選ぶことになっている。教材曲を選び，(1)～(5)に沿って指導の手順や工夫などを考えて仕上げたいもの。

〈評価基準〉・指導する事項の選択　・指導する事項とねらいと具体の評価規準の整合性，音楽の諸要素のかかわり　・表現を工夫させるための手立てと，音楽の諸要素のかかわり　　等を主な観点として相対的に評価する。

2009年度　実施問題

【中高共通】

【1】次の語句について簡単に説明せよ。

① テクスチュア　② 第7旋法
③ オラトリオ　④ 通奏低音
⑤ 引き色　⑥ sosten.
⑦ 音取(ねとり)　⑧ armonioso
⑨ 赤馬節　⑩ オスティナート

(☆☆☆☆◎◎◎◎)

【2】次の(　　)に適語を入れよ。

(1) (　①　)は，「探し出す」というイタリア語に由来する楽種の名称であり，もともとはリュートや鍵盤楽器による前奏曲のような即興的作品を意味した。のちに，教会ソナタの形と(　②　)の二つの方向に分かれていった。

(2) スペイン国民音楽の主要な担い手の一人であった(　③　)は，同じカタロニア出身の内省的土着的なグラナドスとは気質も対照的で，母国の豊かな音楽的源泉を汲みつつも，西欧的技法の吸収を生涯に渡り求め続けた。1893年にパリに居を定めた(　③　)は，フォーレやP.デュカスら優れた師友を得て作品に洗練を加えていき，スペイン音楽の最初の傑作といわれる『(　④　)4集』を完成させた。

(3) 19世紀，ロッシーニ，ドニゼッティと共に現代に続くイタリア・オペラの様式を完成させた(　⑤　)は，優美な旋律が流れる作品を多く作っている。1831年に初演された彼の作品『(　⑥　)』のフィナーレで，村娘アミーナが歌うアリアは，コロラトゥーラの華麗な技法がふんだんに使われたベル・カント・オペラ屈指の名曲である。

(4) ラフマニノフと並ぶピアニストとしても知られたロシアの作曲家

(　⑦　)は，20世紀初めに神秘主義哲学やオカルティズムの影響を受けながら，交響曲やピアノ・ソナタのジャンルで，リスト的な(　⑧　)法やワーグナーの半音階的な和声法を発展させた独自の様式を確立した。主な作品に，『プロメテウス－火の詩』が挙げられる。

(5)　我が国で最初のオペラ『羽衣』を作曲したのは，秋田県由利本荘市・(旧東由利町)出身の(　⑨　)である。彼の代表作の一つに，竹久夢二の詩に作曲した『(　⑩　)』が挙げられる。

(☆☆☆☆◎◎)

【3】現行の中学校学習指導要領，高等学校学習指導要領には，それぞれ次のように示されている。設問に答えよ。

[中学校]
内容の指導に当たっての配慮事項(4)
器楽指導については，指導上の必要に応じて弦楽器，管楽器，打楽器，鍵盤楽器，電子楽器及び世界の諸民族の楽器を適宜用いること。また，和楽器については，3学年間を通じて1種類以上の楽器を用いること。

[高等学校]
内容の取扱い(4)
内容のAの(1)のア及び(2)のアについては，我が国の伝統的な歌唱及び和楽器を含めて扱うようにする。

(1)　音楽の授業で和楽器を用いる(扱う)ときの意義について説明せよ。

(2)　和楽器を用いる(扱う)ときの，指導計画を作成する上での配慮すべき点について説明せよ。

(☆☆☆◎◎◎)

【4】次のスコアはある曲の冒頭部分である。このスコアについて下の設問に答えよ。

(1) 曲名を書け。

(2) 作曲者名を書け。

(3) 作曲者がこの曲を作曲した時代に住んでいた都市の名前を書け。

(4) この曲の冒頭の音について，最高音と最低音の音程は何オクターブか。また，ファゴットと同じ高さの音を演奏しているパートをすべて書け。

(5)　次の文章はこの曲の主な特徴等について述べたものである。(　　)に適語を入れよ。　※楽器名が入る場合は，カタカナで書け。

・この時代の交響曲は，第1楽章を(　①　)形式とし，第3楽章に(　②　)が用いられるのが標準的である。また，第3楽章は，第1楽章と同じ調性で書かれることが多く，この曲の第3楽章も(　③　)長調で書かれている。

・楽器編成については，この作曲家が他の楽曲で好んで使っている(　④　)が使われていない。また，2管編成ではなく，(　⑤　)を1本で演奏することが示されている。

・冒頭部分の(　⑥　)は，ティンパニと同じ音程とリズムで書かれている。

・この曲の第4楽章に使われているモチーフの音型(CDFE，ドレファミ)は，(　⑦　)音型と呼ばれていて，この曲の作曲者が8歳の時に作曲した『(　⑧　)』などいくつかの楽曲でも使われている。

(☆☆☆☆◎◎◎)

【5】次の条件に従い，旋律とピアノ伴奏を創作せよ。

・旋律はソプラノリコーダーで演奏するものとし，冒頭部分に続けて2～6小節目までを創作すること。

・ピアノ伴奏は1～8小節目までの創作とし，[　　]の中にはコード名を書くこと。

(☆☆☆☆◎◎◎)

【6】現行の中学校学習指導要領，高等学校学習指導要領には，それぞれ次のように示されている。これを踏まえ，創作を中心とする3時間の題材を構成し，その指導について下の(1)～(5)に従って記せ。

> [中学校第2学年及び第3学年]
> A　表現
> オ　歌詞にふさわしい旋律や楽器の特徴を生かした旋律を作り，声や楽器で表現すること。

> [高等学校音楽Ⅰ]
> A　表現(3)創作
> ア　いろいろな音階による旋律の創作

(1)　対象の校種・学年(中学校第2学年～第3学年，高等学校音楽Ⅰから選択)

(2)　題材名

(3)　題材の目標

(4)　1時間ごとのねらいと具体の評価規準

(5)　学習過程と指導の手立ての工夫

・生徒が自己のイメージと音楽の諸要素の働きとをかかわらせながら創作できるように配慮すること。

(☆☆☆☆◎◎)

解答・解説

【中高共通】

【1】① ある楽曲における，音の基本的な組み合わせ方。織り合わせ方。 ② ミクソリディア旋法。教会旋法のひとつ。音域は「ト—1点ト」，終止音は，「ト」，支配音「1点二」 ③ 宗教的・道徳的題材を扱った大規模声楽曲。まれに世俗的なものもある。 ④ 17・18世紀のヨーロッパ音楽で，鍵盤楽器奏者が与えられた低音の上に，即興で和音を弾きながら伴奏声部を完成させる方法及びその低音部のこと。 ⑤ 箏の奏法の一つ。左手で柱の左の絃をつまんで柱の方へ引き寄せ，弾絃部の張力を弱めておいて弾絃するもの。音をわずかに低める手法。 ⑥ (ソステヌート)音の長さを十分に保って ⑦ 雅楽曲。曲の前に奏し，その曲の属する調の雰囲気を醸し出すとともに，楽器の音程を整える意味をもつ短い曲。 ⑧ (アルモニオーソ)よく調和して ⑨ 沖縄県八重山地方の節歌の一つ(民謡) ⑩ 同一音型(旋律型やリズム型)を繰り返し用いること。しばしばバス声部にあらわれグランドベースなどと呼ばれる。

〈解説〉① テクスチュアの語は，中学校新学習指導要領〈音楽〉・2内容の〔共通事項〕に，指導事項として音色，リズム，速度，旋律，強弱，形式などの語と共に載っている。 ⑥ sostenutoの略。 ⑧ armonioso(協和的に，調子よく)の語は，ほとんど使われないもので難問。 ⑨ 赤馬節も一般によく知られた民謡とないえない。

【2】① リチェルカーレ　② フーガ　③ アルベニス　④ イベリア　⑤ ベッリーニ　⑥ 夢遊病の女　⑦ スクリャービン　⑧ 循環主題　⑨ 小松耕輔　⑩ 母

〈解説〉適語を入れよという設問であるが，①～⑩の大半は音楽辞典からの出典のような難問であり，仮に辞典類の持ち込みを可としてもすべての正答は困難であろう。試験には時間制限もあるので，時間のかかりそうな記述設問に多くを割く工夫が必要である。

【3】解答略

〈解説〉採点上の評価基準として(1)・(2)ともに簡潔に要旨が述べられている。新学習指導要領において，「我が国や郷土の伝統音楽の指導が一層充実して行われるようにする(2008年1月17日中教審・答申)」に触れるなど，本設問の意義について記述したいもの。

〈評価基準〉(1)　我が国の伝統的な音楽のよさ，我が国や諸外国の音楽文化の尊重等のキーワードを主な観点として，相対的に評価する。

(2)　歌唱や創作，鑑賞との関連付け，体験等のキーワードを主な観点として，相対的に評価する。

【4】(1)　交響曲第41番(ジュピター)　(2)　モーツァルト

(3)　ウィーン　(4)　4　ホルン2番，ティンパニー，チェロ

(5)　① ソナタ　② メヌエット　③ ハ　④ クラリネット　⑤ フルート　⑥ トランペット　⑦ ジュピター　⑧ 交響曲第1番変ホ長調

〈解説〉(3)　モーツァルトの最後の交響曲であり，36歳で死去したときの都市，ウィーンは有名。25歳からウィーンに定住した。　(4)　最高音はフルート，最低音はコントラバス。コントラバスは，記譜の1オクターブ下が実音である。現代では使用されていない楽器が出てくるため，楽器の歴史についても学習しておくとよい。　(5)　特定の楽曲に対して深く掘り下げた問題。スコアを読むことができるかということが解答の鍵になる。楽器の名前は，伊独仏英の4種類で学習してお

くこと。単数複数でスペルも読み方も変わることがあるため基礎知識として覚えておくと良い。①ソナタ形式，②メヌエットであり，第3楽章にスケルツォを取り入れたのはベートーヴェン(第2交響曲)以降である。⑦と⑧はかなりモーツァルトの作品(交響曲)について研究していないと正答が難しい。

【5】略
〈解説〉ソプラノリコーダーの独奏曲とピアノ演奏の創作である。ピアノ伴奏の方が難しいと思われ，コードネームを考えつつ仕上げたい。

【6】解答略
〈解説〉中学校第2～3学年あるいは高校音楽Ⅰを対象として，創作を中心とする3時間の題材構成の指導を記述せよという出題である。(4)や(5)の記述の課題は詳細で具体的さが要求されている。時間がかかりたいへんであるが，教師として指導の立場になって仕上げたい。
〈評価基準〉声や楽器の特徴や奏法，自己のイメージや感情，音楽的(芸術的)な感受等のキーワードを主な観点として相対的に評価する。

2008年度　実施問題

【中高共通】

【1】日本の伝統音楽について，次の各問いに答えよ。

(1)　次の①～③の文章は，何についての説明か，漢字で書け。

①　三味線などの弦楽器で，音高を定めるために指で弦を押さえる場所を言う。

②　鼓の革と胴とを結び付ける麻製の二本縒りのひもで，楽器ごとに多少太さや長さが異なる。

③　箏曲や地唄の楽曲構成部分の名称。歌と歌に挟まれた器楽のみの間奏部分で，短い部分は「合いの手」と呼ばれるが，それよりも長く，技巧的である場合が多い。

(2)　次の能楽の説明文について，(　　)の中に適する言葉を書け。

能楽は，能と(　①　)からなる歌舞芸能で，民衆芸能や農耕儀礼から発達した(　②　)や奈良時代に(　③　)から伝来した(　④　)を母体にして発展し，(　⑤　)時代に，観阿弥，(　⑥　)によって，能楽の基礎が大成された。

代表作「高砂」では，強さや喜びを伝えるために，(　⑦　)と言って，(　⑧　)をはっきり強く，メロディーは，(　⑨　)を広く取らず，一本調子のように謡う。能の間に(　①　)を挟んで上演する形態は，現代にも継承されており，歌舞主体と(　⑩　)というそれぞれの特徴を際だたせながら，相乗効果をあげている。

(☆☆☆◎◎◎)

【2】次の(　　)の中に適する言葉等を入れよ。

(1)　音階理論体系について，トルコでは1音を9等分し，2/9音，4/9音，5/9音等を使っているが，エジプトにおいては，イランと同様(　①　)音の体系によりまとめられている。

(2)　インド音楽では，今日，即興的な音楽を「思想の道の音楽＝

(　②　)」と呼び，また，インドの古典音楽以外であらかじめ作曲された音楽を，「カルピタ・サンギータ」と呼ぶ。

(3)　朝鮮半島に伝わる(　③　)は，劇的な内容と表現をもつ語り物の音楽であり，太鼓のプクを演奏する奏者に伴われて歌，セリフ，身振りを駆使しながら物語を進行させる。

(4)　秋田の民謡(「　④　」)は，仙岩峠から吹き下ろす熱い風が豊作をもたらすことを祈願した唄である。

(5)　現代日本の作曲家(　⑤　)は，西欧の作品を範とする傾向の日本作曲界にあって，近代ロシアの作曲家に共感した作品を発表した。代表作品に「ヒロシマのオルフェ」(1960－1967)がある。

(6)　20世紀後半における重要な技法の一つである(　⑥　)は，基本的には2度以内の音程の密集した音の塊で，調的な機能をもっていない点で和音と区別される。

(7)　小ビューグル，ビューグル，アルト，バリトン，小バス，中バス，大バスの7種の金管楽器の総称を考案者の名前にちなんで(　⑦　)と言う。

(8)　リュートの音楽は，線や文字を用いて指板上の左手ポジションと右手ではじかれる弦を図式的に書き表した(　⑧　)という記譜法で書かれている。

(☆☆☆◎◎◎)

【3】次の(　　)の中に適する言葉等を入れよ。

(1)　現代の音楽における同時性は，1910年頃リズムと調性との二つの領域で用いられるようになった。二つの違った調性の二つの旋律声部を始めから終わりまで使った最初の実例が，1908年にベーラ・バルトークが書いた「(　①　)」と名付けたピアノ作品の第1番である。また，古典のリズムの惰性の法則に支配されず，若い人たちに，同時に違ったリズムの次元で考えたり感じたりできるように教えたのは，スイス人，(　②　)であり，4/4拍子と3/4拍子の中で五つの音を均一の長さで奏するリズムが挙げられる。

(2) ベートーヴェンの晩年の作品であるop.123の(「 ③ 」)は，ミサ曲の傑作の一つに数えられる。この作品は，ニ長調，5楽章からなり，1824年3月にペテルブルクで初演されている。宗教的な礼拝の音楽というより，交響曲のような趣のある作品である。

(3) ドイツの歌曲であるリートは，広義には中世騎士歌謡や近世独唱歌曲などを含む。狭義には，19世紀を中心とするピアノ伴奏付き独唱叙情歌曲を指す。19世紀初めには，ウィーンで生まれた(④)によるロマン派リートの時代が始まる。通作リートの他，声とピアノによる感情を表現した情緒リート，複数リートを有機的に結合させた(⑤)などが開発され，「美しい五月に」を第1曲とする歌曲集(「 ⑥ 」)を作曲したシューマンと，53曲からなる「メーリケ歌曲集」を作曲した(⑦)などに受け継がれる。

(4) 17世紀中頃のフランスでは，ヴァージナルズ音楽家たちの大胆で力強い芸術についで，それとはまったく対照的な新しい鍵盤音楽の“(⑧)楽派”が起った。この楽派の創始者は(⑨)で，彼はリュート音楽の種々の特徴を優雅で洗練された作品に受け継いだ。この楽派の音楽様式は，(⑩)という音楽家で頂点に達した。彼の作品は，バッハ，ヘンデルからも高く称讃された。18世紀に入り，彼は細密画風の技法を用いて曲を書き，高雅で機智に富み，エレガントな魅力をもつものが多い。

(☆☆☆◎◎◎)

【4】次の三つの条件に従って，二重奏とピアノ伴奏を創作せよ。

・ハ長調，$\frac{4}{4}$拍子，8小節とする。

・生徒がソプラノリコーダーとアルトリコーダーで演奏するものとし，いずれもサミングを用いない音域による演奏が可能なものとする。

・次に示すコードに基づくものとする。

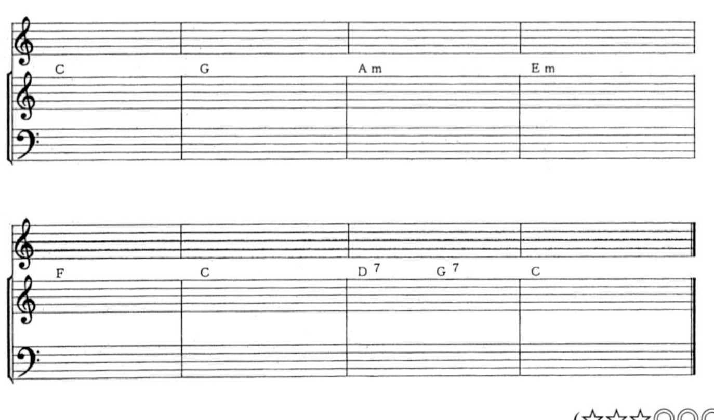

(☆☆☆◎◎◎)

【5】次のスコアはある楽曲の一部である。設問に答えよ。

(1)　曲名を書け。

(2)　次の言葉はスコアの上でどのような意味で使われているか書け。

①　Gemachlich　　②　geteilt　　③　die Halfte

(3)　次の文は，1から5小節目までの部分に，作曲者が付けた標題である。(　　)に言葉を入れて文を完成させよ。

「(　　)，あるところに，(　　)がいたとさ。」

(4)　6小節目からのホルンのメロディーを，ヘ長調のナチュラル・ホルン(バルブのないホルン)で演奏する場合，自然倍音では演奏不可能な音を二つドイツ音名で書け。

(5)　この曲の作曲者は，1940年に日本建国2600年祝典曲も作曲している。作曲者名を書け。

(6)　この曲の作曲者が1919年から約5年間指揮者を務めた歌劇場の，現在の音楽監督は誰か書け。

(☆☆☆◎◎◎)

【6】「音楽的な感受」を基盤とする学習指導の展開について，その指導の在り方の概要を述べよ。

(1)　対象の校種・学年(中学校第1学年～第3学年，高校音楽Ⅰから選択)

(2)　題材名

(3)　題材の目標

(4)　教材名

(5)　学習過程と指導の手立ての工夫

※1単位時間における計画とし，ねらい，評価規準を設定すること。

(☆☆☆◎◎◎)

解答・解説

【中高共通】

【1】(1)　①　勘所　②　調緒　③　手事　(2)　①　狂言
②　田楽　③　中国　④　猿楽　⑤　室町　⑥　世阿弥
⑦　強吟　⑧　一語一語　⑨　音域　⑩　台詞主体

〈解説〉(1)　漢字で答えよとのことで，①や②はことに難しいであろう。
①〈かんどころ〉は棹に張られた弦を押さえるポジションのこと。
②〈しらべお〉は小鼓(こづつみ)や大鼓で革面と革枠を締める紐(ひも)のこと。
(2)　⑦〈強吟(つよぎん)〉は謡曲の音階と発声法のことで弱吟(よわぎん)と対立する。強吟は音域がせまく，音程の動きが不安定で，勇壮・厳粛などの気分を出

すのに用いられる。

【2】① $\frac{1}{4}$　② マノーダルマ・サンギータ　③ パンソリ
④ 生保内節　⑤ 芥川　也寸志　⑥ トーン・クラスター
⑦ サクソルン属　⑧ タブラチュア

〈解説〉①や②の出題は，辞典類の持込みを可としても正答できないような，あまりにも専門的な設問であり，民族音楽の学習をかなりやっても解答の記述は難しい。なぜこのような問いが必要なのか疑問である。
③ パンソリは唱劇，劇歌ともいわれる朝鮮半島の語り物。
④「生保内節(おぼね)」は～吹けや生保内東風(だし)七日も八日も，吹けば宝風の稲みのる～と歌われる秋田の民謡。　⑤ 芥川也寸志(1925～89)についての説明では，〈3人の会〉同人や新交響楽団の監督・常任指揮が有名。代表作品は「交響3章」，「トリプティーク」，オペラ「ヒロシマのオルフェ」「暗い鏡」，「エローラ交響曲」など。　⑥ 〈トーン・クラスター〉手法はペンデレツキの「アナクラシス」「広島の犠牲への哀歌」が有名。　⑦ ベルギーのアドルフ・サックスが金管楽器の系列化を目指して考案したもの。A・サックスは木管と金管の両要素の音色を出す目的でサクソフォーン類も考案している。　⑧ 数字やアルファベット，記号などで奏法を示すのがタブラチュア譜(TAB)で，現在もギターやウクレレ，和楽器の箏・三味線・尺八などの記譜法はタブラチュアの一種である。

【3】① 14のバガテル　② ダルクローズ　③ 荘厳ミサ
④ シューベルト　⑤ 連作リート　⑥ 詩人の恋
⑦ ヴォルフ　⑧ クラブサン　⑨ シャンボニエール
⑩ フランソワ・クープラン

〈解説〉(1) バルトークはコダーイと共に進めた〈マジャール民謡〉の収集と研究が作曲への道の基礎になったといわれる。ピアノ曲では「ミクロコスモス」6巻・153曲が知られる。ダルクローズはリトミック(律動的調和の意味)の創案で有名。　(2) 〈荘厳ミサ〉はミサ・ソレムニスと呼ばれる。ベートーヴェンの作品が最も有名。

(3)　ロマン派のドイツ・リートの極致と評されるのが⑦ヴォルフの歌曲で，歌曲作品は300曲にのぼり，〈メーリケ歌曲集〉，〈アイヒェンドルフ歌曲集〉，〈スペイン歌曲集〉など多数。　(4)　クラヴサンは仏語で，伊語ではチェンバロのこと。フランスの17～18世紀の宮廷音楽で〈クラヴサン楽派〉と呼ばれ，この楽器の演奏・作曲が盛んになった。シャンボニエール，ラモー，そしてその絶頂をもたらしたのがクープランといわれる。

【4】省略

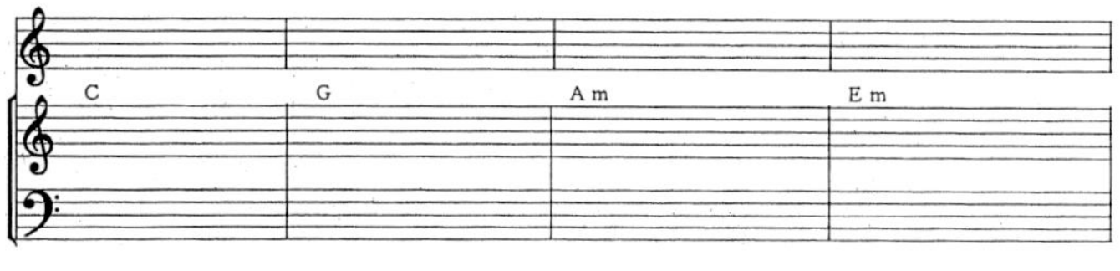

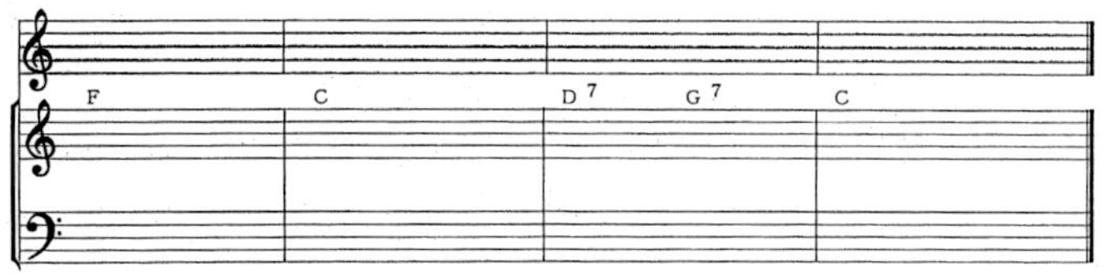

〈解説〉・サミングを用いない音域は，記譜音でソプラノがハ～ニ，アルトがヘ～トである。

・あまり時間をかけずに2重奏をコードネームを参考にして作り，次にピアノ伴奏を作りたい。ピアノ伴奏の方が時間がかかるとも思われるので留意したい。

【5】(1)　ティル・オイレンシュピーゲルの愉快ないたずら

(2)　①　気楽に　　②　分けて(ディヴィジ)　　③　半分の人数で

(3)　「(むかし　むかし)，あるところに，(いたずらもの)がいたとさ。」

(4)　B　Gis　　(5)　R・シュトラウス　　(6)　小澤征爾

〈解説〉ホルン独奏が活躍するR.シュトラウスの交響詩であり，この曲のユーモラスな民話によることなどを知らないとほとんどの解答ができない。　(2)　独語による用語であり，スコアを見ての正答は困難である。　(5)　昭和15(1940)年に日本建国2600年の祝典に，フランス，イタリア，ハンガリー，ドイツの4ヶ国から祝典の作品が献呈された。R.シュトラウス作曲「祝典音楽」がドイツを代表し贈られたもの。大がかりなオーケストラ(オルガン，14個の寺の鐘など，日本の初演では160人を越した)の曲。演奏時間10分。世界大戦中の祝典でもあり，以後ほとんど演奏されていない。　(6)　R.シュトラウスは1919～24年，ウィーンの国立歌劇場指揮者をつとめた。現在，小澤征爾がその任にある。

【6】略

〈解説〉「音楽的な感受」とは，学習指導要領の解説にたびたびとりあげられている。音楽科の目標の「音楽活動の基礎的な能力」と深く関連する。「基礎的な能力」とは，音楽の〈構成要素〉と〈表現要素〉を知覚し，それらの働きによって生まれる曲想や美しさを，イメージをもって感じ取る能力，それが音楽の諸要素を感受する能力としている。

この出題では学習指導展開につき，学年，題材，指導の工夫などすべて任意となっている。任意ではかえってやりにくいであろうが，1単位時間の指導計画を自由に考え，記述したい。

採点の基準…音楽の構成要素(音色，リズム，旋律，和声を含む音と音とのかかわり合い，形式など)や表現要素(速度，強弱など)等のキーワードを主な観点として，相対的に評価する。

2007年度　実施問題

【中高共通】

【1】次の日本民謡はどこの都道府県のものか漢字で書き，その分類を下の語群から選び記号で書け。

①　姉こもさ　②　狭山の茶摘み歌　③　根来の子守歌
④　木更津甚句　⑤　三十石船歌　⑥　千越し祝い歌
⑦　おこさ節　⑧　白石島盆踊歌　⑨　篠井の草刈歌
⑩　祖谷の粉挽き歌

語群
ア　労作歌　イ　祭歌・祝歌　ウ　踊歌・舞謡
エ　座興歌　オ　子守歌

(☆☆☆☆☆◎)

【2】次の語句について簡単に説明せよ。

①　ジーグ　②　シャム音楽　③　千人交響曲
④　メリスマ　⑤　モサラベ聖歌

(☆☆☆☆◎◎)

【3】次の(　　　)に適語を入れよ。

(1)　G.ガブリエーリはヴェネツィア楽派を代表する作曲家の一人である。彼の音楽的特徴は，音色の華やかさ，音量の増大やその対比などから生まれてくるダイナミックな表現の仕方にある。彼の代表的な作品の一つに，作品集「(　①　)」(1597年)の「ピアノとフォルテのソナタ」があげられる。この曲は，楽器用の2重合唱モテットである。

(2)　19世紀前半のフランスでは，ブルジョア階級の台頭とともにオペラが人気を集め，オペラ・コミックに対して「(　②　)」というフランス独特の新しいオペラのかたちが生まれた。内容はシリアスで，叙事詩的，歴史的性質の悲劇を主題とし，バレエや合唱の場面を多く取り入れて視覚効果を重視したものである。(　③　)が「ユグノー教徒」(1836年)などの作品で，その様式を確立した。

(3)　第一次世界大戦が終結すると，大きな二つの傾向の音楽が生まれ，その一つが新古典主義である。全音階的で透明な音組織，簡素な旋律，簡潔な形式による明朗な音楽を特徴とした。最初の一歩を記したのが，ストラヴィンスキーのバレエ音楽「(　④　)」であった。18世紀のイタリア音楽を素材としたこの作品は，旋律と(　⑤　)の輪郭を残しながら，ホモフォニックに和声付けされている。ストラヴィンスキーにとっては，原始主義からの大転換となった。

(4)　ドイツの作曲家・音楽教育家であるカール・オルフの作品は，基本的な音楽と人間の動きの(　⑥　)的な形式，つまり，歌や輪唱，合唱と踊りに重きが置かれている。1924年にギュンターとともにミュンヘンに体育と舞踏と音楽のための学校を設立し，音楽が得意な子どもも不得意な子どもも，等しく音楽をすることを理念に音楽教育を担当した。オルフは，1962年にケートマン助手と来日し，「音楽は(　⑦　)から出発する」という理念に基づき，自ら(　⑧　)を我が国に紹介した。

(5)　1980年代から1990年代にかけて，我が国では若い作曲家の発掘のための作曲家コンクールが開催されるようになった。そこから明確なコンセプトをもつ個性的な作曲家が輩出した。例えば，1994年に「思い出す，ひとびとのしぐさを」で女性として初めて尾高賞を受賞した(　⑨　)や，1996年に「Dual Personality－打楽器独奏と2群のオーケストラのための」で芥川作曲賞を受賞した(　⑩　)などである。

(☆☆☆☆◎◎)

【4】次のスコアはある組曲の一部である。設問に答えよ。

(1)　曲名を書け。

(2)　作曲者名を書け。

(3)　作曲者の出身国名を書け。

(4) この4小節間において，作曲者は低音楽器によりどんな様子を表現しようとしたか，また，「pte　Fl.」と「3vons solos」でどんな様子を表現しようとしたか書け。

(5) 「2e Hrp.」がここで用いている奏法は何か，イタリア語で，省略せずに書け。

(6) この4小節の間に演奏している楽器のうち，ベートーヴェンの交響曲第5番「運命」には使われていない楽器を，カタカナで四つ書け。

(7) この作曲家が，他の作曲家の作品を管弦楽のために編曲した作品を一つ書け。

(8) この作曲家が，オーストリアのピアニストであるパウル・ヴィットゲンシュタインに捧げた作品を書け。

(☆☆☆☆☆◎)

【5】次の三つの条件に従って，旋律とピアノ伴奏を創作せよ。

・へ長調，$\frac{4}{4}$拍子，8小節とする。

・生徒が歌唱したりアルトリコーダーで演奏したりすることが可能なものとする。

・次に示すコードに基づくものとする。

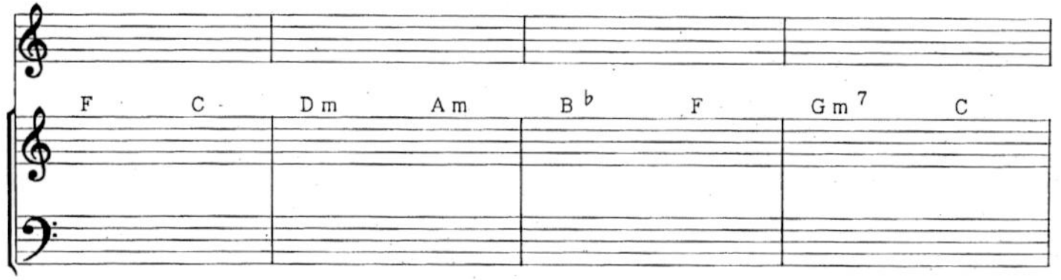

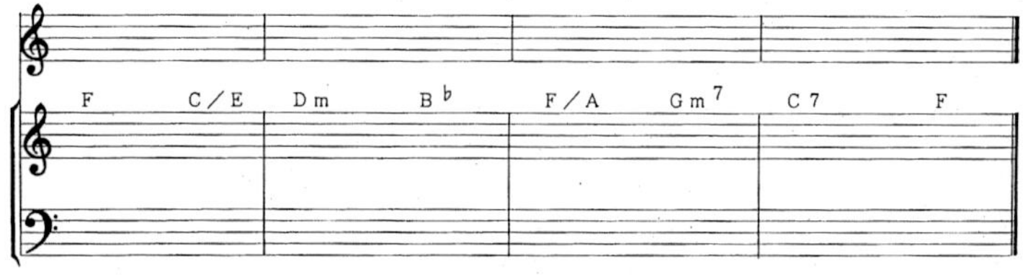

(☆☆☆☆◎◎◎)

【6】鑑賞を中心とする3時間程度の題材を構成し，その指導の在り方について概要を述べよ。

(1)　対象の校種・学年　(中学校第1学年～第3学年，高校音楽Ⅰから選択)

(2)　題材名

(3)　題材の目標

(4)　教材名

(5)　学習過程と指導の手立ての工夫

・生徒が「音楽の構成要素・表現要素を知覚し，それらが生み出す曲想の美しさを感じ取る」ことができるように配慮すること。

(☆☆☆☆◎◎◎)

解答・解説

【中高共通】

【1】①　秋田県　ア　②　埼玉県　ア　③　和歌山県　オ
④　千葉県　イ　⑤　大阪府　ア　⑥　佐賀県　イ
⑦　秋田県　エ　⑧　岡山県　ウ　⑨　栃木県　ア
⑩　徳島県　ア

〈解説〉全国各地の民謡，それも一般に知られているとはいえない10曲を，「都道府県名と曲の内容の分類を答えよ」というこの出題は，ほとんどの人が解答できない難問である。日本民謡の専門家，或いはかなりの研究家でもすべて正答は難しいのではないか。10曲のうち半数以上が，民謡集の小冊子(約170曲)にも載っていないものである。

【2】①　イギリスから由来した舞曲。組曲を締めくくる役割をもつ。$\frac{6}{8}$や$\frac{6}{4}$拍子のものが多く，テンポは速い。　②　カンボジアのクメール人の伝統的な音楽に南方の東インド諸島の音楽や東北の中国音楽

が加わって合成されたもの。　③　マーラーの「交響曲第8番変ホ長調」。4管編成の大管弦楽団に独唱者8人，混声合唱団二つと児童合唱団の大人数を必要とする。　④　歌の旋律様式の一つ。歌詞と旋律との関係が1音節多音符で，装飾豊かな節まわしをもつもの。東洋及びその影響のある音楽に多い。　⑤　中世スペインにおけるカトリック教会単声聖歌。モサラベとはアラブ支配下のスペイン・キリスト教徒をさす。

〈解説〉①　gigueは16世紀にイギリスの舞曲(jig)から発展し，フランスやイタリアで展開した3拍子系の速い舞曲。バロック音楽の組曲に多く取り入れられている。　②　シャムとはタイ国の旧称であるが，シャム音楽の語はふつうに使われないもの。解答例参照。　⑤　モサラベとは，アラブ支配下のスペインのキリスト教徒を指し，スペインのキリスト教単声聖歌であるが，11世紀頃から異端として禁じられ，ほとんど絶えてしまった。

【3】①　サクラ・シンフォニア　　②　グランド・オペラ　　③　マイヤベーヤ　　④　プルチネッラ　　⑤　バス　　⑥　原始　　⑦　母国語　　⑧　オルフ・システム　　⑨　藤家渓子　　⑩　川島素晴

〈解説〉「適語を入れよ。」の①～⑩どれもが，ルネサンス(ヴェネツィア楽派)から現代までの西洋音楽及び我が国の専門的な知識を問う内容である。　①の解答は「聖シンフォニア集」(1597年出版)でよいのではないか。アンサンブルの最初の印刷譜が出版されたのが16世紀末であり，これもその1つである。　②～③　フランスの「オペラ・コミック」に対する語として「グランド・オペラ」がある。マイヤベーヤのオペラ作品はこの他に「予言者」，「アフリカの女」などがある。

④～⑤　ストラヴィンスキーのバレエ音楽となると，有名な3大バレエ作品や「花火」が知られる。しかし，ここでは，新古典主義(ブゾーニが提唱，ストラヴィンスキー，ヒンデミット，プロコフィエフ，六人組など)との関わりから，18世紀イタリアの〈ペルゴレージによる「プルチネッラ」〉が④の解答となっている。難問である。

⑥～⑧　カール・オルフの基調は〈音楽・言語・動作(舞踊)〉の3つの合一といわれる。また，原始主義への接近がリズム重視を，さらにそれが教育原理の基礎をなすもの(オルフシステム)といわれる。

⑨～⑩　我が国の現代の音楽やその動向についての出題である。

【4】(1)　ダフニスとクロエ第2組曲より「夜明け」　(2)　モーリス・ラベル　(3)　フランス　(4)　次第に夜が明けてくる様子　鳥の鳴き声が聞こえてくる様子　(5)　glissando　(6)　アルト・フルート　イングリッシュ・ホルン　バス・クラリネット　ハープ
(7)　展覧会の絵，華麗なメヌエット　(8)　左手のためのピアノ協奏曲

〈解説〉解答例にあるようにラヴェルの「ダフニスとクロエ」第2組曲のスコアで，一般に目にするスコアと違ってフランス版である。

スコアの楽器は上段から次の通りである。

Pte Fl.＝Petite Flûte(ピッコロ)
Gdes Fl.＝フルート
Fl.en sol＝アルトフルート(G)
Htb.＝Hautbois(オーボエ)
Cor A.＝イングリッシュホルン
Cl.＝クラリネット
Cl.B.＝バスクラリネット
Bons＝ファゴット(Basson)
C.Bon＝コントラファゴット
Cors＝ホルン
Hrp.＝ハープ
弦楽器はVons(ヴァイオリン，独奏3)，Alt.＝ヴィオラ，Velles＝チェロ，C.B＝コントラバス

(6)の解答はフランス版スコアの楽器名(略語)が不明では答えられない(ベートーヴェンの第5交響曲では第4楽章のみで，ピッコロ・コントラファゴット・トロンボーン3を使用している)。　(7)の解答例に載っ

ている「華麗なメヌエット」の作曲者は，シャブリエである。「展覧会の絵」はムソルグスキーのピアノ曲を，一躍有名にしたオーケストラ編曲である。

【5】解答略

〈解説〉留意すべきは，アルトリコーダーで演奏できて歌唱もできる旋律を作曲するということである。アルトリコーダーの最低実音はへ(1点へ)音であり，しかもその最低実音は，楽器のすべての穴をふさぐため不安定な音色になるため，あまり多くへ音を使わないほうがよい。したがって，1点ト音から2点へ音の音域で作曲するとよい。　コードは特殊なものが無いので，コード進行を意識しながら旋律の流れを無理のないものにしたい。時間の制約もあるので無理なく仕上げたいものである。

〈解略…評価基準〉コードに従い，1小節単位で評価する。

【6】解答略

〈解説〉中学校1・2・3学年或いは高校の音楽Ⅰから鑑賞を中心とする3時間程度の指導の在り方を述べよというもの。学習指導案(3時間分)の作成を意識しつつ，題材名を「主題」とするが，或いは「楽曲」とするか，さらに，教材名との関連などを考えて設問に答えたい。テストの時間制約があるのでたいへんである。

〈評価基準〉音楽の構成要素(音色，リズム，旋律，和声を含む音と音とのかかわり合い，形式など)や表現要素(速度，強弱など)，自己のイメージや感情，音楽的(芸術的)な感受等のキーワードを主な観点として，相対的に評価する。

2006年度　実施問題

【中高共通】

【1】次の弦楽器の一般的な調弦の音高(実音)を，適当な音部記号及びオクターヴ記号を用いて，第一弦から順に全音符で記せ。

(1) ヴァイオリン　(2) チェロ　(3) コントラバス

(4) ギター　(5) 箏（壱越平調子）

(☆☆☆☆◎◎)

【2】次の(　　)に適する語句または人名を入れよ。

(1) (　①　)とは16世紀半ばにブルターニュ地方で生まれた2拍子系の速い宮廷舞曲である。古典組曲に用いられると，3/8拍子か6/8拍子の快活な舞曲となり，メヌエットを速く演奏した趣をもっている。ドビュッシーはピアノ曲「(　②　)」の第4曲で用いている。

(2) バロック時代によく使われた装飾音に(　③　)があり，これは主要音から始めて下部補助音との間をすばやく往復するものである。一般的には一往復が多く，類似した装飾音に，フランスのクープランやラモーの(　④　)音楽に見られるパンセがある。

(3) ブラジルを代表する作曲家(　⑤　)の作品「ブラジル風(　⑥　)第5番」は，声と(　⑦　)・アンサンブルのために書かれたもので，アリアと舞曲からなる。

(4) 「(　⑧　)」などのミュージカルを作曲した(　⑨　)の，パリを舞台にした作品「(　⑩　)」では，主人公が歌う「ミュージック　オブ　ザ　ナイト」などの曲が知られている。

(5) 声明とは音声・言語に関する学問を意味する(　⑪　)語の漢訳である。752年東大寺(　⑫　)会で，数百人の僧が，(　⑬　)，散華，梵音，錫杖の四箇法要を大合唱した頃から声明の原型がほぼ確立した。現代では法会における仏教音楽のすべてを声明といい，法会以外で用いられる(　⑭　)や御詠歌は，仏教音楽であっても仏教歌謡といわれる。

(6)　北海道出身の作曲家(　⑮　)は，「日本狂詩曲」などにより民族主義的な作風を打ち出した。さらに，「土俗的三連画」などで土着的な美意識を強調させていった。一方で，映画や放送音楽も多数手がけ，1983年には怪獣映画の音楽をまとめた「(　⑯　)第1～3番」を発表している。

(7)　名曲「(　⑰　)」で知られる(　⑱　)は，現在の秋田県(　⑲　)市に生まれた。東京音楽学校卒業後，(　⑳　)らと「鳩の笛」同人を結成し，童謡運動を進めた。昭和11年秋田へ戻り，新制秋田高校専任講師も務めた。「山は夕焼け」「赤い橇」などの作品がある。

(☆☆☆☆◎◎)

【3】次の世界の諸民族の楽器は，それぞれどこの国や地域のものか，A群から選び記号で答えよ。また，その発音原理をB群から選び記号で答えよ。

①　バリンビン	②　三板	③　バーンスリー
④　チャッパ	⑤　コムンゴ	⑥　サーランギー
⑦　バラフォン	⑧　ダラブッカ	⑨　芦笙
⑩　カマーンチェ	⑪　カンテレ	⑫　ムビラ

A群

a.　インドネシア	b.　アフリカ	c.　西アジア
d.　日本	e.　中国	f.　フィリピン
g.　アイルランド	h.　インド	i.　フィンランド
j.　朝鮮		

B群

ア．体鳴楽器　　イ．弦鳴楽器　　ウ．気鳴楽器　　エ．膜鳴楽器

(☆☆☆☆◎◎)

【4】次の楽語の意味を書け。また，主として用いられる楽器や楽譜を下の語群から一つ選び記号で答えよ。

①secco　(　　　　　)　[ほぼすべての楽器]
②m.s.　(　　　　　)　[　　　]
③Flatterzunge　(　　　　　)　[　　　]
④senza corda　(　　　　　)　[　　　]
⑤La meta　(　　　　　)　[　　　]
⑥attacca　(　　　　　)　[　　　]
⑦a piena voce　(　　　　　)　[　　　]
⑧col legno　(　　　　　)　[　　　]

ア．声楽　イ．鍵盤楽器　ウ．弦楽器　エ．管楽器
オ．打楽器　カ．スコア

(☆☆☆☆◎◎)

【5】次の楽曲について，設問に答えよ。

(1)　曲名を書け。

(2)　作曲者を書け。

(3)　作曲者の国名を書け。

(4)　この楽章の冒頭の速度記号を書け。

(5)　(　a　)に当てはまる記号を書け。

(6)　b〔　　　〕の旋律をCorni in Fで演奏できるように書き直せ。

(7)　(　　　c　　　)に音符を書き入れ，楽譜を完成せよ。

(8)　同時代に活躍した同じ国の作曲者を一人挙げ，彼らの音楽的な特徴を簡潔に述べよ。

(☆☆☆☆◎◎◎)

【6】次の条件に従い，モチーフに続くリコーダー三重奏を創作せよ。

・ヘ長調　・4/4拍子　・ソプラノリコーダーとアルトリコーダー2本とする。

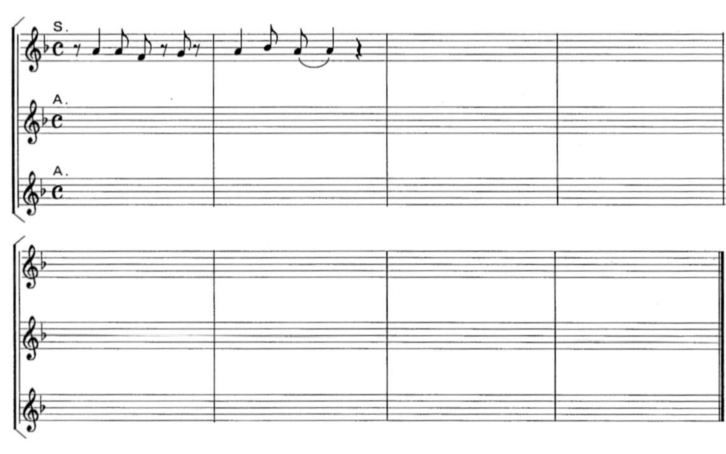

(☆☆☆☆◎◎◎)

【7】表現と鑑賞の関連を図る3時間程度の題材を構成し，その指導の在り方について概要を述べよ。

(1)　題材名

(2)　対象の校種・学年(中学校第1学年・中学校第2学年・中学校第3学年・高校音楽Iから選択)

(3)　教材名

(4)　題材の目標

(5)　学習過程と指導の手立ての工夫

(☆☆☆☆◎◎◎)

解答・解説

【中高共通】

【1】

〈解説〉ヴァイオリンとヴィオラ，チェロなどの調弦は次を確認しておきたい。

ヴィオラはヴァイオリンより完全5度低いカタカナハ音が最低音であり，チェロはヴィオラのオクターヴ低い調弦である。また，コントラバスの調弦は各音間の音程が完全4度であり，その調弦はギターの低い方の4弦と同じである(オクターヴ低い)。コントラバスとギターは記譜が実音よりオクターヴ高い。(5)の箏は絶対音高ではないので，解答の全てを長2度高く書くのも正答となるであろう。

【2】① パスピエ　② ベルガマスク組曲　③ モルデント
④ クラヴサン　⑤ ヴィラ・ロボス　⑥ バッハ　⑦ チェロ
⑧ キャッツ　⑨ アンドリュー・ロイド・ウェッバー
⑩ オペラ座の怪人　⑪ サンスクリット　⑫ 大仏開眼
⑬ 唄　⑭ 和讃　⑮ 伊福部　昭　⑯ SF交響ファンタジー
⑰ おもちゃのマーチ　⑱ 小田島　樹人　⑲ 鹿角
⑳ 中山晋平

〈解説〉記入解答であり，いずれも難問といえる。⑤や⑨，⑮⑱の作曲者名だけをとっても正答は困難。⑰の「おもちゃのマーチ」は，～やっとこやっとこくりだした　おもちゃのマーチがらったった～の海野厚作詞で，大正末期の作曲である。

【3】① f ア　② d ア　③ h ウ　④ d ア　⑤ j イ　⑥ h イ　⑦ b ア　⑧ c エ　⑨ e ウ　⑩ c イ　⑪ i イ　⑫ b ア

〈解説〉世界の民族音楽(楽器)については，見たこともなく音色を聴いたこともない，その名も初めてという難問奇問はお手上げであり，また解答する意味もない。本問もそのような出題が大半を占める。
①　フィリピンの竹製の打楽器。　②「さんば」は沖縄の小さく薄い板3枚をひもでつないだ打楽器。　③　バーンスリーはインドの竹製の横笛。　④　チャッパとは日本の民俗芸能で用いる金属製の打楽器の「銅拍子」(土拍子)の別名で，歌舞伎囃子で用いる小型の銅拍子のこと。　⑤　コムンゴとは玄琴と書き朝鮮半島の6弦の琴で細い棒で弾奏する。　⑥　サーランギーはインドで広く使われる弓奏楽器。
⑦　バラフォンはガンビアやセネガルなどアフリカの木琴。　⑧　ダラブッカはトルコ(西アジア)などアラビア音楽に欠かせない花杯型の太鼓。　⑨　芦笙は何と読むのか不明，中国の笙であろうが，笙はシュンと発音する。　⑩　カマーンチェはイラン(西アジア)の3～4弦の弓奏楽器で立てて弾く。　⑪　カンテレはフィンランドの琴の仲間。
⑫　ムビラは親指ピアノの名でよく知られるアフリカの楽器，サンサとも呼ぶ。　①～⑫のほとんどを多くの人が解答できず困惑しているであろう。民族楽器の種類は民族の何倍もあり，その呼び名もそれぞれの民族語で呼ばれ，音楽辞典等にも載っていないものがほとんどなのでお手上げの状態と思われる。このような出題にどのような意味があるのか疑問ではあるが，むしろ正答を参考に，民族音楽への今後の学習への機会にしてほしい。

【4】①「乾いた」という意味。音を短く余韻を残さない。　②　左手で。　イ　③　巻き舌で息を吹き込み，トレモロをつくる。　エ
④　響き線(スネア)をはずして。　オ　⑤　半分の楽員で。　カ
⑥　次の楽章へ切れ目なく続けて。　カ　⑦　充分な声で。　ア
⑧　弓の木部でたたいて。　ウ

〈解説〉① seccoは「乾いた」の意で，18世紀のレチタティーヴォの2種の様式のうち，通奏低音だけで伴奏されるものをセッコ・レチタティーヴォと呼んだことからこの名がある。ほとんど使われない楽器であり，奇問といえよう。 ③ Flatterzungeは独語でR.シュトラウスが初めてフルートに用いた奏法で，舌を転がして奏するフラッター奏法のこと。金管楽器にも用いられ，ふつうFlutterと楽器に記される。英語ではFlutter tonguingとなる。ドイツ語の出題ということで奇問といえよう。 ④ cordaは弦のこと。 senzaは，「…なしに」の意。
⑤ 特殊な用語(音楽用語なのか？)の設問である。 ⑥ attaca(アッタッカ)は「すぐ続けて」の意で，attaca subitoは「すぐ先へ」となる。attack(英語，楽器の正確な出だし)と混同してはならない。
⑦ a voce piena(いっぱいの声で)と同じで，pienoは「充分な」を指す。②と⑧は音楽小事典などにも載っているであろうが，他は大辞典で調べないと載っていないような特殊な楽語である。

【5】(1) 交響曲第9番「新世界より」第3楽章 (2) ドヴォルジャーク
(3) チェコ (4) Molto Vivace (5) D.C.
(6)

(7)

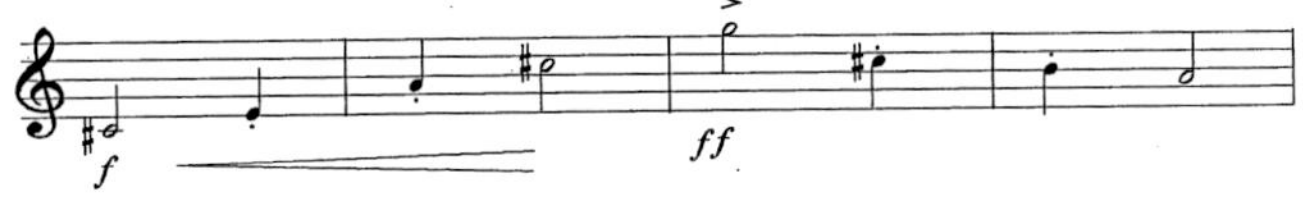

(8) 解答略

〈解説〉このスコアは「新世界より」の第3楽章の242小節～247小節から冒頭へ戻る部分，及びコーダ(141小節からCodaへ飛ぶ)の248小節～273小節の部分である(第3楽章は299小節まで)。 (4) この楽章の冒頭のMolto Vivaceを何のヒントもなしに答えるのは無理である(難問・奇問に入る)。「非常に活発に速く」であるが，この楽章が速いテンポの曲であることを知っている場合でも，presto(急速に)やanimato(元気に速く)，Allegro assai(非常に速く)，Vivo(生き生きと速く)など多くが考えられるからである。　(5)　𝄌とCodaやScherzo e poi Codaの意味を考え，この楽章が途中から冒頭のScherzoへ戻っていることを知る人ならD.C.(最初へ)と分かるであろう。　(6)　解答例の楽譜は誤りではないがオクターヴ高く記譜するのが正答。ホルンF管では実音の完全5度上に記譜するのである。　(7)　正答は難しい。それはホルンin Cであった問(6)の旋律が，(7)のスコア部分ではホルンin Eになっているためである。　(8)　スメタナをとりあげて解答したい。　(評価基準)　スメタナ，19世紀後半，国民楽派等のキーワードを観点として評価する。

【6】解答略

〈解説〉主旋律をアルトリコーダー1にするのもよいであろう。記譜については，ソプラノが実音よりもオクターヴ低く記されているのはよく知られており，アルトの場合はソプラノと同じようにオクターヴ低く(そのような場合はソプラノ・アルトともト音記号の上部に8を入れる)することもあり，また，実音で記譜することもある。つまり両方とも許されている(主に小・中学校の場合)のでそれを知った上で記譜したい。

【7】解答略

〈解説〉(評価基準)　音楽の構造的側面・感性的側面，自己のイメージや感情，意欲を高める導入の工夫等のキーワードを主な観点として，相対的に評価する。

2005年度　実施問題

【中高共通】

【1】次の語句に関係の深い楽器名を漢字で書け。

① 鶏足 (　　) ② 調子紙(　　) ③ 片来 (　　)
④ ヒシギ (　　) ⑤ 政島流(　　) ⑥ エエ四 (　　)
⑦ 乳袋 (　　) ⑧ 蘆舌 (　　) ⑨ 股割 (　　)
⑩ ジャワメキ(　　) ⑪ ナヤシ(　　) ⑫ 波返し (　　)
⑬ シゲ手 (　　) ⑭ 合竹 (　　) ⑮ 八本調子(　　)

(☆☆☆☆◎◎)

【2】今日の日本音楽における基本的な4種類の音階を挙げ，示された音から音階を完成させよ。

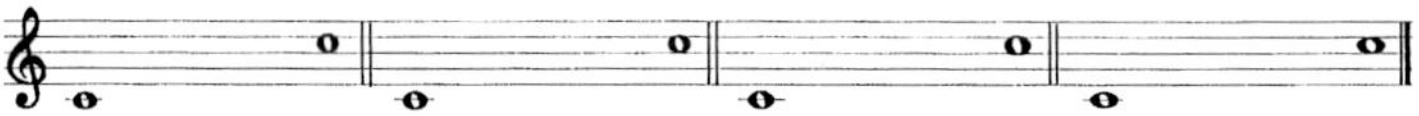

①（　　音階）②（　　音階）③（　　音階）④（　　音階）

(☆☆◎◎◎◎)

【3】次の語句について簡単に説明せよ。

① ディジュリドゥー　② ナイ　③ ジュジュ
④ アーヴァーズ様式　⑤ セイキロスの碑文　⑥ ノンアク
⑦ ブルー・ノート　⑧ 新ウィーン楽派

(☆☆☆◎◎◎)

【4】次の（　　）に適語を入れよ。

(1) ルネサンス時代，イタリアのフィレンツェに集う（ ① ）の人々が，対位法を捨て単純な和声の伴奏をつけたモノディ様式を作り出した。1600年にペーリによって作曲された「(②)」は，この様式による最古のオペラの一つである。

(2) 能舞台の正面奥には松の老木が描かれた（　③　）という大羽目板がある。また，舞台に向かって左ななめ奥につながる（　④　）は，役者の通路としてだけではなく，本舞台の延長ともなる。

(3) 三味線を伴奏とする浄瑠璃は，「人形浄瑠璃」と「歌浄瑠璃」に大別される。後者には歌舞伎と結び付いたものも多く，豊後三流と呼ばれる（　⑤　）節，（　⑥　）節，（　⑦　）節は現在も盛んに語られている。

(4) （　⑧　）作曲の歌曲集「（　⑨　）」は詩人（　⑩　）の詩による24曲から成る連作歌曲集であり，その15曲目は「からす」である。

(5) 1907年秋田市新屋に生まれた作曲家（　⑪　）の代表作品には，第1楽章「ファリャ」などからなる「（　⑫　）」があり，「雪女」など映画や放送のための音楽も多い。

(6) 1950年代に入ると，様々な音を録音・編集して，音という具体的な素材から抽象的な音楽を目指した（　⑬　）が生まれた。中心的な作曲家は，フランスのシェフェールや，「アルカナ」を作曲した（　⑭　）である。

(7) 現代邦楽において，箏・尺八の合奏団の登場が現代作品を数多く生み出す契機となった。（　⑮　）を創設した作曲家（　⑯　）は二十絃箏の発案に加わり，ジャンルの枠を超えた邦楽器の新しい展開を導いた。作品には，谷崎潤一郎原作のオペラ「（　⑰　）」などがある。

(☆☆☆☆◎◎◎)

【5】次のスコアはある組曲の一部である。設問に答えよ。

(1) 作曲者名を答えよ。

(2) 作曲者の国名を答えよ。

(3) dolorosoの意味を答えよ。

(4) この組曲に含まれる上記の曲以外の曲名を答えよ。

(5) Violini ⅠをOboe d'amore，Violini ⅡをClarinetto（inB♭），ViolesをHorn（inF），VioloncelliをFagottoで演奏できるように編曲せよ。

（☆☆☆☆◎◎◎）

【6】唱歌「夏は来ぬ」を次の二つの条件に従って編曲せよ。

・ソプラノリコーダーとアルトリコーダーの二重奏とする。

・生徒が曲想を工夫して表現を楽しむことのできる教材とする。

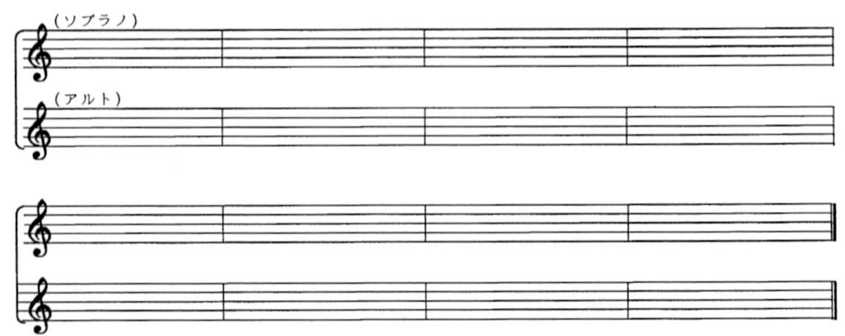

(☆☆☆☆◎◎◎)

【7】中学校音楽及び高等学校音楽Ⅰの鑑賞については，各学習指導要領解説において次のように示されている。これらを踏まえ，生徒の鑑賞の能力を高めるための指導の在り方について，教材名を挙げ具体的に述べよ。

[中学校]

鑑賞の内容の構成は，①構成要素や表現要素からなる音楽の構造的側面を知覚すること，②それらの働きによって生まれる楽曲の雰囲気や曲想などの音楽の感性的側面を感じ取ること，③以上の内容を，音楽の背景となる風土，文化・歴史などの文化的側面とかかわらせて感じ取ったり理解したりすること，という3つの側面から考えられる。

[高等学校]

「音楽Ⅰ」における鑑賞では，音楽を構成する様々な要素を感じ取って理解することにより，音楽の美しさが感受できる能力を育て，歴史的背景の理解とともに様々な音楽を受容しようとする態度を養うことをねらいとしている。

(☆☆☆☆◎◎)

解答・解説

【中高共通】

【1】① 楽筝　② 小鼓　③ 鞨鼓　④ 能管　⑤ 胡弓
⑥ 三線　⑦ 三味線　⑧ 篳篥　⑨ 大太鼓（和太鼓）
⑩ 津軽三味線　⑪ 尺八　⑫ 箏　⑬ 琵琶　⑭ 笙
⑮ 篠笛

〈解説〉① 鶏足は楽筝を演奏するときの姿勢。楽筝は雅楽で用いる箏。
② 天候状態や会場に合わせて，小鼓の最終的な音を調整するために用いる紙。演奏のたびに唾液で湿らせ，裏革に張る。 ③ 雅楽で用いられる打楽器の鞨鼓（かっこ）の奏法の一つに片来（かたらい）がある。一回だけ打つ正（せい），片手で連続的に打つ片来，両手で連続的に打つ諸来（もろらい）が鞨鼓の奏法にはある。 ④ 能で用いられる横笛は能管である。同じ指遣いであっても，息の向き，強さ，唇の使い方によって低・中・高などの音域を笛は出すことができる。ヒシギとは能管によって出される唯一の高音域の音のことで，非常に鋭く強烈な音である。 ⑤ 政島流とは胡弓の流派の一つである。
⑥ 工工四（くんくーし）とは，沖縄の三線用の楽譜のこと。
⑦ 乳袋とは，三味線の棹の上端の部分で糸巻きの下にあるふくらんだ部分を指す。乳袋には金属の上駒がつけられており，二の糸と三の糸をのせる。一の糸は上駒にはのせない。 ⑧ 蘆舌（ろぜつ）とは，篳篥（ひちりき）の舌（リード）のことで，葦から作られている。
⑩ 津軽三味線で大正～昭和初期に活躍した白川軍八郎，彼の特徴的な奏法はジャワメキ三味線といわれた。 ⑪ ナヤシは尺八の奏法の一つ。これは前の音を半音低くして，徐々にもとの音程に戻す奏法で，連続音として使われる場合もある。 ⑫ 波返しとは，箏の右手奏法の一つである。右手の手のひらを竜頭側に向け，人差指と中指の爪先の裏で，2本の弦を右から左へこする奏法。 ⑭ 合竹（あいたけ）とは笙の奏法の一つ。多くの竹管の音を重ねて和音を奏でる合竹と，

竹管の単音を連ねて旋律を奏でる一竹（いっちく）がある。⑮ 篠笛には一本調子から十三本調子などの番号によってキー（調子）を区分している。八本調子はC管である。

【2】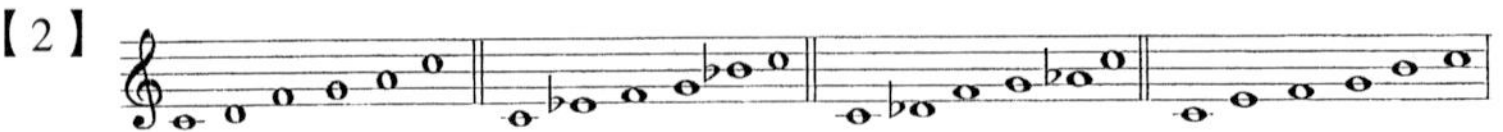

① （律音階）　② （民謡音階）　③ （都節音階）
④ （沖縄音階）　※ ①〜④は順不同。

〈解説〉今日の日本の音階には解答例のように，律音階，民謡音階，都節音階，沖縄音階がある。この設問では，すべてC－Cで記すよう指示されているため，それぞれの音階をこの中で記せるよう全音・半音などの構造で覚えておく必要がある。

【3】① オーストラリアの民族楽器，木製トランペット等のキーワードを主な観点として，相対的に評価する。 ② ルーマニアパンパイプ，音階の並び方が逆等のキーワードを主な観点として，相対的に評価する。 ③ ナイジェリアのポピュラー音楽，民族楽器と西洋楽器の融合等のキーワードを主な観点として，相対的に評価する。 ④ イランの声楽様式，無拍節リズム等のキーワードを主な観点として，相対的に評価する。 ⑤ 古代ギリシア，文字楽譜等のキーワードを主な観点として，相対的に評価する。 ⑥ 朝鮮半島の農楽，チャンゴ等のキーワードを主な観点として，相対的に評価する。 ⑦ ジャズのブルース，第3音，第5音，第7音が半音低い等のキーワードを主な観点として，相対的に評価する。 ⑧ シェーンベルク，ヴェーベルン，ベルク，表現主義等のキーワードを主な観点として，相対的に評価する。

〈解説〉① ディジュリドゥ（Didgeridoo）は，オーストラリア大陸の原始民族であるアボリジニが，今から1000年以上も前から使っていたといわれる木製の管楽器である。世界最古の管楽器といわれている。
② ルーマニアの伝統楽器でパンパイプの一種。管の下は木の枠には

め込まれており，各管は全音階に調律されている。縦に構えて演奏するが，その構え方の角度を変えて半音をつくり出す。 ③ アフリカのナイジェリア発祥のポピュラー音楽の一つにジュジ（Juju）がある。この音楽は現在，アフリカの民族楽器と西洋の楽器によって演奏される点に一つの特徴がある。 ④ アーヴァーズとは，イランの古典声楽の様式のことである。拍節のない自由なリズムで音楽が成り立っている。 ⑤ 古代ギリシア時代に刻まれたといわれる最古の楽譜がセイキロスの碑文である。その詩は，「生あるかぎり輝いて，苦悩することをやめなさい。人生の束の間，時は容赦なく終わりをつげる。」という内容である。 ⑥ ノンアク（農楽）とは，朝鮮半島で行われる伝統的な民族音楽と舞踊のこと。プク（鼓），チャンゴ（杖鼓），チン（鉦），ケンガリ（小鉦）の打楽器で演奏される。 ⑦ ジャズの一つの形式であるブルースに用いられている族法が，ブルー・ノートであり，ジャズの基本となっている。初期のブルースでは音階上の第3音と第7音が半音低くされていたが，その後第5音も半音低くなり，今日のブルー・ノートとなっている。 ⑧ ウィーンを中心として活躍した作典家たちを総してウィーン楽派と呼ぶが，18世紀中ばから19世紀初頭の音楽家たちを「ウィーン古典派」「前期ウィーン楽派」と呼び，20世紀初頭にウィーン中心に活躍した音楽家たちを「新ウィーン楽派」と言う。この新ウィーン楽派には，シェーンベルク，その弟子のヴェーベルンやベルク，そしてヴェレスがあげられ，彼らの音楽は無調主義，十二音技法，表現主義などの特徴をもっている。

【4】① カメラータ ② エウリディーチェ ③ 鏡板 ④ 橋掛り ⑤ 常盤津 ⑥ 富本 ⑦ 清元 ⑧ シューベルト ⑨ 冬の旅 ⑩ ミュラー ⑪ 深井 史郎 ⑫ パロディ的な4楽章 ⑬ ミュージック・コンクレート ⑭ ヴァーレーズ ⑮ 日本音楽集団 ⑯ 三木 稔 ⑰ 春琴抄 ※⑤，⑥，⑦は順不同。

〈解説〉① 1580年ごろからフィレンツェのヴェルニオ伯バルディの邸宅

に集まって文化運動を展開した人々をカメラータ(Camerata)と呼ぶ。
②　最古の音楽劇は同じくペーリ作曲の「ダフネ」であるが，この作品は楽譜が一部0しか残っていない。現在最古のオペラでモノディ様式なのは1600年に上演された「エウリディーチェ」である。　③　能の客席から見て正面の松が描かれた壁を鏡板という。この松は万年その青さを保つという象徴である。　④　鏡の間から本舞台に向かう廊下を橋掛りという。本舞台はこの世（此岸），そして鏡の間はあの世（彼岸）であり，これらを結ぶのが橋掛りである。　⑤⑥⑦　江戸の享保の頃，豊後節という浄瑠離が流行し，そこから派生したこの三流は血のつながりが最も強いとされている。　⑧⑨⑩　ドイツ歌曲の作曲で有名なのは，シューベルト，シューマン，ブラームスである。これら三人のうちシューベルトとシューマンは連作歌曲を多く作っている。そして「からす」はシューベルトの「冬の旅」に収められた歌曲である。シューベルトはゲーテの詩に作曲したものも多いが，「美しき水車小屋の娘」とこの「冬の旅」はミュラーの詩である。
⑪⑫　秋田市出身の作曲家深井史郎（明治40～昭和34）は映画音楽や放送音楽を多く残している。デビュー作は1934年の「5つのパロディ」であり，この作品を1936年に改作した「4つのパロディ」が有名である。　⑬　ミュージック・コンクレートは「具体音楽」と訳されることもあり，外界に鳴り響いた音を録音し，それを素材として電子音響機器によって加工し，さらに録音した音楽のことをさす。　⑭　シェフェールの「鉄道のエテュード」，メシアンの「ヌーム・リトミック」も有名である。「アルカナ」を作曲したヴァーレーズ（1883～1965）はアメリカの作曲家で「リズムの復活」を追求した。　⑮⑯⑰　三木稔（1930～現）は，日本の全ての楽器による新しい運動組織の創立を呼びかけ，1964年に14人で「日本音集団（Pro Musica Nipponia）」を結成した。谷崎潤一郎原作のオペラ「春琴抄」は彼の初めてのオペラ作品であり，1975年にジロー・オペラ覚を受賞している。

【5】(1)　グリーグ　　(2)　ノルウェー　　(3)　悲しげに　　(4)　朝　アニトラの踊り　　山の魔王の宮殿にて　　※(4)は順不同可。

(5)〈解答略〉

〈解説〉(1)，(2)　ノルウェーの国民楽派を代表するグリーグの「ペール・ギュント」管弦楽第1組曲より，2曲めの「オーゼの死」のスコアで，この曲は弦楽器のみで演奏される。「ペール・ギュント」はノルウェーの劇作家イプセンの戯曲でそれに付随音楽を付けたもの。

(5)　オーボエ・ダモーレは設問の文には書いてないが，オーボエよりも短3度低いA管（in A）であり，Viol. Ⅰは短3度高くFdurに，クラリネットB♭管は長2度高く，ホルンF管は完全5度高く移調して編曲する。冒頭2小節を例に示す。

【6】〈解答略〉

〈解説〉「夏はきぬ」の旋律は次の楽譜である。これを2重奏用に編曲することになるが，例として，(A) 及び (C) の主旋律をソプラノに，(B) をアルトにしてそれぞれの対旋律やオブリガードを作るのが効果的である。

【7】〈解答略…評価基準〉声や楽器の特徴や奏法，自己のイメージや感情，音楽的（芸術的）な感受等のキーワードを主な観点として，相対的に評価する。

〈解説〉教材名を挙げ，とあり多くの楽曲が考えられるが，〔中学校〕の例では，「魔王」（シューベルト，歌曲），交響曲第5番（ベートーヴェン），歌劇「アイーダ」より第2幕第2場（ヴェルディ）などが示された3つの側面から解答しやすい。

例えば「魔王」では，①及び②で1人の歌手が4役を歌い分けるとともに，ピアノ伴奏の激しさと変化するその効果を。③ではロマン派の背景などを。

〔高等学校〕の例としては，「ボレロ」（ラヴェル，リズムのオスティナートと次々に奏する楽器の音色），交響詩「フィンランディア」（シベリウス，管弦楽の効果や曲が作られた背景），交響曲ではベートーヴェンの第9番合唱付き，ベルリオーズの幻想交響曲よりなどが示された主旨の解答として考えられる。

中学，高校の教師になったつもりで，どんな楽曲を鑑賞でとりあげたいかが中心になるのは言うまでもない。

第3部

チェックテスト

過去の全国各県の教員採用試験において出題された問題を分析し作成しています。実力診断のためのチェックテストとしてご使用ください。

音楽科

／100点

【1】次の(1)～(10)の音楽用語の意味を答えよ。

（各1点　計10点）

(1)　agitato　(2)　comodo　(3)　con fuoco
(4)　marcato　(5)　ma non troppo　(6)　ritenuto
(7)　con brio　(8)　brillante　(9)　delizioso
(10)　rinforzando

【2】次の(1)～(5)の楽曲形式名等を答えよ。

（各1点　計5点）

(1)　主に二つの主要主題が提示される提示部(A)－展開部(B)－再現部(A')からなる3部構造で，それに終結部が付加されるもの。
(2)　主要主題(A)が，副主題をはさんで反復される形式で，A－B－A－C－A－B－Aのように構成されるもの。
(3)　3部形式A－B－AのA及びB部分が拡大されて，それ自体が2部あるいは3部形式をなすような構造をもつもの。
(4)　主題の旋律やリズム，速度などを様々に変化させたり，発展させたりするなどの手法によるもの。
(5)　ポリフォニー(多声音楽)の完成されたものといわれ，主題と応答を規則的な模倣，自由な対位法的手法で展開された楽曲。

【3】次の音楽や楽器と関係の深い国の国名をそれぞれ答えよ。

（各1点　計10点）

(1)　ケチャ　(2)　ホーミー　(3)　シャンソン
(4)　カンツォーネ　(5)　タンゴ　(6)　フラメンコ
(7)　シタール　(8)　胡弓　(9)　ツィンバロム
(10)　バラライカ

【4】次の(1)〜(6)のギターのコードダイヤグラムについて，コードネームを答えよ。

（各1点　計6点）

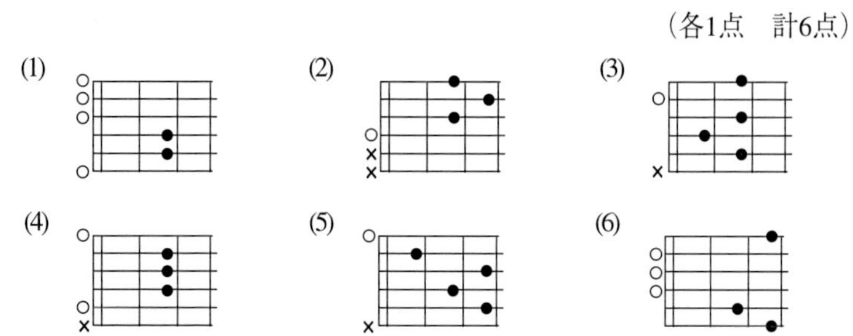

【5】次の楽器の名前をあとのア〜ソから1つずつ選び，記号で答えよ。

（各1点　計6点）

(1)　(2)　(3)

(4)　(5)　(6)

ア　コンガ　イ　三味線　ウ　コルネット　エ　カバサ
オ　トランペット　カ　胡弓　キ　ボンゴ　ク　バスーン
ケ　羯鼓　コ　オーボエ　サ　鉦鼓　シ　締太鼓
ス　イングリッシュ・ホルン　セ　笙
ソ　バス・クラリネット

【6】次の文章は，西洋音楽史について述べようとしたものである。この文章中の(　ア　)～(　ト　)にあてはまる最も適切な語句をそれぞれ書け。ただし，同じ記号の空欄には，同じ語句が入るものとする。

（各1点　計20点）

中世ヨーロッパにおいて教会での典礼儀式と結びついた単旋律聖歌は，地方的聖歌や民俗音楽を同化しつつ(　ア　)聖歌に統一された。これは，礼拝様式の統一を命じた教皇(　イ　)の名に由来するとされ，ラテン語の歌詞をもち，(　ウ　)譜で記された。その後，教会や修道院の中で聖歌が基礎となって(　エ　)音楽が生まれ，パリの(　オ　)大聖堂を中心にオルガヌム，モテトなどへ発展し(　カ　)，(　キ　)らによってその頂点を極めた。また，この時期は民俗的世俗音楽も全盛期であり南フランスの(　ク　)，北フランスの(　ケ　)，ドイツの(　コ　)たちの俗語による歌曲を生んだ。

(　サ　)の音楽とは，音楽史上，中世とバロック期の間に位置する時代の音楽を指す。この時代，15世紀のデュファイなどに代表される(　シ　)楽派が活躍し，次いで15世紀末から16世紀にかけて展開されるジョスカン・デ・プレやラッススなどに代表される(　ス　)楽派の音楽によって(　サ　)音楽は本格的な歩みをたどりはじめる。この時代の後期は，「教皇マルチェルスのミサ」を作曲した(　セ　)楽派の(　ソ　)や「ピアノとフォルテのソナタ」を作曲した(　タ　)楽派の(　チ　)などが活躍した。フランスでは市民階級の向上とともにジャヌカンなどの(　ツ　)が一世を風靡し，イタリアではフィレンツェの(　テ　)家を中心に高度な芸術活動が展開され，優れた詩による多声歌曲(　ト　)が作曲された。モンテヴェルディは9巻に及ぶ(　ト　)曲集を出版している。

【7】次の日本の伝統音楽についての説明文の各空欄に適する語句を下のア～タから1つずつ選び，記号で答えよ。

(各1点　計8点)

(1)　室町時代の初めに，物語は歌謡として謡われ，台詞も抑揚を付けて唱える，観阿弥・世阿弥父子が大成した仮面劇を(　①　)楽という。

　また，(　①　)楽と一緒に上演されることの多いコミカルな対話劇を(　②　)という。

(2)　17世紀後半に大阪の竹本座で創始された三味線音楽を(　③　)といい，脚本家(　④　)の協力を得て，人形芝居の音楽として大流行した。現在，(　③　)は「(　⑤　)」の音楽として知られている。

(3)　唄方，細棹三味線を使用した三味線方，囃子方によって演奏される歌舞伎のために生まれた三味線音楽を(　⑥　)という。

(4)　舞台奥に作られたひな壇に並んで演奏することを(　⑦　)といい，これに対して舞台を盛り上げる効果音を舞台下手の黒御簾で演奏する音楽を(　⑧　)音楽という。

ア　雅	イ　狂言	ウ　神楽	エ　舞
オ　太鼓	カ　長唄	キ　地謡	ク　能
ケ　近松門左衛門	コ　義太夫節	サ　黙阿弥	シ　人形浄瑠璃
ス　出囃子	セ　下座	ソ　裏方	タ　合いの手

【8】次の和音の基本形をd音を根音としてへ音譜表に書け。

(各1点　計5点)

(1)　長三和音

(2)　減三和音

(3)　属七和音

(4)　短三和音

(5)　増三和音

【9】次の各問いに答えよ。

（各1点　計4点）

(1)　次の楽譜を短3度上方に移調した時，①の部分で最も適切なコードネームはどれか。下のア～オから1つ選び，記号で答えよ。

ア　F　　イ　E♭　　ウ　Am7　　エ　B7　　オ　Cm

(2)　次の楽譜はB♭管のクラリネットの楽譜である。同じ音でF管のホルンで同時に演奏する場合の楽譜は何調で示されるか。下のア～オから1つ選び，記号で答えよ。

ア　ハ長調　　イ　ト長調　　ウ　変ロ長調　　エ　ニ長調
オ　ハ短調

(3)　次の楽譜は何調か。下のア～オから1つ選び，記号で答えよ。

ア　ニ短調　　イ　ロ短調　　ウ　ヘ短調　　エ　ト短調
オ　イ短調

(4)　次の楽譜は何調か。下のア～オから1つ選び，記号で答えよ。

ア　ハ長調　　イ　ト長調　　ウ　イ短調　　エ　ニ長調
オ　ニ短調

【10】次の楽譜を見て，下の各問いに答えよ。

（各1点　計6点）

(1)　①～③の音程を書け。

(2)　a及びbの囲まれた音符で構成される和音の種類を書け。

(3)　この曲はヘ長調で始まるが，その後何調から何調へ転調しているか書け。

【11】次の(1)～(7)の楽譜は，ある曲の一部分である。作曲者名と作品名をそれぞれ答えよ。

（完答各2点　計14点）

【12】合唱の授業において生徒から次の内容の質問を受けた場合，どのような指導をすればよいか，具体的に答えよ。

（各2点　計6点）

(1)　なかなか響く声を出すことができません。どうすればいいですか。

(2)　歌詞の内容が聴く人に伝わるように歌いたいのですが，どうすればいいですか。

(3)　変声期で声が出にくいのですが，どうすればいいですか。(男子生徒からの質問)

解答・解説

【1】(1)　激しく　(2)　気楽に　(3)　熱烈に，火のように　(4)　はっきりと　(5)　しかし，はなはだしくなく　(6)　すぐに遅く　(7)　いきいきと　(8)　はなやかに，輝かしく　(9)　甘美に　(10)　急に強く

解説　楽語は基本的にイタリア語である。音楽用語は基礎的かつ頻出の問題であるため，集中して音楽用語を覚えることが大切である。(3)のconは英語のwithとほぼ同義の前置詞であるので，楽語にもよく登場する。注意しておこう。

【2】(1)　ソナタ形式　(2)　ロンド形式　(3)　複合3部形式　(4)　変奏曲形式　(5)　フーガ

解説　本問は楽曲形式名を答える出題だが，楽曲形式を説明させる問題であってもきちんと対応できるようにしたい。　(3)「複合」を付けること。　(5)　フーガは遁走曲ともいう。

【3】(1)　インドネシア　(2)　モンゴル　(3)　フランス　(4)　イタリア　(5)　アルゼンチン　(6)　スペイン　(7)　インド　(8)　中国　(9)　ハンガリー　(10)　ロシア

解説　(1)のケチャはインドネシアのバリ島の男声合唱。　(2)のホーミーはモンゴルの特殊な発声(1人で2種類の声を同時に出す)の民謡。(7)のシタールは北インドの撥弦楽器で古典音楽の独奏に用いられる。(8)の胡弓は日本の擦弦楽器であるが，明治以降は使用されることが少なくなった。中国では胡琴(フーチン)という胡弓に似たものがあり，その種類が多く，二胡(アルフー)もその一つであるため混同されている。　(9)のツィンバロムはダルシマーとも呼ばれ，ハンガリーのジプシー音楽で多く用いられる。

【4】(1) Em　(2) D　(3) B7　(4) A　(5) C7　(6) G

解説 ギターの基本的なコードの知識が求められる問題である。新学習指導要領解説では，ギターと三味線を授業で取り扱う場合についても触れている。ギター関連の出題ではコードが主で，各地で出題されている。したがって，基本事項はおさえるべきであろう。

【5】(1) カ　(2) ア　(3) セ　(4) ウ　(5) ス　(6) ケ

解説 楽器の名前を写真で判断する問題であるが，特に難しい楽器はない。どの場合も，必ず楽器の特徴的な部分があるのでそこに目をつけること。

【6】ア：グレゴリオ　イ：グレゴリウスⅠ世　ウ：ネウマ　エ：ポリフォニー　オ：ノートルダム　カ，キ：レオニヌス，ペロティヌス　ク：トルバドゥール　ケ：トルヴェール　コ：ミンネゼンガー　サ：ルネサンス　シ：ブルゴーニュ　ス：フランドル　セ：ローマ　ソ：パレストリーナ　タ：ヴェネツィア　チ：ガブリエーリ　ツ：シャンソン　テ：メディチ　ト：マドリガーレ

解説 出題傾向が高い部分なので，確実に身につけておきたい。また各語についてもさらに研究しておくことが望ましい。

【7】(1) ① ク　② イ　(2) ③ コ　④ ケ　⑤ シ　(3) ⑥ カ　(4) ⑦ ス　⑧ セ

解説 日本伝統音楽の能楽・三味線音楽に関する問題。記号を語群から選ぶものであり，(1)〜(4)の説明文が簡潔で正答できなければならない出題である。

【8】

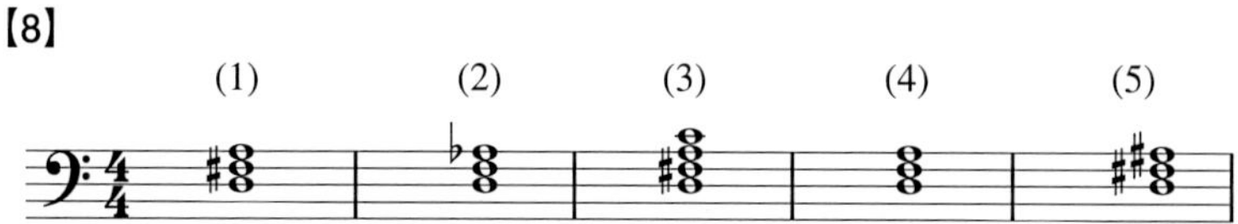

解説 基本的な和音構成問題。根音が必ずしもCとならないことに注意し，またこれらの和音はどのコードにあたるのかということも合わせて学んでおくと良い。

【9】(1) ア (2) エ (3) エ (4) イ

解説 (1) この楽譜はニ長調で短3度上方に移調するとへ長調になる。①の小節はDがFとなり，ソーミドでFのコードネームとなる。

(2) クラリネットは実音が長2度下であり，楽曲はGdurとわかる。ホルンの記譜音は完全5度上であるため，Gの5度上のDdurとなる。

【10】(1) ① 短6度 ② 減4度(減11度) ③ 増2度

(2) a 短3和音 b 長3和音 (3) へ長調→ハ長調→イ短調

解説 (1) 音程を答えるためには，まず音部記号を正しく読める必要がある。 (2) これも同様であるが，配置の異なる音符を和音に再構成する必要がある。 (3) 転調は3種類方法があるが，特徴音を探すことと，和声の流れから調性を判断することができる。

【11】(1) ビゼー ／ 歌劇「カルメン」から「ハバネラ」 (2) プッチーニ ／ 歌劇「トスカ」から「妙なる調和」 (3) チャイコフスキー ／ ピアノ協奏曲第1番 変ロ短調 (4) ベートーヴェン ／ 交響曲第3番「英雄」 (5) シューベルト ／ 歌曲集「冬の旅」から「春の夢」 (6) ヘンデル ／「水上の音楽」から「ホーンパイプ」

(7) ガーシュイン ／ ラプソディー・イン・ブルー

解説 楽譜の一部から作曲者，曲名を問うことは頻出。どれも有名な旋律部分であるが，分からないものは，必ず音源を聞いておくこと。

【12】(1)　・模範のCDを聴かせ，響く声のイメージを持たせる。　・姿勢，呼吸，口形，発音に気をつけて発声練習をさせる。　・その生徒のもっとも響く音域を見つけ，響かせる感覚をつかませる。 など　(2)　・歌詞の内容，メッセージを十分に理解させる。　・子音をていねいに歌い，言葉がはっきり聞こえるように歌う。　・歌詞のイントネーションに合わせた歌い方になるよう，言葉のまとまりに気をつけた歌い方を工夫させる。 など　(3)　・無理のない声域や声量で歌うようにさせる。　・音域の幅があまり広くない曲を教材として選曲する。　・変声は健康な成長の一過程であり，不必要な不安や差恥心などをもつことのないように配慮する。 など

解説　(1)や(2)の指導例に〈鼻濁音〉の指導を入れるのもよい。　(3)の変声期の対応は出題されることが多い。

第 4 部

頻出問題演習

音楽科 頻出問題演習 Part1

【1】次の(1)～(4)は，音楽で使用される用語である。その意味を答えよ。

(1) comodo (2) delizioso (3) rinforzando (4) con fuoco

【2】和楽器について，次の各問いに答えよ。

(1) 箏の歴史に関する説明として正しくないものを，次のア～エから1つ選び，記号で答えよ。

ア 雅楽の楽器として大陸から伝来し，その主要楽器として用いられた。

イ 箏は独奏楽器や催馬楽の伴奏楽器として貴族に愛好された。

ウ 室町時代の末に福岡県久留米市の善導寺の僧賢順が，寺に伝わる雅楽から箏を伴奏とする歌曲を創作した。これが山田流箏曲の起源である。

エ 江戸時代の初期，八橋検校は筑紫流箏曲をもとに調弦法の改良などを行い，箏曲を芸術的なものへと昇華させた。

(2) 箏の奏法に関する説明として正しくないものを，次のア～エから1つ選び，記号で答えよ。

ア 合せ爪とは，親指と中指(または人さし指)で2本の弦を同時に弾くことである。

イ 輪連とは，爪の裏側を使って高音から低音へ連続して弾くことである。

ウ カキ爪とは，隣接した2本の弦を中指でほとんど同時に弾くことである。

エ スクイ爪とは，親指で弦の向こうから手前にすくうように弾くことである。

(3) 尺八の奏法で，同じ指使いのまま，あごを出して音高を上げることを何というか。最も適当なものを，次のア～エから1つ選び，記号で答えよ。

ア　カリ　　イ　メリ　　ウ　ムラ息　　エ　スリ上げ

(4)　雅楽で用いられ，ばちを使って演奏する金属製の楽器は何か。最も適当なものを，次のア～エから1つ選び，記号で答えよ。

ア　鞨鼓　　イ　鉦鼓　　ウ　楽太鼓　　エ　釣太鼓

(5)　三味線音楽に関する説明として正しくないものを，次のア～エから1つ選び，記号で答えよ。

ア　三味線音楽は，歴史や特徴などから，歌い物と語り物に大別することができる。

イ　義太夫節は，人形芝居，文楽の伴奏音楽に用いられる。

ウ　常磐津節は，お座敷浄瑠璃と呼ばれるものである。

エ　浪花節は，寄席の芸として生まれ，浪曲ともいう。

(6)　三味線に関する説明として正しくないものを，次のア～エから1つ選び，記号で答えよ。

ア　三味線は，インドのサンシエンが沖縄の三線を経て，16世紀に日本に伝えられた楽器である。

イ　三味線を最初に演奏したのは，琵琶法師であり，琵琶の撥を流用した。

ウ　サワリは，一の糸の振動に特色ある高次倍音を強調して添える工夫である。

エ　棹の太さを目安にして太棹，中棹，細棹の3種類に分類され，長唄で用いられるのは細棹である。

(7)　次の①，②の唱歌（しょうが）は，何の楽器に使われるものか。最も適当なものを，下のア～カから1つずつ選び，記号で答えよ。

①「テンテテツク」　　②「テーントンシャン」

ア　三味線　　イ　箏　　ウ　篠笛　　エ　つけ太鼓

オ　鉦　　カ　笙

【3】世界のポピュラー音楽について，次の各問いに答えよ。

(1) 次の文章は，19世紀後半以降にアメリカで生まれたポピュラー音楽の1つについて，説明した文章である。文中のa，bに当てはまる語句を答えよ。

(a)は，アフリカ系アメリカ人の過酷な生活から生まれた哀愁を帯びた音楽である。一定のコード進行による12小節からなり，(b)・ノートを含んだ(a)音階に特徴がある。

(2) 次のア～カとかかわりの深い国を，下のA～Fから1つずつ選び，記号で答えよ。

ア シャンソン　イ クロンチョン　ウ メレンゲ
エ ファド　オ ボサ・ノヴァ　カ ルンバ

A インドネシア　B フランス　C ブラジル
D ドミニカ　E ポルトガル　F キューバ

【4】三味線と尺八について書かれた次のア～エの文について，下の各問いに答えよ。

ア 三味線は，中国のミンシェンが，琉球を経て16世紀半ばに日本に伝わった楽器で，太棹，中棹，(a)の3種類に分類される。
イ 三味線の三の糸は，上駒に乗せず，棹の一部にわずかに触れるようになっている。その結果，糸と棹が触れ合い，三味線独特のビリビリと響くような音が出る。この響きを(b)という。
ウ 尺八は奈良時代に中国から伝来した。最もよく使われる尺八の指穴は，表に4つ，裏に1つある。裏の指穴を一孔という。
エ 尺八は，江戸時代に禅宗の一派である普化宗の虚無僧による宗教音楽として発達した。尺八のために作られた本曲と，他の種目や楽器の曲に尺八を添えて演奏する他曲とがある。

(1) 文中のa，bの中に当てはまる語句を書け。

(2) ア～エの文の中には，間違っている語句が1つずつある。その間違っている語句を抜き出し，正しい語句を書け。

【5】次の楽譜を見て，下の各問いに答えよ。

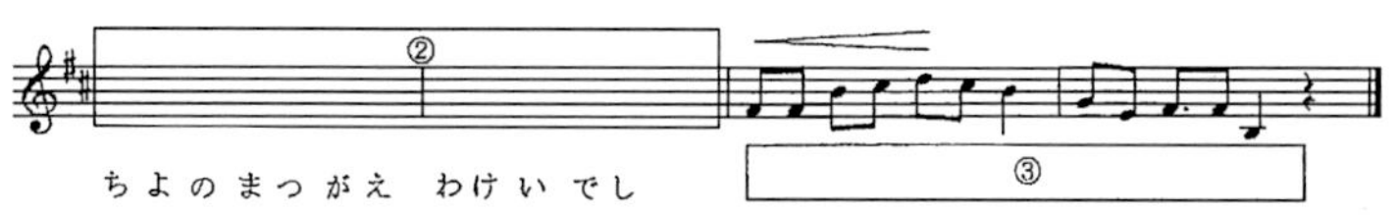

(1)　この曲の曲名を漢字で答えよ。

(2)　この曲の作曲者名を漢字で答えよ。また，この作曲者の作品の中で歌唱教材として代表的なものを，上記の曲以外に1つ答えよ。

(3)　この曲の作詞者である土井晩翠が生まれた都道府県名を答えよ。

(4)　上の楽譜は，この曲の原曲である。［①］にあてはまる速度標語を次のア～エから1つ選び，記号で答えよ。

ア　Adagio　　イ　Andante　　ウ　Allegretto　　エ　Allegro

(5)　楽譜中［②］の部分に適切な旋律を書き入れなさい。

(6)　楽譜中［③］にあてはまる歌詞を書き入れなさい。

(7)　この曲と同じ形式で作られている曲を次のア～エから1つ選び，記号で答えよ。

ア　椰子の実　　イ　こきりこ節　　ウ　赤とんぼ

エ　浜辺の歌

【6】次の楽譜は，クラリネット(inA)用に書かれたものである。この楽譜を，ホルン(inF)で演奏するとき，クラリネット(inA)と1オクターブユニゾンになるように楽譜を移調して書け。

【7】次の(1)～(6)について音程名を答えよ。

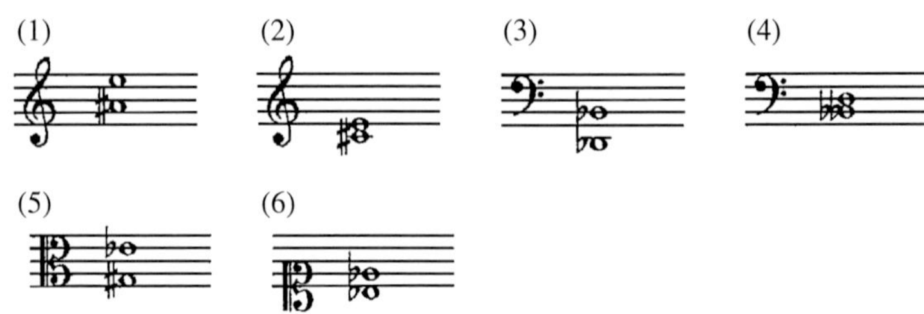

【8】中学校第1学年の創作の活動において，言葉や音階などの特徴を感じ取り，表現を工夫して簡単な旋律をつくることを指導する。どのような指導が考えられるか。簡潔に2つ答えよ。

【1】(1)　気楽に　　(2)　甘美に　　(3)　急に強く　　(4)　熱烈に

解説 楽語は基本的にイタリア語である。なお，(4)のconは英語のwithとほぼ同義の前置詞であるので，楽語にもよく登場する。注意しておこう。

【2】(1)　ウ　　(2)　イ　　(3)　ア　　(4)　イ　　(5)　ウ　　(6)　ア
(7)　①　エ　　②　イ

解説 (1)　ウの誤りは〈山田流箏曲〉，正しくは〈筑紫箏〉であり，さらに賢順の弟子の系統から〈八橋検校〉が祖となる〈八橋流〉が生まれた。箏曲2大流派の〈生田流〉は八橋検校門弟の生田検校が創始したもので，〈山田流〉は江戸中期以降に江戸で〈山田検校〉がたてたもの。　(2)　輪連とは人差し指と中指で2本の絃を擦る奏法で，高音から低音へグリッサンドするのは〈流し爪〉である。　(3)　正答はカリであり，この反対がメリで中メリや大メリもある。　(5)　お座敷浄瑠璃と呼ばれるのは〈新内節〉であり，新内流しという街頭での独特の演奏もあった。　(6)　サンシェン(三弦)とは中国の楽器で，沖縄の三線を経て日本に入り変化・改良され三味線になった。　(7)　唱歌

(しょうが)は和楽器教習のためのソルミゼーションの一種で口三味線(くちじゃみせん)ともいう。楽器の実習を通して覚えたいもの。小太鼓では　テンツク　テケツク テンツク　ツ　などがある。

【3】(1)　a　ブルース　　b　ブルー　　(2)　ア　B　　イ　A
ウ　D　　エ　E　　オ　C　　カ　F

解説 (1)　ブルースはA－A－B形式の12小節が基本となっている。ブルー・ノートとは，長音階の第3音と第7音を$\frac{1}{4}$音ほど下げた音とされる。　(2)　クロンチョンは西洋楽器を取り入れ16世紀に成立したといわれる，世界最古のポピュラー音楽のひとつ。メレンゲはドミニカ発祥の舞踊音楽。ファドはギターラ(ギターの一種)で伴奏されるポルトガルの大衆歌謡である。

【4】(1)　a　細棹　　b　サワリ　　(2)　(間違っている語句，正しい語句の順)　ア　ミンシェン，サンシェン　　イ　三の糸，一の糸
ウ　一孔，五孔　　エ　他曲，外曲

解説 (1)　aの細棹は，太棹と中棹が出てきているので比較的答えやすいだろう。bのサワリについては，琵琶にも同じような構造がある。(2)　三味線のルーツとも言われるサンシェンは「三弦」と書く。沖縄では今でも「サンシン(三線)」という呼び方が残っている。

【5】(1)　荒城の月　　(2)　作曲者：滝廉太郎　　作品：花，箱根八里，お正月など　　(3)　宮城県　　(4)　イ

(5)

(6)　むかしのひかり　いまいずこ　　(7)　エ

解説 楽譜は滝廉太郎作曲の「荒城の月」の原曲である。8小節の形で書かれ，「花のえん」の「え」に♯が付いている。8分音符を4分音符にして16小節とし，「え」の♯を消して歌われている曲に補作編曲したのは山田耕筰である。　(3)　土井晩翠は宮城県生まれ。仙台市の青葉城，及び会津若松の鶴ヶ城の印象から，詩が生まれたといわれる。また，滝廉太郎の縁で大分県の岡城も有名である。

Part 1

【6】

解説 クラリネットA管とホルンF管とは長3度の音程差があるが，移調楽器の場合は，実音に対し記譜をどのように移調して演奏しているかを，しっかり把握しておくことが確実である。B♭管やE♭管も含めて次の表をよく覚えておきたい。この出題の実音の調は，「ホ長調」であり，ホルンでその実音を奏するには完全5度上のロ長調に移調すればよい。

(表)

調	記　譜	楽　器
B♭管	実音の長2度上	クラリネット・トランペット
A　管	実音の短3度上	クラリネット
E♭管	実音の長6度上	アルトサクソフォーン
F　管	実音の完全5度上	ホルン

【7】(1)　減5度　　(2)　短3度　　(3)　長6度　　(4)　増3度　　(5)　減6度　　(6)　完全4度

解説 音程を答える問題では，基本の音程を身につけておかなければならない。音程には完全系と長短系の度数の2種類があり，長短系の度数が「長」または「短」に，および「長」から「短」,「短」から「長」になることを把握しておこう。なお，長短系の度数が完全系になることはない。

【8】・感じ取った言葉の抑揚やアクセントなどを手掛かりに旋律の音高を工夫して簡単な旋律をつくらせる指導。　・感じ取った言葉のリズムを手掛かりに旋律のリズムを工夫して簡単な旋律をつくらせる指導。　・我が国の伝統音楽に使われている音階の雰囲気を感じ取り，楽器の音色や奏法の特徴とかかわらせながら簡単な旋律をつくらせる指導。　・既存の旋律の特徴を感じ取ってそれを基にして変奏するようにつくらせる指導。 などから2つ

解説 〈創作活動〉の第1学年において簡単な旋律をつくる指導を2つ並べる出題である。「言葉や音階などの特徴を」とあるのは，歌唱曲を意図したものであろうか，はっきりしない。解答例の中には，我が国の伝統音楽に…などもあるので，例えば沖縄音階の特色を活用した旋律の創作なども有効である。また，〈学級の歌〉の創作と決定も，時間はかかるが工夫の仕方によっては興味・関心を高め，意欲的に活動させることもあり得る。作曲を1人だけの活動に限らず，グループ活動を応用したり，テープ録音などの作品を記録する方法の工夫など，創作活動は大きな広がりを可能とするものである。

音楽科 頻出問題演習 Part2

【1】次の(1)〜(4)の音楽用語を簡単に説明せよ。

(1) ソナタ形式　(2) 対位法　(3) 通作歌曲

(4) 偶然性の音楽

【2】世界の民族音楽について，次の各問いに答えよ。

(1) 次の民族楽器のうちガムランの打楽器ではないものを，次のア〜オから1つ選び，記号で答えよ。

ア　ガンバン　イ　モリンホール　ウ　グンデル

エ　ゴング　オ　サロン

(2) 民族楽器の説明として正しくないものを，次のア〜オから1つ選び，記号で答えよ。

ア　笙はリードの付いた竹のパイプを組み合わせた楽器で，和音を奏することができる楽器である。

イ　ウードはアラブ諸国，トルコ，ギリシャなどで広く用いられている弦楽器の一つである。日本の琵琶と同じく，中世イスラム世界の楽器を起源とする。

ウ　シタールは北インドの古典音楽で使用されるリュート族の撥弦楽器である。指ではじく弦と共鳴弦を持つ。

エ　ディジェリドゥは，アフリカの先住民族に使用されるユーカリ製のラッパで，成人になるための儀式などの伴奏に用いられてきた。

オ　スリンはインドネシアやフィリピンの竹製の縦笛で，ガムランの演奏等で使用される。

【3】音学史について，あとの各問いに答えよ。

19世紀前期・中期に，自由思想や浪漫主義文学の影響のもと，音楽の世界にも「ロマン派」が花開いた時代であるが，19世紀も後期にさしかかると，ヨーロッパの中でも周辺地域の国々や民族的な少数派が，市民権の獲得や自由な表現様式による精神の解放を求め，国民主義的な音楽家が次々に輩出した。こうした傾向の先駆けとなった作曲家の一人にポーランド出身の(　①　)があげられる。彼は《24の前奏曲》作品8や4つの即興曲をはじめ，当時の中流家庭に普及しつつあった楽器(　②　)のための作品にとりわけ優れた才能を発揮し，古典派以来の形式の中に，A母国の民族舞踊のリズムや情感を巧みに詩的に表現して「(　②　)の詩人」と呼ばれたが，2010年はその生誕(　③　)年の年にあたり，いろいろな催し物が世界中で行われた。

国民主義的な傾向の作曲活動は，ロシアでは，バラキレフやR.コルサコフ，ボロディンらが同人であったグループ(　④　)の活動が知られている。交響詩《禿山の一夜》や組曲《展覧会の絵》を作曲した(　⑤　)も，このグループに属していた。一方，スペインにおいてはヴァイオリンの名手で《ツィゴイネルワイゼン》を作曲した(　⑥　)や，フランス音楽の影響を強く受けながらも，Bスペイン独特のリズムや旋律を用いたバレエ音楽《恋は魔術師》や《三角帽子》などを作曲した(　⑦　)が出た。さらに，20世紀に入ると，Cスペインの国民的な楽器を独奏楽器にして民族的なリズムや響きを多用した《アランフェス協奏曲》を作曲した盲目の作曲家(　⑧　)が有名である。

(1)　(　①　)～(　⑧　)に当てはまる作曲家名や語句，数字を答えよ。

(2)　下線部Aのリズムの例を2つ答えよ。

(3)　下線部Bのリズムの例を1つ答えよ。

(4)　下線部Cの楽器は何か，答えよ。

【4】雅楽について次の文を読み，あとの各問いに答えよ。

雅楽は，日本古来の音楽と朝鮮半島や中国から伝来した音楽とが融合し，10世紀頃平安時代中期に完成し，今日もなお当時の形をほぼ保ったまま日本の宮中および神社，寺院等で演奏されている。雅楽の演奏形態は，管弦，(　①　)，歌謡の三つの演奏形態がある。

管弦は(　②　)，笙，(　③　)からなる管楽器と，箏，(　④　)の2

種類の弦楽器，鉦鼓，(　⑤　)，太鼓の3種類の打楽器の編成で演奏される。(　①　)は日本古来の舞である「国風の歌舞」，中国から伝来した左方の舞(左舞)，朝鮮半島から伝来した右方の舞(右舞)がある。歌謡は雅楽器伴奏を付けた声楽曲で，馬を引く時の民謡である(　⑥　)と，漢詩に曲を付けて歌われた(　⑦　)に分類される。

(1)　①～⑦に適する語句を次のア～セから1つずつ選び，記号で答えよ。

ア	長唄	イ	鞨鼓	ウ	神楽	エ	催馬楽	オ	三味線
カ	乱声	キ	竜笛	ク	囃子	ケ	篳篥	コ	琵琶
サ	舞楽	シ	平曲	ス	締太鼓	セ	朗詠		

(2)　下線部について「左方の舞」,「右方の舞」の伴奏音楽を，それぞれ漢字で答えよ。

(3)　民謡「黒田節」の元になった雅楽曲を何というか，漢字で答えよ。

【5】次の楽譜はJ.S.バッハ作曲「マタイ受難曲」BWV244の第54曲「コラール」である。ソプラノ，アルト，テノールのパートを，それぞれクラリネット，アルト・サクソフォン，ホルンで演奏できるように楽譜を書き換えよ。なお，調号を用いずに臨時記号を用いて書くこととする。

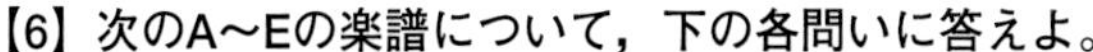
【6】次のA～Eの楽譜について，下の各問いに答えよ。

(1)　A，Bは中学校学習指導要領(平成20年3月告示)で示された歌唱指導における共通教材のピアノ伴奏の一部である。それぞれの曲名を答えよ。

(2)　C～Eの曲名についてはa～mから，作曲者名についてはア～スからそれぞれ選び，記号で答えよ。

〈曲名〉

a　闘牛士の歌(歌劇「カルメン」より)

b　交響曲第6番ヘ長調「田園」　　c　歌劇「トスカ」

d　連作交響詩「わが祖国」　　　e　交響組曲「シェエラザード」

f　動物の謝肉祭　　　g　鐘(「パガニーニによる大練習曲」より)

h　ボレロ　　　　　　i　前奏曲集第1巻より　第10曲「沈める寺」

j　ラプソディー・イン・ブルー　k　はげ山の一夜
l　ポロネーズ第6番「英雄」　m　スラブ舞曲第10番

〈作曲者名〉

ア　ラヴェル　イ　ガーシュイン
ウ　ムソルグスキー　エ　スメタナ
オ　リスト　カ　リムスキー＝コルサコフ
キ　サン＝サーンス　ク　ショパン
ケ　ビゼー　コ　ベートーヴェン
サ　プッチーニ　シ　ドビュッシー
ス　ドヴォルジャーク

【7】次の(1)〜(3)の舞曲の起源の国名を〈A群〉の中から，適切なリズムパターンを〈B群〉の中から選び，それぞれ番号で答えよ。

(1)　Mazurka　(2)　Bolero　(3)　Samba

〈A群〉

①　アメリカ　②　ドイツ　③　ポーランド
④　ブラジル　⑤　アルゼンチン　⑥　スペイン

〈B群〉

①

②

③

④

⑤

⑥

【8】あなたが，箏を用いて創作指導をしようとするとき，どのような「指導のねらい」を設定し，どのような「指導の工夫」を行うか答えよ。

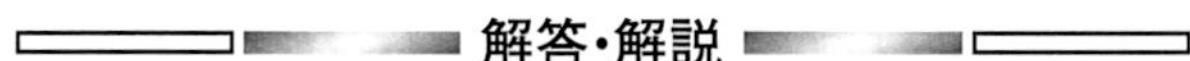

解答・解説

【1】解説参照

解説 説明の記述問題では平常の音楽に対する関心・意欲が問われるもの。簡潔に，とあるので要点をまとめて記述したい。ここでは解答例の参考として要点を示す。 (1) ソナタ，交響曲，室内楽などで用いられる楽曲形式。提示部・展開部・再現部(＋終結部)の3部分から構成され，提示部では第1及び第2主題が中心となる。ハイドンによって確立されベートーヴェンによって完成されたといわれている。
(2) 複数の旋律をそれぞれの独立性を保ちつつ組み合わせるための技法。和声法が和音の積み重ねの縦の関係を中心に扱うのに対し，対位法では旋律線や対旋律の横の流れの関係を扱う。対位法を駆使した曲種の代表がフーガであり，J.S.バッハ作品で頂点に達したといわれる。
(3) 詩の各節ごとに異なった旋律が付けられる歌曲。例としてシューベルト作曲(ゲーテ作詩)の「魔王」がある。通作の対語が「有節」歌曲で，詩の各節が同じ旋律であり，シューベルトの「野ばら」がその例である。 (4) 作曲や演奏に不確定な要素，偶然性を取り入れた現代音楽の1つ。アメリカのJ.ケージが20世紀中頃に提唱。音高，リズムが確定しないため五線上の記譜でなく，図形楽譜を使うことも多い。

【2】(1) イ (2) エ

解説 (1) イ モリンホールはモンゴルの馬頭琴と呼ばれる二弦の擦弦楽器で，ガムランでは用いられない。 (2) エ ディジェリドゥはオーストラリア先住民のラッパである。

【3】(1) ① ショパン ② ピアノ ③ 200 ④ 五人組 ⑤ ムソルグスキー ⑥ サラ・サーテ ⑦ ファリャ ⑧ ロドリーゴ (2) マズルカ ポロネーズ (3) ボレロ or

ハバネラ　(4)　ギター

解説 (1)　①　ショパンはポーランド出身で，前期ロマン派を代表する作曲家である。　②　産業革命の影響もあり，1790年から1860年頃にかけて，ピアノの生産技術は飛躍的に向上した。ショパンはピアノのための作品を数多く残し，「ピアノの詩人」と呼ばれている。

③　2010年はショパン生誕200年にあたる。　④　本文で挙げられている3人に，キュイ，ムソルグスキーを加えた5人の作曲家が，19世紀後半に民族主義的な芸術音楽を志向したロシア五人組と呼ばれる。

⑥　スペインの作曲家サラ・サーテは，自身もヴァイオリン奏者であり，技巧的かつスペインの民謡風の旋律を用いた音楽をのこしている。

⑦　ファリャは，新古典主義の影響を受けたスペインの作曲家。

⑧　ロドリーゴは，幼児期に失明したにも関わらず数々の作品を残したスペインの作曲家・ピアニスト。　(2)　マズルカ，ポロネーズは，共にポーランドを代表する民族舞踊のリズム，形式である。基本的には両方とも4分の3拍子。　(3)　ボレロはスペイン起源，ハバネラはキューバ起源で，共にスペインで流行した舞踊音楽である。ボレロは3拍子，ハバネラは2拍子。　(4)　ロドリーゴは，自身はピアニストでありながらギターに関心を持ち，クラシック・ギターを用いた楽曲を数多くのこしている。『アランフェス協奏曲』でもギターが独奏楽器として使用される。

【4】(1)　①　サ　②　キ　③　ケ　④　コ　⑤　イ　⑥　エ　⑦　セ　(2)　右方の舞……高麗楽，左方の舞……唐楽　(3)　越天楽

解説 (1)　日本音楽については，近年出題頻度が高い。雅楽に関しても確実に押さえておくことが必要だ。ここでは，選択肢も用意されているので確実に正解したい。選択肢中の長唄，三味線などの日本音楽についても同様に確認しておくこと。　(2)　中国つまり唐を経由して伝来した伴奏音楽なので唐楽と，朝鮮半島つまり高麗を経由して伝来した伴奏音楽なので高麗楽と呼ぶ。　(3)　「越天楽」は，雅楽の曲のなかで最も有名な曲であり，歌詞をつけたものが「越天楽今様」で，後に「黒田節」になった。「黒田節」は結婚式などで用いられることが多い曲であり，一度は耳にしたことがあるはずである。

【5】

解説 クラリネット(指示がなければ通常B♭管)への記譜は，ト音譜表で原調の長2度上に記譜する。Fdurの長2上，Gdurにする。アルトサクソフォンは記譜音の長6度下が実音であるが，慣例として他のサクソフォンも含めト音譜表上で記されている。アルトサクソフォンの記譜は，短3度下で表すのでDdurにする。ホルンはF・B♭管(シングル・ダブルのタイプがある)が通常用いられるが，どちらの調性の管でも記譜はF管用で行う。完全4度下のCdurで記譜する。

【6】(1)　A　赤とんぼ　　B　夏の思い出　　(2)　(曲名，作曲者名の順)
C…e，カ　　D…a，ケ　　E…g，オ

解説 (1)　共通教材については，歌唱指導の方法など，様々な形式で出題されている。したがって，学習指導要領等を読むだけでなく，すべての曲を聴き，演奏しておくことが必要だろう。 (2) その他の選択肢の正しい組み合わせは，b－コ，c－サ，d－エ，f－キ，h－ア，i－シ，j－イ，k－ウ，l－ク，m－スである。

【7】(A群，B群の順) (1) ③，② (2) ⑥，⑥ (3) ④，③

解説 (1) Mazukaはポーランドの舞曲である。4分の3拍子で，1拍目に付点がつくことが多く，2拍目あるいは3拍目にアクセントが置かれる。
(2) ボレロはスペインの舞曲である。4分の3拍子が特徴的である。
(3) サンバはブラジル発祥の舞曲である。2拍子を感じさせる，シンコペーションを含んだ固有のリズムパターンが特徴である。

【8】指導のねらい…音階を選んで旋律をつくり，その旋律に副次的な旋律や和音などを付けて，イメージをもって音楽をつくる。 指導の工夫…調弦の異なる音階の複数の箏の中から，表現したい音楽のイメージを膨らませながら，それに合うものを選んで簡単な旋律をつくり，さらに，箏の特徴を生かして，その旋律に別の旋律を重ねたり，キー・ボードなどで和音を付けさせたりする。その際，イメージや表現の工夫についてワークシートにまとめさせる。その後，作品発表を行い，相互評価及び自己評価をさせる。

解説 箏を用いた創作指導の「ねらい」と「工夫」を答えよという出題で難しい設問といえよう。生徒は中学校において1種類以上の和楽器の表現活動を経験しているが，各学校の実態に応じた経験であり，その和楽器も箏とは限らない。したがって，経験の個人差に応じた指導の工夫やグループで協力し合う指導の工夫で進めるのが基本として必要であろう。しかし，例えば箏に最も調和する「平調子」「雲井調子」「古今調子」などの調弦を無視し，ドレミファ…の全音階に調弦するようなことは避けねばならない。日本の伝統音楽のよさ，音色や響きの豊かさや繊細さなどを感じ取れる箏の創作指導の工夫でなくてはならない。

音楽科 頻出問題演習 Part3

【1】次の(1)から(4)の語句について，それぞれ簡単に説明せよ。

(1) オルティンドー　(2) 序破急　(3) 平均律

(4) appassionato

【2】三味線音楽について，下の(1)～(7)に答えよ。

〈A〉

〈B〉

これやこの，往くも還るも別れては，知るも知らぬも逢坂の山隠す，霞ぞ春はゆかしける，波路遙かに行く船の，海津の浦に着きにけり

(1) Aの楽譜上の①「ハ」及び②「ス」の奏法の名前を書け。

(2) (1)の①「ハ」の奏法について具体的に説明せよ。また，②「ス」はどのような場合にどのように弾く奏法か，具体的に説明せよ。

(3)　この曲を弾くときの調弦を書け。

(4)　この楽器で曲を伝えたりするときの唱歌のことを何と呼ぶか，書け。

(5)　Bは三味線の伴奏で歌われる。Bの曲名及び音楽の名前を書け。また，この音楽を取り入れた日本の伝統的な演劇は何か，書け。

(6)　Bの曲の囃子の楽器を3つ書け。

(7)　Bの曲のもとになった能の作品は何か，書け。

【3】次の各問いに答えよ。

(1)　次の①～⑥の語句について，それぞれに関連する説明文をA群ア～コから，時代をB群a～fからそれぞれ1つずつ選び，記号で答えよ。

①　オラトリオの興隆

②　ライトモティーフ

③　オルガヌム

④　コラールの誕生

⑤　12音音楽

⑥　アルベルティ・バス

〈A群〉

ア　文学作品や絵画などを題材とし，詩的感情や幻想的内容を表現したもの。多楽章ではなく，1曲1曲が独立していることが多い。

イ　中心音の存在や調性の支配を否定し，新しい表現を追求した作曲技法体系であり，すべての幹音と派生音を平等かつ均等に用いた音楽。

ウ　ワーグナーの楽劇において用いられたもので，曲の中で繰り返し使われ，人物や状況を表す。劇中での状態の変化にしたがってリズムや和声が変形され，楽曲を統一するものである。

エ　分散和音の1種。右手の旋律に対する左手の伴奏の形として，連続的に現れることが多い。

オ　ローマ・カトリック教会のラテン語典礼文をテキストとする単声聖歌。

カ　2声部以上の旋律の独立的な横の流れに重点を置いて作曲された音楽。

キ　多声音楽の1形態で，聖歌の旋律に1度，4度，5度，8度音程で並進行する対声部を付けるという手法。

ク　宗教的または道徳的な性格をもつ劇的な物語を，独唱，合唱，管弦楽のために作曲した作品。

ケ　幻想交響曲に初めて使用された，文学的な一定の概念に結びつけられたモティーフのことで，全曲を通して反復される。

コ　聖歌隊によって歌われる歌という意味を持ち，ルター派の礼拝で歌われる自国語による賛美歌。

〈B群〉

a　中世　　b　ルネサンス　　c　バロック　　d　古典派

e　ロマン派　　f　近・現代

(2)　次の①～⑤の作曲家を，古い年代から順に並べ変えよ。

①　ロベルト・シューマン

②　ジョスカン・デプレ

③　アントニオ・ヴィヴァルディ

④　カール・オルフ

⑤　ヨーゼフ・ハイドン

(3)「コンチェルト・グロッソ」について，時代の要素を入れて説明せよ。

【4】次の各問いに答えよ。

(1)　我が国の伝統的な歌唱に関する次の①～③の語句の読みと意味をそれぞれ書け。

①　謡　　②　声明　　③　産字

(2)　中学生を対象に我が国の伝統的な歌唱を指導する際，生徒に伝統的な声の特徴を感じ取らせるための指導上の工夫について説明せよ。

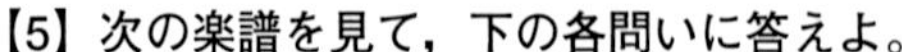

【5】次の楽譜を見て，下の各問いに答えよ。

(1)　楽譜の曲名，作曲者名を答えよ。

(2)　(　ア　)の中に入る楽器名を答えよ。

(3)　(　イ　)のように1つの旋律に対して独立して動くほかの旋律のことを何というか，答えよ。

(4)　楽譜のVaのパートで使われている音部記号の名称を答えよ。

【6】次の楽譜は「エーデルワイス」の一部である。この楽譜を，下の内容を満たして編曲せよ。

1　吹奏楽部の生徒の金管アンサンブル用で，編成は以下の通り。

(1)　トランペット　in B♭　　(2)　ホルン　in F

(3)　トロンボーン　in C　　(4)　チューバ　in C

2　各パートには音部記号，調号，拍子を記すこと。
(一般的な吹奏楽用の記譜とする。また，生徒が演奏しやすいように移調してもかまわない。)

3　金管楽器の響き合いの美しさが味わえるように配慮すること。

4　速度記号，発想記号など，曲想を表現するための記号も必ず記入すること。

【7】次の(1)～(4)の譜例に当てはまる日本の音階を下のA～Dから1つずつ選び，記号で答えよ。

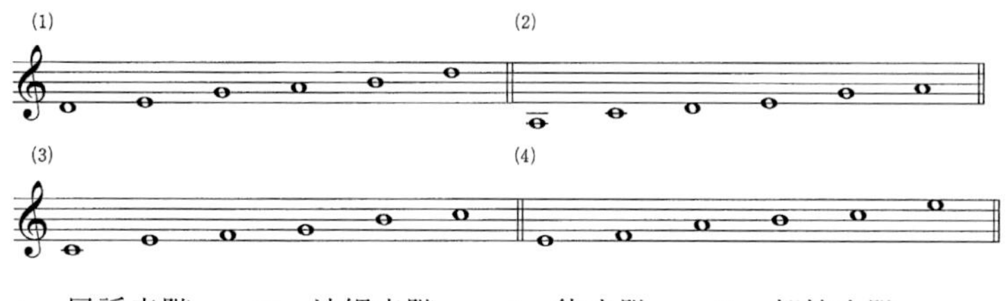

A　民謡音階　　B　沖縄音階　　C　律音階　　D　都節音階

【8】中学校第1学年で，楽器のための簡単な旋律を作る創作の活動を行うこととした。どのような学習活動が考えられるか，1つ書け。また，その学習活動を行う際の指導上の留意点を1つ書け。

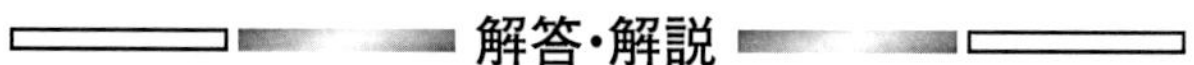

解答・解説

【1】(1)「長い歌」という意味で，声を長くのばして歌うモンゴルの民謡の形式。　(2)　我が国の伝統音楽において，速度が次第に速くなる構成や形式上の三つの区分を表すものとして用いられるもの。　(3)　近似的な音程を平均してひとつの音程で代表させるようにして，実用的に簡便なものとした音律。　(4)　熱情的に

解説 (1)「長い歌」といわれるゆるやかなモンゴル民謡で，チメグレルというリズム様式。　(2)「序」は導入部でゆっくり(無拍子)，「破」は展開部・中間部で変化に富み，「急」は終結部で短く躍動的になど形式原理を三段に分ける発想用語。本来は雅楽(舞楽)の楽曲編成の用語である。　(3)　純正律に生じる近似値の同音程を平均し簡便化した音律。転調等に対応できるより実用的な音律である。　(4)　アパッショナートで熱情的にの意。

【2】(1)　①　ハジキ　　②　スクイ(撥)　　(2)　①　左手の指(人差し指または中指)で糸(弦)をはじく奏法　　②　同じ高さの音が2つ続く場合に，2つ目の音をばちの先で糸の下から上へすくい上げるように弾く

奏法　(3)　三下がり　(4)　口三味線　(5)　曲名…勧進帳　音楽の名前…長唄　演劇…歌舞伎　(6)　太鼓，小鼓・鼓・締太鼓，龍(竜)笛・篠笛　(7)　安宅

解説 三味線音楽についての出題で，(1)～(3)は三味線の実技練習を体験した場合には答え易い。実技の経験がない場合も，「ハ」や「ス」の基本的な奏法や「三味線文化譜」(三本の線が一の糸，二～三の糸を示しそれぞれの線の上の数字がポジションをあらわす。0は開放弦で18まで用いる)の記譜を知っていたい。　(1)「ハ」は左指で糸をはじく「ハジキ」で，∩で表記される。「ス」は「スクイ(ばち)」で，バチの先で糸の下から上へすくい上げるように弾く。ほとんどの場合，まず上から弾いた後にすくい上げる。楽譜の表記はVである。　(3)　調弦法では「本調子」「二上がり」「三下がり」が基本的なものである。本問の場合，五線の下の「文化譜」を見ると三の糸の「ラ」(ハ長調)が0のポジションになっているので，一の糸が「シ」，二の糸が「ミ」，三の糸が長2度下げた「ラ」の「三下がり」の調弦でということになる。　(4)　唱歌(しょうが)の中で「口三味線(くちじゃみせん)」は三味線・箏の場合に用いられる。　(5)　Bは長唄(歌舞伎)で最も名場面として知られる「勧進帳」。　(6)　歌舞伎の囃子方は，笛・小鼓・太鼓が中心である。　(7)　能の「安宅(あたか)」を7代目市川團十郎が1840年に歌舞伎に改作・初演した。

【3】(A群，B群の順)　(1)　①　ク，c　②　ウ，e　③　キ，a　④　コ，b　⑤　イ，f　⑥　エ，d　(2)　②→③→⑤→①→④　(3)　バロック時代に書かれた様式で，大小2つの合奏体からなる合奏協奏曲のこと。急・緩・急の3楽章構成を取ることが多く，対比的要素が反映された楽曲である。

解説 (1)　いずれの用語も西洋音楽史において，おさえておきたい用語である。説明文と時代の組み合わせを確認するだけでなく，流れとして確認しておいた方がよいだろう。用語の意味があいまいなものがあったら，自分の言葉で説明できるようにしておくこと。　(2)　ロマン派のシューマン，バロック派のヴィヴァルディ，古典派のハイドンということを考えると③→⑤→①の並びは迷うことがないだろう。デプレは15世紀ルネッサンス時代の作曲家。オルフは近・現代の作曲家である点が分かれば解答を導けるだろう。　(3)　コンチェルト・グロッソは，合奏協奏曲とも呼ばれバロック時代に用いられた音楽形式の一つである。「協奏曲」という用語からも分かるように，独奏楽器群とオーケストラの2群による演奏する楽曲のことである。合奏協奏曲を作曲した有名な作曲家としてはヘンデルである。

【4】(1)　(読み，意味の順)　①　うたい，能楽に用いる声楽，など　②　しょうみょう，法会で僧侶が唱える声楽，など　③　うみじ，歌詞の音節を長く延ばしてうたう場合の母音部分，など　(2)　伝統的な声の音色や装飾的な節回しなどの旋律の特徴に焦点を当てて比較して聴いてみたり，実際に声を出してみたりさせる。　など

解説 (1)　①　能・狂言，また，それに近い芸能の歌唱のこと。特に能の謡(うたい)を「謡曲」という。　②　日本仏教の儀式・法要で僧の唱える声楽の総称である。　③　謡曲や長唄などで，例えば「こそ」の「そ」を「そーお」と発音する場合の「お」を産字(うみじ)という。(2)　解答例は，学習指導要領解説(平成20年9月，文部科学省)の〈A 表現〉(4) 表現教材のイに記述されているものである。新学習指導要領の音楽科改訂の要点の1つに「我が国の伝統的な歌唱の充実」があげられ，それに沿った出題である。学習指導要領解説を十分に学習しておきたい。

【5】(1)　曲名：交響曲第9番「合唱」付　　作曲者名：ベートーヴェン　(2)　ファゴット(バスーン)　　(3)　対旋律(オブリガート)　　(4)　ハ音記号(アルト記号)

解説 (1)　楽譜はベートーヴェンの第9交響曲・第4楽章で，よく知られる「歓喜の歌」の旋律が，Vc(チェロ)とDB(ダブルベース)で奏される。　(2)，(3)　オーケストラ総譜を略した楽譜になっているため，Vn(ヴァイオリン)のパートが無い。(ア)はBn(バスーン)のパート譜で，Va(ヴィオラ)とVc(チェロ)の奏する主旋律と対旋律(オブリガート)になっている。　(4)　Va(ヴィオラ)はアルト記号が用いられている。イタリア語や英語ではViolaであるが，フランス語ではaltoと呼んでいる。

【6】

解説 吹奏楽に関する知識や経験があるとよいだろう。記譜の際には移調楽器に注意するべきである。トロンボーンとチューバは実音で記譜する。また音部記号については，トロンボーンとチューバはヘ音記号で記譜する。さらに4の条件を満たすように，ダイナミクスや楽語もふさわしいものを選択するとよい。

【7】(1)　C　　(2)　A　　(3)　B　　(4)　D

解説 (1)　律音階は日本の雅楽の音階のひとつ。雅楽・声明など中世以前成立の音楽で多用されている。　(2)　スコットランド民謡などで多用される民謡音階。　(3)　琉球音階ともいう。　(4)　都節音階は義太夫，長唄など近世邦楽で多用される。

【8】学習活動：限定した音を使って短い旋律を作り，それを自分の思うイメージに合うような楽曲形式を用いてまとまった作品にしていく活動。 など　　留意点：自分の表現したいイメージと音楽の諸要素との働きをかかわらせながら旋律を作らせること。 など

解説 いろいろな学習活動が考えられ，創作活動の実践に即した解答をしたい。生徒のイメージと音楽の諸要素(音色・リズム・旋律・和声・形式，及び速度・強弱，雰囲気・曲想など)の働きとをかかわらせて創作し，表現するねらいの活動である。

●書籍内容の訂正等について

弊社では教員採用試験対策シリーズ（参考書，過去問，全国まるごと過去問題集），公務員試験対策シリーズ，公立幼稚園・保育士試験対策シリーズ，会社別就職試験対策シリーズについて，正誤表をホームページ（https://www.kyodo-s.jp）に掲載いたします。内容に訂正等，疑問点がございましたら，まずホームページをご確認ください。もし，正誤表に掲載されていない訂正等，疑問点がございましたら，下記項目をご記入の上，以下の送付先までお送りいただくようお願いいたします。

① **書籍名，都道府県（学校）名，年度**
（例：教員採用試験過去問シリーズ　小学校教諭 過去問　2025 年度版）
② **ページ数**（書籍に記載されているページ数をご記入ください。）
③ **訂正等，疑問点**（内容は具体的にご記入ください。）
（例：問題文では“ア～オの中から選べ”とあるが，選択肢はエまでしかない）

〔ご注意〕
○ 電話での質問や相談等につきましては，受付けておりません。ご注意ください。
○ 正誤表の更新は適宜行います。
○ いただいた疑問点につきましては，当社編集制作部で検討の上，正誤表への反映を決定させていただきます（個別回答は，原則行いませんのであしからずご了承ください）。

●情報提供のお願い

協同教育研究会では，これから教員採用試験を受験される方々に，より正確な問題を，より多くご提供できるよう情報の収集を行っております。つきましては，教員採用試験に関する次の項目の情報を，以下の送付先までお送りいただけますと幸いでございます。お送りいただきました方には謝礼を差し上げます。
（情報量があまりに少ない場合は，謝礼をご用意できかねる場合があります）。

◆あなたの受験された面接試験，論作文試験の実施方法や質問内容
◆教員採用試験の受験体験記

送付先
○電子メール：edit@kyodo-s.jp
○FAX：03-3233-1233（協同出版株式会社　編集制作部 行）
○郵送：〒101-0054　東京都千代田区神田錦町 2-5
協同出版株式会社　編集制作部 行
○HP：https://kyodo-s.jp/provision（右記の QR コードからもアクセスできます）

※謝礼をお送りする関係から，いずれの方法でお送りいただく際にも，「お名前」「ご住所」は，必ず明記いただきますよう，よろしくお願い申し上げます。

教員採用試験「過去問」シリーズ

秋田県の
音楽科 過去問

編　集	© 協同教育研究会
発　行	令和6年3月10日
発行者	小貫　輝雄
発行所	協同出版株式会社
	〒101-0054　東京都千代田区神田錦町2－5
	電話　03－3295－1341
	振替　東京00190－4－94061
印刷所	協同出版・POD工場

落丁・乱丁はお取り替えいたします。